Analecta Gregoriana

Cura Pontificiae Universitatis Gregorianae edita

VOL. LVIII
SERIES FACULTATIS THEOLOGICAE
Sectio A (n. 8)

YAHVEH Y SU PUEBLO

Contenido teológico en la historia bíblica de la elección

por

FELIX ASENSIO S. J.

ROMAE
APUD AEDES UNIVERSITATIS GREGORIANAE
1953

IMPRIMI POTEST

Romae, die 12 februarii 1953.

PETRUS M. ABELLÁN, S. J.
Rector Pont. Univ. Gregorianae.

IMPRIMATUR

Ex Vicariatu Urbis, die 28 martii 1953.

† A. TRAGLIA
Archiep. Caesarien., Vic. gerens

TYPIS PONTIFICIAE UNIVERSITATIS GREGORIANAE

ADVERTENCIA

El contenido teológico de la Historia del pueblo escogido ofrece, dentro de su inmenso campo, muchas y diversas facetas. Las siguientes páginas recogen algunas de aquellas que, a través del A. Testamento, señalan la marcha de la fidelidad divina iniciada en los patriarcas. Sería así una como segunda parte de lo publicado hace unos años en esta misma Colección [1]. Entonces se tocaron, como de paso, algunos de los puntos que ahora se estudian de propósito, de modo que, aun en estos casos de excepción, materia y elaboración son ahora nuevas.

A base de una serie de fórmulas, cuya transcendental importancia nos la revela el solo hecho de su persistente continuidad a lo largo de las páginas del A. Testamento, se ha buscado poner de relieve el avanzar sin cortes de la línea de la elección divina del pueblo. Se ha tenido en cuenta la hipótesis de las fuentes, cuando con ella parecía romperse la línea ; en los demás casos se ha pasado sobre ella, aunque sin perderla de vista.

A través de esta unidad de línea del A. Testamento, se ha penetrado en el Nuevo lo suficiente para poder apreciar el encuentro de ambos Testamentos. La tendencia a darles unidad se ha revelado últimamente más vigorosa y decidida [2], acaso como reacción al predominio de un estudio demasiado crítico y de sabor profano-orientalista. Hay entonces el peligro de una exegesis de enfoque místico, pneumático, suje-

---

[1] *Misericordia et veritas* : *El hesed y 'emet divinos*. Romae 1949. Posteriormente J. C. C. van Dorssen ha publicado *De Derivata van de stam 'mn in het hebreuwsch van het oude Testament*. Amsterdam 1951.

[2] Véase por ej. W. Phythian-Adams, *The Call of Israel*. London 1934 ; Id., *The fulness of Israel*. London 1938 ; A. Hebert, *The Throne of David*. New York 1941 ; G. Philip, *The Old Testament in the World Church*. London 1942. Otra bibliografía se irá dando en cada uno de los capítulos.

tivo, y el toque de atención dado en la *Humani generis* habla de peligro y de caída, aun dentro del campo católico.

De que el N. Testamento sea consumación del Antiguo, de que el mesianismo evangélico sea el desenlace obligado y el punto de mira del mesianismo profético-patriarcal, nada puede deducirse en contra del elemento « historia » en las narraciones del A. Testamento. Puede haber, y hay muchas veces, en estos hechos un fondo teológico en general, o mesiánico en concreto ; pero envuelto en letra de realidades de entonces, que no es lícito por sistema desconocer o rechazar. Si en algunos casos se plantease el problema, que sea a base de datos concretos y no de una teoría general.

En la composición de las siguientes páginas ha habido deseos de dar con esta posición media y de equilibrio. Por cuanto en este sentido se haya logrado, sean dadas gracias al Dios fiel del A. y del N. Testamento. Gracias también a quienes, como mi colega A. Orbe S. J., L. Alonso Schökel S. J. y J. Mediavilla S. J. (cada uno en su campo), han contribuído con ayuda siempre pronta. Gracias por fin a quienes con anteriores escritos (cuya nota bibliográfica se procura reseñar en cada capítulo) han ayudado, positiva o negativamente, a aclarar y valorar textos.

Roma, Navidades de 1952.

Capitulo primero

DEL UNIVERSALISMO A LA ELECCION

En torno al hombre, centro y corona de la creación, suenan las últimas palabras de fuerza creadora : « Hagamos al hombre según nuestra imagen, a nuestra semejanza ; y tenga dominio sobre los peces del mar y sobre las aves del cielo y sobre las bestias y sobre todas las fieras de la tierra y sobre todos los reptiles que se arrastran sobre la tierra » [1]. E inmediatamente la potencia creadora del Señor pone en práctica el designio divino sobre la creación y el porvenir del hombre : « Y creó Dios al hombre según su imagen, según imagen de Dios le creó ; macho y hembra los creó. Y los bendijo Dios diciendo : Prolificad y multiplicáos y llenad la tierra y sometedla y tened dominio sobre los peces del mar y sobre las aves del cielo y sobre todos los animales que se mueven sobre la tierra. Y dijo Dios : He aquí que os doy toda hierba que produce simiente sobre la superficie de toda la tierra, y todo árbol que da fruto y produce simiente ; todo os servirá de alimento » [2].

Es una misma línea, trazada en el decreto divino sobre la creación del hombre y profundizada en la realización de ese decreto, a pesar de algunas variantes y aun de algunos elementos nuevos en el último caso. De frente a esa línea exhortaba el Crisóstomo : « No pasemos, amados míos, con ligereza por encima de lo dicho, sino investiguemos cada uno de los términos y, bajando hasta el profundo, sigamos las huellas del poder escondido en estas breves palabras. Porque aunque sean pocas, pero es mucho el tesoro escondido y

---

[1] Gén. 1, 26. Así el TM. frente al *b^esal^emenû wûbid^emûtenû* del Pent. Samar., LXX y Vg. El contexto por el contrario parece exigir que entre el *wûb^ekol* y el *ha'ares* del TM. se intercale *hayyat* con la Pes.

[2] Gén. 1, 27-29.

conviene que los vigilantes y despiertos no se detengan en la apariencia »[3].

Siguiendo esa línea común, decreto y realización estrechan el contacto en el triple binomio *hagamos-creó*, *según nuestra imagen* y *a nuestra semejanza-según su imagen* y *según la imagen de Dios, dominen-dominad.* Ni la sustitución de עשה por ברא, ni la soledad de צֶלֶם por ausencia de דְּמוּת, ni la adición de כבש rompen ese contacto. El ברא de la realización, con su característica esencial de algo exclusivo de Dios, que hace algo extraordinario y nuevo sin esfuerzo ni fatiga, como se deduce del uso bíblico y lo reconocen exegetas de todos los matices [4], determina el alcance, de sí indiferente, del עשה del decreto ; el solitario צֶלֶם insinúa su equivalencia de hecho con דְּמוּת, a pesar de su diverso origen filológico y aun de su diverso alcance en otras ocasiones ; la presencia de un כבש más genérico prepara la entrada al רבה en un ambiente más concreto.

Creación del hombre a imagen de Dios su Creador y con dominio sobre el resto de los seres vivientes : tres elementos en la última pincelada del cuadro del mundo visible, cuyo estudio interesa ahora sólo en cuanto se encuentran reflejados en la marcha de las páginas bíblicas. Otros aspectos más concretos y de detalle sobre el alcance fecundo del verbo ברא, sobre los problemas suscitados ante el encuentro צֶלֶם - דְּמוּת y sobre las relaciones entre este último binomio y el inmediato רדה caen fuera del estudio directo, aunque naturalmente no se les deba soslayar del todo.

La formación del hombre como término del verbo ברא suscita la idea de una actividad inmediada y exclusiva por parte de Dios. Es lo que con certeza nos dan no pocos pasajes bíblicos. Entrar aquí en detalles sobre el problemático acercamiento בָּרָא - בָּרָא (pi.)- בָּנָה, y sobre su comunidad de significado con el árabe *bara'a*, el aram-sir. בְּרָא,

---

[3] MG. 53, 70. 86. La misma idea en las column. 84-85.

[4] Véanse por ej. P. Heinisch, *Das Buch Genesis*. Bonn 1930, pág. 96 ; J. Skinner, *Genesis*. Edinburgh 1912, pág. 15 ; W. Eichrodt, *Theologie des A. Testaments*. Leipzig 1935, II, pág. 51 ; G. von Rad, *Das erste Buch Mose*. Göttingen 1950, pág. 37.

el acád. *banû* ..., sería desviarnos [5]. La narración bíblica, con su pincelada sobre el hombre creado a imagen de Dios, habla claro de una criatura superior a cuantas le rodean. Nada hay en los textos bíblicos que favorezca una diferencia de hecho, tal como podría parecer insinuarse en Gén. 1, 26, entre צֶלֶם y דְמוּת [6]. Por lo mismo, ni en virtud del texto del Génesis parece pueda hablarse de צֶלֶם como de imagen natural y דְמוּת como de imagen sobrenatural, ni a base de otros textos bíblicos o de la comparación con el *zalima* o *zalma* (árab.), el doble *salmu* (asir.), etc., se puede hablar de un צֶלֶם genesíaco que, por ser de trazos demasiado materiales, viene suavizado a continuación con la entrada de דְמוּת. Finalmente, la presencia de רדה en el campo de las relaciones establecidas por Dios entre el hombre y los animales, revela igualmente en el primero una manifiesta superioridad frente a los segundos.

---

[5] J. van der Ploeg, *Le sens du verb « bara'»*. *Etude sémasiologique* en Museon 59 (1946), pág. 143-157 recoge estudios, hipótesis y conclusiones sobre la materia.

[6] A propósito de este texto escribe H. Ryle, *The Book of Genesis*. Cambridge 1921, pág. 20 : « Alguna distinción debe evidentemente introducirse entre « imagen » (Heb. *selem* ; LXX εἰκών ; Lat. *imago*) y « semejanza » (Heb. *demûth* ; LXX ὁμοίωσις ; Lat. *similitudo*). La primera es más permanente, la última más pasajera. Pero la distinción no puede ser urgida. En Gen. 5, 1 leemos que « a semejanza (*demûth*) de Dios le hizo, y en el vers. 3 que *Adán engendró a su hijo a su semejanza* (*demûth*), *según su imagen* (*selem*). Lo más que podríamos decir es que « imagen » sugiere reproducción en forma y substancia, y « semejanza » la idea de parecido y exterior conformidad ». Más breve y decidido P. Heinisch, *Das Buch Genesis*. Bonn, 1930, pág. 101 : « Estas expresiones en realidad no se diferencian ; de aquí que en el vers. 27 sólo se hable de *imagen* de Dios ». Otros, como W. Eichrodt, *Theologie* ..., II, pág. 60-61 y P. Humbert, *Etude sur le récit du Paradis et de la chute dans la Genèse*. Neuchâtel 1940, pág. 155-160 (éste último más radicalmente y en un estudio semántico más completo y de tendencia doctrinal sospechosa), dan al *selem* de Gén. 1, 26 el significado de « representación plástica ... » proprio de otros textos, corregido a continuación en su alcance materialista con el *demût* o « imagen abstracta ». G. von Rad, *Das erste* ..., pág. 44-45 y O. Procksch, *Theologie des A. Testaments*. Guterslosh 1950, pág. 496, apuntan también esta idea pero mucho más suavizada.

Ahora bien, supuesta la identidad de hecho que, en la narración genesíaca, existe entre צֶלֶם y דְמוּת, y supuesta también una especial relación entre el דְמוּת-צֶלֶם y el רדה ¿en qué consiste ese idéntico significado y esa relación? Ni el texto de por sí permite hablar, a través de צֶלֶם, del hombre-imagen material de un Dios antropomórfico, ni descubrir directamente en el דְמוּת al hombre-imagen sobrenatural de Dios. El דְמוּת-צֶלֶם que, en contraposición con los otros animales, introduce al hombre-imagen divina, supone un hombre-imagen específicamente diverso del resto de los animales y constituído como tal por la presencia de ese elemento específico, del alma humana con entendimiento y voluntad. De aquí su dominio sobre la vida meramente material y sensitiva. No que con esto suponga que en el רדה esté la esencia del דְמוּת-צֶלֶם: basta que sea su manifestación, su consecuencia [7].

La paternidad universal de un Dios Creador del hombre a su imagen y con dominio sobre el mundo animal, es indudable y se podrá ver reflejada a lo largo de las páginas del A. Testamento. Es cierto que no pocas veces se introduce al Dios Creador sin que junto a El aparezcan el צֶלֶם y el רדה del relato del Génesis [8]; pero no lo es menos que en otras ocasiones, o se presentan unidos los tres elementos, o al menos dos de ellos. El primer caso nos lo ofrecen las expresiones con que se abre el « libro de la genealogía de Adam » y que, a través de Set, preparan la entrada a Noé, nuevo padre de la humanidad : « Este es el libro de la genealogía de Adán : Cuando Dios creó al hombre, le hizo בִדְמוּת de Dios ». Unidos así de nuevo el עשֹה-בָּרָא y el דְמוּת, implícitamente se añade también el רדה en aquellas palabras, con que a continuación se recuerda el inicial « les bendijo », que en Gén. 1, 28 precede inmediatamente a la concesión de dominio hecha al hombre sobre los otros animales [9].

Esta unión implícita se hace explícita cuando, después del diluvio, se insinúa una como nueva creación del hom-

---

[7] Véase lo escrito en *Gregorianum* 29 (1948), pág. 476-480.
[8] Así por ej. Gén. 6, 7 ; Dt. 4, 32 ; Is. 45, 12 ; ...
[9] Gén. 5, 1-2.

bre en Noé y sus hijos. Como al primer hombre, Dios les bendice, les augura fecundidad en su descendencia y les confirma en el uso de los vegetales y en el dominio sobre los animales. Pero la narración va más adelante y habla de la facultad expresamente concedida al hombre de poder alimentarse de la carne de esos animales. La limitación impuesta con este particular de « no comer la carne con su vida, (esto es) su sangre », prepara el camino a la proclamación de la superioridad del ser humano vivo sobre los otros animales, cuya sangre se debe derramar antes de comer su carne. Por el contrario, « será derramada la sangre del hombre que derramare sangre humana, porque בְּצֶלֶם de Dios hizo (Dios) al hombre » [10].

Reflejo simultáneo de Gén 1 y Gén. 9 es sin duda el recogido por Ben Sirac en aquel pasaje, donde describe la formación del hombre a imagen de Dios y con dominio sobre el mundo animal : « Dios ἔκτισεν de la tierra al hombre y a ella de nuevo le hace volver. Les concedió días contados y un cierto tiempo y les dió ἐξουσίαν de cuanto hay sobre ella. Les revistió de un vigor conveniente y les hizo κατ' εἰκόνα αὐτοῦ. Hizo que su temor se extendiese sobre toda carne καί κατακυριεύειν bestias y aves » [11].

Fuera de estos pasajes, ningún otro, al tratar de la creación del hombre, nos dará unidos los tres elementos. Por el contrario, no son raros los ejemplos que de la unión de dos de ellos nos ofrecen las páginas de la Escritura. Recordemos la transcendental decisión divina ante la creciente perversidad del hombre-creatura : « Borraré al hombre por mí creado de sobre la faz de la tierra, desde el hombre hasta las bestias, hasta los reptiles y hasta las aves del cielo, porque estoy arrepentido de haberlos hecho. Pero Noé encontró gracia delante de Dios ». Y como efecto de esta gracia, sigue la conservación de la vida de Noé y de su familia. Es la semilla humana de un mundo nuevo : junto a ella se salva también en el arca la semilla de los animales. Esta unión del

---

[10] Gén. 9, 1-7. Sobre la comparación de este texto con Gén. 1, 29 véase brevemente en *Estudios Eclesiásticos* 19 (1945) p. 402, not. 5 y 6:

[11] Ecli. 17, 1-4. La traducción se hace sobre el texto de los LXX más breve que en la Vulgata, donde además ha habido inversión en los tres primeros versos.

hombre y de los animales en el campo de la destrucción y de la conservación, no es una unión meramente material; supone una relación más íntima, la relación de dominio del primero sobre los segundos, establecida por Dios en el primer relato del Génesis [12].

Más ordinaria es en la Escritura la unión entre los otros dos elementos: el בּרא-עשׂה y el דמוּת-צֶלֶם. No es arbitrario reconocerla implícita en aquel יָשָׁר-עָשָׂה con que Qohelet cierra una de sus secciones: «Mira, sólo esto he encontrado: que Dios עָשָׂה al hombre יָשָׁר, pero ellos buscaron muchas artimañas» [13]. En la proclamación del estado de bondad moral, en que fué creado el hombre, puede muy bien descubrirse una equivalencia con la creación del hombre a imagen de Dios.

En el libro de la Sabiduría esta unión implícita entre el בּרא-עשׂה y el דמוּת-צֶלֶם pasa abiertamente a ser explícita. Al exponer la doctrina sobre la remuneración de los buenos y explicar el cómo de la entrada de la muerte en el mundo de los hombres, concluye el hagiógrafo: «Porque ἔχτισεν Dios al hombre para la incorrupción y le hizo εἰχόνα de su propia naturaleza; pero por envidia del diablo entró la muerte en el mundo y la experimentan los que son de su partido» [14]. Hechura de Dios, como los otros animales, el hombre les supera por el primitivo destino de su cuerpo a la inmortalidad y por haber sido creado εἰχών de la divina naturaleza, de su Dios Creador puro espíritu.

Esta abierta unión entre el בּרא-עשׂה y el דמוּת-צֶלֶם salta del Antiguo al N. Testamento. Escribe el Apóstol Santiago al hablar de los males de la lengua llena de mortífero veneno: «Con ella bendecimos al Señor y Padre y con ella maldecimos a los hombres que han sido formados καθ᾽ ὁμοίωσιν de Dios» [15].

Es un texto que nos abre camino hacia aquéllos en que

---

[12] Gén. 6, 7-8. 18-22; 7, 1-24.

[13] Ecl. 7, 29. Más bien que del hombre en cuanto contrapuesto a la mujer, se trata del hombre en general. No es necesario zanjar la cuestión radicalmente, hablando de «un pequeño bloque errático», como quiere D. Buzy, *L'Ecclésiaste*. Paris 1946, pag. 248.

[14] Sab. 2, 23-24.

[15] Sant. 3, 9-10.

el Apóstol S. Pablo, ahondando la línea insinuada en el pasaje citado de la Sabiduría, baña con una nueva luz espiritual la imagen de Dios desde el principio reflejada en el hombre. Escribiendo a los fieles de Corinto, dice en una contraposición entre el hombre y la mujer : « Porque el hombre no debe velar su cabeza, siendo εἰκών καὶ δόξα de Dios ; mas la mujer es δόξα del hombre. Pues no procede el hombre de la mujer sino la mujer del hombre, ya que no fué creado el hombre por causa de la mujer sino la mujer por causa del hombre » [16].

No puede negarse que hay en este texto una alusión manifiesta a la creación del hombre en el relato del Génesis. Allí un estudio global de los dos primeros capítulos nos lleva primero al hombre-imagen de Dios y, a través del hombre y por el hombre, a la mujer-imagen también de Dios. Bajo el influjo indudable de este hombre-imagen, abre S. Pablo, en esa dirección, perspectivas más sublimes a los ojos de sus fieles. Escribe en su carta a los efesios, oponiendo a la vida de los gentiles el ideal cristiano : « Pero vosotros no habéis así aprendido a Cristo, si es que, según es la verdad que está en Jesús, de El oísteis y en El fuísteis adoctrinados a despojaros, en lo que toca a la vida anterior, del hombre viejo que se corrompe según la concupiscencia de la seducción, y a renovaros en el espíritu de vuestra mente y revestiros del hombre nuevo creado κατὰ Θεὸν en la justicia y santidad de la verdad » [17].

Creación sobre creación, de esta segunda surge el nuevo hombre, la καινὴ κτίσις de que el Apóstol habla en otras ocasiones [18]. Es el nuevo hombre, el Cristo revestido en el bautismo por parte de quien, habiendo llevado hasta entonces τὴν εἰκόνα τοῦ χοϊκοῦ (Adán), llevará en adelante τὴν εἰκόνα τοῦ ἐπουρανίου (Cristo) [19]. Nueva creatura κατὰ Θεὸν y orientada hacia la cumbre del hombre-imagen divina, resucitada con Cristo a una vida nueva esbozada en el Génesis. Escribiendo a los colosenses vuelve S. Pablo sobre las mismas ideas. Es un texto paralelo, en el que salta igual-

---

[16] 1 Cor. 11, 7.
[17] Efes. 4, 24.
[18] 2 Cor. 5, 17 ; Gál. 6, 15.
[19] 1 Cor. 15, 49 ; Gál. 3, 27.

mente espontáneo el recuerdo de la creación genesíaca ante la presencia del término εἰκών. Exhorta a sus fieles : « No os engañéis los unos a los otros, una vez que os habéis despojado del hombre viejo con sus obras y os habéis revestido del hombre nuevo que se va renovando hacia el pleno conocimiento κατ' εἰκόνα del que le creó » [20].

Esta renovación hacia el pleno conocimiento κατ' εἰκόνα del Dios Creador, iniciada en el bautismo con la incorporación a Cristo y con Cristo llevada adelante mediante las obras [21], no la pierde de vista el Apóstol. En su segunda carta a los de Corinto concluye, al cerrar la comparación entre los judíos que, por el velo que llevan echado sobre su corazón, no ven a Cristo en las páginas del A. Testamento, y los Apóstoles y todos los cristianos : « Pero nosotros todos, reflejando como en espejo con el rostro descubierto la gloria del Señor, nos vamos transformando en la misma εἰκόνα de gloria en gloria, conforme a como obra el Espíritu del Señor » [22].

Y, fijando en su carta a los romanos el modo concreto de esta asimilación a la imagen de Dios, introduce el Cristo evangélico paciente y glorioso, que, como « εἰκών de Dios invisible » [23], ha sido propuesto a los hombres para que en la tierra y en el cielo se conformen a esa imagen. Es paso imprescindible, « porque a los que de antemano conoció, los predestinó también συμμόρφους τῆς εἰκόνος de su Hijo, para que El fuese primogénito entre muchos hermanos. Y a los que predestinó, a ésos llamó también ; y a los que llamó, a ésos también justificó ; y a los que justificó, a ésos también glorificó » [24].

De este modo, aquella imagen divina del relato de la creación y de otros pasajes del Antiguo y N. Testamento que, reflejada en el hombre, le elevaba a un plano moral-espiritual, superior al plano de mayor fuerza física del resto del mundo animal, se adentra en una luz más intensa de directa sobrenaturalidad. Al contacto de esta luz surge el hombre-imagen de Cristo en su vida cristiana, y, a través de Cristo,

[20] Col. 3, 9-10.
[21] Col. 2, 12 ; Efes. 2, 10.
[22] 2 Cor. 3, 12-18.
[23] 2 Cor. 4, 4 ; Col. 1, 15.
[24] Rom. 8, 29-30.

se ve surgir definitivamente al hombre-imagen de Dios invisible por la gracia y por la gloria. El N. Testamento llega a la meta en el camino abierto por el Antiguo : la imagen espiritual de Dios en el hombre creado (y elevado de hecho al orden sobrenatural) aboca definitivamente a la imagen sobrenatural de Dios en el hombre renovado y glorificado.

En el bíblico desarrollarse del hombre-imagen de Dios hay un pasaje de Isaías, donde no sin probabilidad puede señalarse un como paso intermedio. Predicador en ocasiones del Dios Creador transmitido por el Génesis, exclama un día al descubrir en la futura restauración de Israel la multitud de pueblos que vuelve hacia el Dios Creador universal : « Diré al Aquilón : da ; y al Austro : no retengas. Trae a mis hijos de lejos y a mis hijas de los confines de la tierra ; a todo el que se llama por mi nombre porque para gloria mía le he creado, le he formado, le he hecho » [25].

A través del trinomio עָשָׂה - יָצַר · בָּרָא del profeta, el pensamiento se traslada fácilmente hasta las primeras páginas del Génesis. Allí ese mismo trinomio se centra con tono de universalismo en la creación de Adán como primer hombre y como cabeza de todo el género humano. Es el tono, cuyo eco hemos oído saltar del Antiguo al N. Testamento, pero que en el pasaje del Profeta Isaías inicia una variante de particularismo dentro siempre del ambiente universal mesiánico. Profetiza Isaías un nuevo pueblo, fruto de una creación divina, y con ello nos hace recordar aquella nueva creación que ha de realizarse en los miembros de ese nuevo pueblo según la imagen más acabada de Dios. Es el pueblo con que se ha de formar el reino mesiánico, e Isaías le hace arrancar, como de su principio y de su base, del pueblo judío. Dios se ha creado y elegido para sí ese pueblo abierto a todos los justos. Universalismo, pero dentro de un campo que no es el de los primeros capítulos del Génesis.

Este restringirse, por decirlo así, de la divina creación, que alcanzará su primera fase de pleno desarrollo en otras páginas del Génesis, apunta ya a raíz del primer pecado del paraíso. Cuando Dios habla a Caín fratricida, late bajo la divina condenación a la vida errante un dejar por parte del Señor aquella porción del género humano, encerrada en

---

[25] Is. 43, 6-7.

la numerosa descendencia de Caín, cuya genealogía, como
de paso y ahogada en un ambiente demasiado terreno, reseña el hagiógrafo [26]. Frente a ese pueblo, que viene de este
modo como colocado al margen de la esfera del influjo divino, surge inmediatamente otro pueblo. El relato del Génesis nos lo describe a continuación en la descendencia de
otro de los hijos de Adán : Enós hijo de Set abre, con esa
línea genealógica, una época « en que comenzó a invocarse
el nombre del Señor » [27]. Comienza a perfilarse la entrada, en
la historia humano-divina, del nuevo pueblo que Dios quiere
formarse.

Es proceso de preparación, cuyas líneas se irán fijando.
En esta dirección se da un gran paso cuando, en el cap. 5
del Génesis, se describe la genealogía de Adán. Tras una
síntesis-recuerdo de la creación del hombre a imagen de Dios,
y de la bendición divina sobre la primera pareja, de nuevo
se insiste sobre la generación de Set a imagen y semejanza
de Adán. Es el punto de partida hacia la visión del nuevo
pueblo que Dios va a formarse entre los hombres. Por encima de la escueta afirmación « y tuvo (Adán) otros hijos
e hijas », se enfila directamente la descendencia de Set, y,
a través del primogénito Enós y de toda la serie de primogénitos de esa rama (siempre con el recuerdo como de paso
del esteriotipado « y tuvo otros hijos e hijas »), se desemboca
definitivamente en Noé que « en edad de 500 años engendró
a Sem, Cam y Jafet » [28].

A través de esta descripción, en la que, ladeado el resto del género humano, se prepara el camino a una sola rama
y en ella a un solo hombre, se abre una perspectiva de paralelismo entre el Adán de la creación y el Noé del diluvio y
de la restauración. Son dos cuadros, cada uno con una sola
figura central de líneas que se tocan : el hombre de la creación en el primero, y el de la restauración en el segundo,
tratan íntimamente con Dios e inician bajo la mirada divina
la marcha universal del futuro humano. Aunque descendiente de Adán, Noé puede ser considerado como el nuevo Adán,
elegido por Dios como único padre de aquel nuevo género

---

[26] Gén. 4, 8-22.
[27] Gén. 4, 25-26.
[28] Gén. 5-9.

humano que sale como a una vida nueva de las aguas del
diluvio. Es una nueva creación, en la que va empapada toda la historia de Noé. Superada, de la mano de Dios, la gran
catástrofe, Noé reconoce en Dios al salvador de su vida y
le oye dirigirse a sí con el mismo tono de prerrogativa con
que un día se dirigió a Adán, creado a imagen de Dios, con
dominio sobre la tierra y padre de todo el género humano.

Testigo de la tradición judía, Ben Sirac nos ha transmitido, en su sección de los padres, una síntesis sobre el Noé-
Adán delineado en el Génesis : « Noé el justo, fué hallado
perfecto y al tiempo del exterminio vino a ser el renovador.
Por él quedó un resto y con su pacto acabó el diluvio. Con
señal eterna se pactó con él que ya no habría de ser destruí-
da toda carne » [29]. Raíz y principio de todo el género humano, como dice el Crisóstomo [30], el Noé-Adán señala al mismo
tiempo un gran avance en dirección al nuevo pueblo que
Dios quiere formarse.

Es un trabajo lento de selección, cuyo proceso se inició
en Set y que ha de irse desarrollando poco a poco. Muy bien
anota el Crisóstomo : « De él (Noé) y de sus hijos hizo (Dios)
que todo el género humano viniese a convertirse en toda esta grande multitud, y, κατὰ μικρὸν τοὺς δικαίους ἐκλεξάμε-
νος, me refiero a los patriarcas, los constituyó maestros
de todo el restante género humano » [31]. La genealogía de Sem,
propuesta en el Génesis y que, por medio de los primogénitos descendientes de esa rama, desemboca en la persona de
Abraham, señala un nuevo avance en ese proceso de selección divina [32]. Noé lo ha previsto y profetizado en su inspirado arranque « bendito Sem del Señor mi Dios », con que
promete a su hijo la servidumbre de Cam y la subordinación
de Jafet [33].

Colocada en la línea divisoria de dos mundos, la bendición de Sem tiende una mano a una doble bendición divina,
la del primer Adán en el día de la creación y la del Noé-Adán
en la renovación después del diluvio, mientras abre con la

---

[29] Ecli. 44, 17-18 (LXX et Vg. 44, 17-19).
[30] MG. 53, 225.240.245.
[31] MG. 53, 240.
[32] Gén. 11, 10-32.
[33] Gén. 9, 26-27.

2

otra el horizonte de la bendición abrahamítica. En el término de su genealogía surge Abraham, padre del nuevo pueblo que Dios busca formarse ; y en el fondo de su bendición
apunta incontenible la bendición divina del primer patriarca de Israel [34].

---

[34] K. L. SCHMIDT, « *Homo imago Dei* » *in A. und N. Testament*
en *Eranos-Jahrbuch* 15 (1947), pág. 149-195, ha tratado especialmente el aspecto filosófico-histórico-filológico ; L. KOEHLER, *Die
Grundstelle der « Imago Dei » Lehre* en *Theolog. Zeits.* 4 (1948),
pág. 16-22, se ha fijado principalmente en Gén. 1,26 partiendo del
estudio filológico de *selem*.

Capitulo segundo

PADRES DE UNA GRAN NACION

De Abraham al pueblo libertado de Egipto pasando por Isaac, Jacob y los doce patriarcas : pudo algún día parecer imposible que se intentase quebrar una línea al parecer tan una, pero la realidad ha sido muy otra. Frente al Abraham histórico se ha hecho surgir un Abraham teológico y de leyenda, y, padre de una descendencia nacional, se le ha presentado como centro de una tradición tardía, posterior y con tendencia complementaria respecto a la del pueblo del Exodo. No hay duda que, superadas en parte posiciones radicales contra la historia patriarcal, la concepción « leyenda » va cediendo terreno a la concepción « historia »; pero todavía sigue en pie la tendencia a señalar como punto de partida en la elección del pueblo, no la « historia » de Abraham sino la « historia » del Exodo, y ésta muy en juego con hipótesis apoyadas en lo extrabíblico y sin gran preocupación por lo histórico [1].

H. Rowley, con un criterio que de alguien le ha merecido el nombre de conservador, (por su postura ajena al radical escepticismo histórico-bíblico de muchos), ha recogido brevemente las oscilaciones de ese movimiento antipatriarcal (antiabrahamítico en raíz) y promosaico [2]. Nombres

---

[1] Véase por ejemplo la posición adoptada por M. Noth en *Uberlieferungsgeschichte des Pentateuch*. Göttingen 1948. Al enjuiciarla, A-M Dubarle en *Revue des Sciences Philosophiques et Théologiques* 36 (1952), pág. 124-125 ha señalado lo peligroso de ese fácil lanzar soluciones (aunque sea únicamente en tono de hipótesis y conjeturas), que aun bajo el punto de vista meramente histórico, queden demasiado al aire.

[2] H. Rowley, *The biblical doctrine of election*. London 1950, pág. 17-25.

divinos, fuentes, evolución de ideas religiosas, presencia e
influjo hipotéticos de lo extrabíblico señalan su punto de
partida y en ellos se busca y aun se da por adivinada la clave de la tradición patriarcal como prólogo posteriormente
encajado en la ya existente tradición del Exodo[3].

De este modo, de espaldas al manantial para después
adivinarlo, se pretende soldar de nuevo la línea de la «elección» del pueblo abrahamítico-mosaico quebrada antes.
Trabajo de ingenio y de equilibrios, brega de corriente arriba, frente al hecho innegable de una elección, cuyo arranque
abrahamítico el hagiógrafo (digan, si prefieren, compilador
de tradiciones) señala primero en el Génesis y prolonga después sin cortes a lo largo del Exodo. Es la prolongación que
penetrará idéntica en los otros libros históricos, en los sa-
pienciales y proféticos, y que sólo postdataciones poco seguras pueden cortar. No faltarán ocasiones de comprobarlo.

a). — RAIZ ABRAHAMITICA.

La entrada de Abraham en la historia viene precedida
de una breve nota genealógico-biográfica y de la precisación
de un hecho decisivo para toda la vida del patriarca. Cierra
el hagiógrafo la genealogía de Sem : « Y vivió Tareh 70 años
y engendró a Abram, a Najor y a Aran. Y ésta es la genealogía de Tareh. Tareh engendró a Abram, a Najor y a Aran ...
Abram y Najor tomaron mujeres ; el nombre de la mujer
de Abram era Sarai ... Y tomó Tareh a Abram, su hijo y a
Lot su nieto, hijo de Aran y a Sarai su nuera, mujer de
Abraham su hijo, y partió con ellos de Ur de los Caldeos dirigiéndose a la tierra de Canaán. Y llegaron a Haram y se
quedaron allí »[4].

---

[3] Véase por ej. M. NOTH, *Geschichte Israëls*. Göttingen 1950,
pág. 96-110. Aunque siga el enfoque señalado en su anterior obra
(en lo que toca al Pentateuco), creo puede decirse que es menos marcado.

[4] Gén. 11, 26-27.29.31. La publicación *Cahiers Sioniens* 2 (1951)
pág. 93-232 ha ofrecido todo un número sobre diversos aspectos de
la vida ... de Abraham. Véase también D. VAN DEN EYNDE, *De divino
foedere cum Patriarchis*. Antonianum 27 (1952), pág. 11-38 ; 223-252.
Un estudio más directo del texto propone M. COLACCI, *Il « Semen
Abraham » nel V. e nel N. Testamento* en *Biblica* 21 (1940), pág. 1-27.

Punto avanzado de esta nota histórica sobre el iniciarse de la vida pública de Abraham es el señalado en aquella breve observación : «Sarai era estéril, no tenía prole»[5]. A través de ella comienza a adivinarse el arranque de una intervención directa por parte de Dios en la formación de la numerosa descendencia abrahamítica. De la esterilidad de Sara el salto a la inmediata vocación divina de Abraham se da espontáneamente y de mano del hagiógrafo : «Sal de tu tierra y de tu patria y de la casa de tu padre hacia la tierra que te mostraré. Yo te convertiré en una gran nación y te bendeciré ; yo engrandeceré tu nombre y serás una bendición. Bendeciré a los que te bendigan y maldeciré a los que te maldigan y por tí serán benditas todas las naciones de la tierra»[6].

Es la promesa decisiva que abre horizontes definitivos en la vida de Abraham. En su doble perspectiva nacional y universal se fijará ansiosa la mirada del patriarca, en busca de una realización que en ocasiones parece alejarse definitivamente. La vida de Abraham, abierta a la historia con el doble sello de la esterilidad de Sara y de la promesa divina sobre una numerosa descendencia, se moverá en esa historia a merced de Dios, que ha escogido su camino para formarse su nuevo pueblo. Colocado entre la realidad presente de una Sara estéril y la promesa de una futura descendencia, Abraham luchará consigo mismo casi hasta sus últimos días. Vencedor definitivo en su posición de cara a la esperanza contra toda esperanza, pasará hasta el N. Testamento como ejemplar de fe y aun en la nueva economía merecerá ser llamado padre de los creyentes[7].

Punto central en la divina promesa-bendición era sin duda la formación de un pueblo que, descendiendo de Abraham, fuese el pueblo de Dios. Pero los días pasaban, las ocasiones difíciles se sucedían y, aunque los favores divinos se iban volcando sobre la vida del patriarca, no acababa de

---

[5] Gén. 11, 30.

[6] Gén. 12, 1-3. Sobre el alcance de esta bendición divina, recogida también de labios del Señor, no sólo por Abraham en otras diversas ocasiones, sino también por Isaac y Jacob, y de la que en ocasiones se ha hecho eco el N. Testamento, véase lo escrito en *Estudios Eclesiásticos* 19 (1945), 407-410.

[7] Rom. 4, 3 ; Gál. 3, 6 ; Hebr. 11, 8-19 ; Sant. 2, 21.

sonar la hora del favor decisivo. En pie la divina promesa, la atención de Abraham se volvía, no sin cierta intranquilidad angustiosa, hacia el hijo de la promesa que no llegaba y sobre el que, por otra parte, se había de alzar el esplendoroso trazado de la divina bendición. Es el movimiento de inquietud que se nos revela en aquel diálogo a raíz de la campaña militar contra los reyes orientales. El Señor : « No temas, Abraham ; yo soy tu escudo y tu recompensa será muy grande ». Abraham : « ¿ Qué cosa vas a darme si yo me voy a ir sin hijos y será dueño de mi casa este damasceno Eliecer ? ». Y, volviendo como sobre una idea fija, concluye : « He aquí que no me has dado descendencia y que un siervo mío será mi heredero » [8].

En su comentario a este pasaje, ha recogido el Crisóstomo el estado psicológico de Abraham : « Después de haberle prometido Dios una recompensa, y recompensa grande y sobremanera grande, dice, manifestando el dolor de su alma y la tristeza que por la falta de descendencia se le ha originado en aquel largo intervalo de tiempo : *Señor, ¿qué me vas a dar ...?* Revelan estas palabras lo intenso del dolor de su alma, como si dijese a Dios : Ni siquiera he conseguido lo que mi siervo, porque yo estoy para partirme sin sucesión y sin hijo, mientras este mi siervo heredará cuanto tú me has dado, y esto después de haber recibido una y dos veces tu promesa al decirme : *A tu descendencia daré esta tierra* » [9].

Así era en realidad. A partir de la básica promesa, « Yo te convertiré en una gran nación », con que Abraham hacía su entrada en la vida pública, ya por otras dos veces le había hablado el Señor particularizando poco a poco los términos generales de la promesa inicial. Cuando el patriarca de la fe y de la obediencia, dejando atrás Haram con todos sus recuerdos de familia y la nostalgia del sepulcro de su padre, entra en Canaán y llega hasta Siquem, hasta el encinar de More, « Dios se le aparece y le dice : A tu descendencia daré esta tierra » [10].

Es un dato más y de carácter más concreto. Con él, aunque todavía de un modo un tanto vago, señala Dios al

---

[8] Gén. 15, 1-3.
[9] MG. 53, 338.
[10] Gén. 12, 7.

patriarca la región que un día ha de ocupar la numerosa descendencia antes prometida. A raíz de la separación entre Abraham y Lot, los límites de esta tierra alcanzarán más fijeza. Es siempre el Señor quien habla : « Alza tus ojos y mira desde el lugar en que te encuentras, al septentrión y al mediodía y al levante y al poniente ; porque toda la tierra que tú estás viendo yo te la he de dar a tí y a tu descendencia para siempre ». Y partiendo de este último elemento de la descendencia abrahamítica, surge una mayor determinación de la primera promesa : « Y yo pondré tu descendencia como polvo de la tierra ; el que pudiere contar el polvo de la tierra, también podrá contar tu descendencia. Levántate, recorre la tierra a lo largo y a lo ancho, porque a tí te la he de dar »[11].

El tono más solemne de este pasaje, frente a la simple promesa del cap. 12, y su afinidad con una serie de pasajes, en los que se ha pretendido descubrir una fase tardía de reflexión religiosa, han hecho que Skinner haya apuntado con demasiado empeño hacia la posibilidad de una glosa posterior ajena al autor Yahvista. Ni el contexto, ni la comparación con el contenido del cap. 12, o con la sección anterior del mismo capítulo 13, ni el recurso al problema de las fuentes en general, dan salida libre a una posición ante la cual campeones de fuentes y glosas han dudado[12]. G. von Rad supone que el mismo autor Yahvista, y no otro, ha desarrollado un punto en consonancia con su tema y contenido no en la antigua tradición de Lot, pero sí entre el material de la antigua historia[13].

Como se ve, no resulta tan fácil separar la sección 14-17 de la sección 1-13. El mismo G. von Rad ve en las dos secciones un todo, y, por lo mismo, su recurso a una doble tra-

---

[11] Gén. 13, 14-17.
[12] J. Skinner, *Genesis* ..., pág. 253-254 reconoce noblemente esta vacilación, aunque opuesta a su punto de vista, en Wellhausenn, Gunkel ...
[13] G. von Rad, *Das erste* ... 1952, pág. 145. Nótese la observación general que allí propone y con la cual sin duda se mitiga el radicalismo sobre autores de diversas épocas : « Las suturas que se han originado por el acoplamiento de diversas tradiciones, en ninguna manera se han de interpretar siempre en el sentido literario como indicios de diversos *autores* ».

dición en la pluma del Yahvista resulta una posición media
quizás tan poco sostenible como la de aquellos que, comparando esta teofanía con la del cap. 12, desdoblan las épocas y los autores. De por sí, ninguna dificultad ofrece el hecho de que en un pasaje posterior se concreten datos anteriormente expuestos en términos más generales. Es nuestro
caso. El doble elemento que en Gén. 12, 2.7 se proponía
separado y como una simple indicación, se da unido y más
concreto en Gén. 13, 14-17 con la fijación general de los límites de la tierra prometida y la precisación de la gran
descendencia prometida.

Que ante esta descendencia abrahamítica ha de pensarse
en un sentido propio de generación, se deduce en primer lugar de aquel coloquio, a que ya antes aludimos, y en el que
Abraham expresaba a Dios sus temores de tener que morir
sin hijos y por lo mismo dejar a su siervo como heredero universal. El Señor interviene saliendo al paso a estos temores:
« No será este tu heredero, sino que el que ha de salir de
tus entrañas (מִמֵּעֶיךָ) ése será tu heredero ». Y en el intento
de dar plena seguridad, « le hace salir fuera y le dice : Mira
hacia el cielo y cuenta, si te es posible contarlas, las estrellas. Y le añade : Así llegará a ser tu descendencia ». El opti-
mismo de Abraham apunta decidido y el coloquio toma un
tono de mayor intimidad. Por primera vez la promesa divina
entra en contacto directo con el כָּרַת בְּרִית (ferire pactum)
de tan fecundas consecuencias en la historia de Israel. Fruto
inmediato de este בְּרִית divino, la confirmación de la promesa
a base de una mayor precisación geográfica y etnológica :
« A tu descendencia daré esta tierra desde el río de Egipto
hasta el río grande, el Eufrates : el Quenita y el Quenezeo
y el Cadmoneo y el Heteo y el Ferezeo y el Refaíta, y el
Amorreo y el Cananeo y el Gergeseo y el Jebuseo » [14].

Ante la presencia de este בְּרִית divino, la reacción en
favor de una glosa tardía ha sido bastante general. De nuevo
la ha reflejado y apoyado J. Skinner con la vista en « el desarrollo teológico de la idea de pacto » [15]. Es consecuencia obligada de sistema y acaso no tenga en cuenta el matíz propio de esta promesa - בְּרִית. Consecuente con un enfoque

---

[14] Gén. 15, 4-5. 7-8. 18-21.
[15] J. SKINNER, *Genesis* ... pág. 283-284.

de las fuentes (que ya antes se dejó señalado), G. von Rad
habla de los versos 7-18 como de una perícopa yahvística en
toda su pureza, sin que con esto quiera consagrarla como
histórica, a pesar de tener por antíquisima tradición este relato del pacto divino. No negamos el sello « teológico » de
ésta como de tantas perícopas y de toda la marcha en general de la historia de Israel ; pero esto, de por sí, no permite suponer que este sello « teológico » se sobrepone más tarde
al escueto relato « histórico » como fruto de tesis preconce-
bida, de espíritu de teoría. Reconocer por una parte antigüedad yahvística, y hablar por otra de *ein kabinettstuck*, exige
acaso pruebas más convincentes que la radical disección
de autores [16].

Al margen de hipótesis y colocado ante la unidad actual de la sección del pacto divino (hasta ahora firme ante
solas conjeturas), ha escrito Vischer a propósito de la presente promesa - בְּרִית : « Así en este día ha tenido lugar
lo inaudito : que el Señor del mundo ha concertado un pacto
con un hombre. A diferencia de otras veces, la divinidad aparece aquí, no como fiadora de un pacto que los hombres esti-
pulan entre sí, sino como parte. La desemejanza de esta parte, cuya libre y gratuita voluntad del todo unilateralmente
establece el pacto, queda en claro por el hecho que sólo El,
y no Abram, atraviesa entre las víctimas divididas. El da y
Abram recibe ; El promete y Abram le cree » [17].

Pero es fe que aún ha de resistir nuevos embates. Pasa
el tiempo y, a pesar de la promesa cuatro veces repetida y
sellada últimamente con la presencia del בְּרִית, el hijo
no llega. La intervención de la celosa Sara, que invita a su
esposo « a conocer a la esclava egipcia Agar », deja traslu-
cir manifestaciones externas de los duros momentos psico-
lógicos por que estaba atravesando el alma del patriarca.
Abraham acepta la invitación de la esposa y la esclava le
proporciona un hijo. La presencia de Ismael hubo sin duda
de suscitar en el patriarca la idea de que la promesa divina
sobre una descendencia numerosa quedaría a salvo a través
de Ismael. Así lo ha interpretado el Crisóstomo y así parece

---

[16] G. von Rad, *Das erste ...*, pág. 155-158.
[17] W. Vischer, *Das Christuszeugnis des A. Testaments*. Zürich
1946, I, pág. 166.

deducirse de la reacción por parte de Abraham, cuando más tarde Dios le promete un hijo de Sara : « Cayó Abraham rostro por tierra y se rió y dijo para sí : ¿Puede nacerle un hijo a un hombre de cien años ? ¿Y puede Sara dar a luz a los noventa años ? Y dijo Abraham a Dios : Ojalá que Ismael viva en tu presencia »[18].

La reacción de Abraham, en plena euforia ante el nacimiento de Ismael y ante la perspectiva de una descendencia numerosa prometida a Agar en el desierto[19], abre paso a un nuevo avance divino en la dirección de la promesa abrahamítica. Dios le habla de nuevo : « Yo soy אֵל שַׁדַּי, camina delante de mí y sé perfecto. Yo pondré בְּרִיתִי entre mí y tí y te multiplicaré en grandísima manera »[20].

La idea de la promesa-pacto con que se cerraba la escena del cap. 15 vuelve de nuevo al comienzo del cap. 17, después de esa especie de paréntesis, que en la marcha de la promesa abrahamítica supone el cap. 16 con la presencia del hijo de la esclava. Pero pretender deducir de la doble presencia de este בְּרִית y de la repetición de otros elementos a él unidos que se trata de un solo hecho, es avanzar demasiado en el terreno de las diversas fuentes, sea a base de una misma tradición (la JE del cap. 15, base literaria de la P del cap. 17), o de dos separadas e independientes tradiciones[21]. Los elementos comunes a las dos narraciones pueden suficientemente explicarse por la presencia del fondo común, sin necesidad de recurrir a una solución que simplifica demasiado la historia sacrificando diferencias y matices en aras de una hipótesis.

El fondo común de la promesa-pacto, que en el cap. 15 servía de meta, sirve en el cap. 17 de punto de arranque. De él parte el Señor en el intento de asegurar la esperanza de

---

[18] Gén. 17, 16-17. Véase MG. 53, 370.

[19] Gén. 16, 10.

[20] Gén. 17, 1-2.

[21] Es el cap. 17 uno de aquellos capítulos en que más se ha intentado descubrir el penoso trabajo de zurcido. Como en otras ocasiones también ahora me remito a A. J. SKINNER, Genesis ..., pág. 289-291, que recoge las corrientes hasta la publicación de su comentario, y a G. VON RAD, Das erste ... 1952, pág. 167-168, que, junto a las antiguas, señala las nuevas corrientes.

Abraham : « En cuanto a mí, he aquí que בְּרִיתִי contigo ; y tú llegarás a ser padre de una multitud de pueblos y no te llamarás más אַבְרָם, sino que tu nombre será אַבְרָהָם porque te haré padre de una multitud de pueblos. Y te haré crecer en grandísima manera y te convertiré en naciones, y de tí saldrán מְלָכִים. Y mantendré mi pacto entre mí y tí y entre tu descendencia después de tí en el curso de sus generaciones como pacto eterno (לִבְרִית עוֹלָם) de ser לֵאלֹהִים para tí y para tu descendencia después de tí. Y daré a tí y a tu descendencia después de tí la tierra de tu peregrinación (מְגֻרֶיךָ), toda la tierra de Canaán en posesión eterna (לַאֲחֻזַּת עוֹלָם) y les seré לֵאלֹהִים » [22].

La comparación del texto con los pasajes anteriores de la promesa o de la promesa - בְּרִית da un innegable avanzar de luz. Aun partiendo de la hipótesis del documento P, que con una serie de características peculiares entraría a completar datos de los documentos J y JE, no puede dudarse que el hagiógrafo ha querido señalar el avance de esa luz como un dato positivo de la vida de Abraham y no simplemente como una manera diversa de transmitir un mismo hecho. Al paso de ese avance de luz se vuelven a ver renovados elementos antiguos y se descubren elementos nuevos. La figura de Abraham, el patriarca de la promesa y de la promesa - בְּרִית, de cara a la historia como padre de una numerosa descendencia y señor de la tierra de Canaán, va delineándose y adquiriendo rasgos más profundos e inconfundibles.

La simple promesa del cap. 12 y la promesa - בְּרִית del cap. 15, entran, sin perder del todo el matiz unilateral de favor divino, en el campo de lo bilateral. El בְּרִית del cap. 15 equivale en el fondo a la simple promesa divina de los capítulos anteriores, y su cumplimiento depende de la sola voluntad de Dios ; en el בְּרִית del cap. 17 se exige a Abraham y a toda su descendencia el cumplimiento de una condición, que, a través de la fórmula general « camina delante de mí y sé perfecto », cristaliza en la realización concreta de la circuncisión por parte de Abraham y de sus descendientes. Signo externo de la agregación del individuo

[22] Gén. 17, 4-8.

al pueblo de Yahveh, la circuncisión es al mismo tiempo algo
esencial al בְּרִית : Abraham, en cuanto padre del pueblo,
entra en el בְּרִית divino como objeto de una promesa y
como parte activa, con una actividad necesaria a la realización del בְּרִית. Sin esto, la descendencia patriarcal no
sería pueblo de Dios, como sin la práctica individual de la
circuncisión cada individuo no entraría a formar parte del
pueblo de la promesa [23].

En esta misma dirección del בְּרִית y en la de uno de
sus términos (la posesión de la tierra prometida) hay también un avance : latente en anteriores capítulos el elemento
« perpetuidad » en el cap. 17 rompe incontenible. El pacto
por parte de Dios no se detiene en la persona de Abraham,
sino que pasa de generación a generación (לְדֹרֹתָם), en
calidad de pacto eterno (עוֹלָם), y la tierra de promisión pasa
envuelta en una fórmula de vasta resonancia (y en la que
por sistema ha de pretenderse introducir en cada uno de los
textos la «teologizante» P [24]), de אֶרֶץ מְגֻרֶיךָ para los patriarcas a tierra לַאֲחֻזַּת עוֹלָם para el futuro pueblo.

Que esta descendencia patriarcal ha de ser en extremo
numerosa, es algo que aflora ya desde la primera promesa
divina. Sin embargo también en este sentido el trazado se
recarga con el cambio de אַבְרָם en אַבְרָהָם. La ausencia en
este cambio (como en el que muy pronto ha de seguir-
se de שָׂרַי en שָׂרָה) de una explicación etimológica cierta, no es obstáculo para descubrir en el nuevo nombre un
símbolo de la fecunda paternidad abrahamítica [25].

---

[23] Es la conclusión a que en líneas generales llegan al fin, después
de algunos tanteos, J. Skinner, Genesis ..., pág. 296-298 ; W. Eichrodt, Theologie ..., I, pág. 63 y 226 ; G. von Rad, Das Erste ..., pág.
170-171.
    [24] Véase Gén. 28, 4 ; 36, 7 ; 37, 1 ; 47, 9 ; Ex. 6, 4. Es la ten-
dencia de G. von Rad, Das erste ..., pág. 169 y 214. Brevemente J.
Skinner, Genesis ..., pág. 293 y G. Beer-K. Galling, Exodus. Tübingen 1939, pág. 43.
    [25] Sobre las diversas tentativas para el explicar el doble cambio
de nombres, puede verse lo escrito brevemente en Estudios Eclesiásticos 19 (1945), pág. 197, notas 8 y 9. Con el detalle, en él habitual,
recoge teorías y explicaciones J. Skinner, Genesis ..., pág. 292-293
y 295. Intentos posteriores no parece hayan podido dar más luz. G.

Junto a estos elementos, antiguos pero proyectados con una nueva luz, surgen otros del todo nuevos. Dios abre su coloquio con Abraham con la siguiente autopresentación : « Yo soy אֵל שַׁדַּי. Oscuro en su origen y en su etimología, este título divino del Dios de los patriarcas encierra, como atinadamente ha escrito Ryle, la idea general de irresistible poder [26]. En su comentario a este pasaje escribía Bonfrère sintiendo todo el peso de una etimología inestable, pero reflejando al mismo tiempo una de sus explicaciones : « Quia magna promittebat Abrahamo, congruum erat Deo ea assumere nomina quae Dei potentiam ad perficiendum, et gratuitam seminis ipsius electionem ab eodem, ut qui nullius indigeret, indicaret » [27].

Esta relación de intimidad entre Dios y el patriarca, que brota del אֵל שַׁדַּי, recibe un último toque en aquél repetido « seré para tí, para tu descendencia ... לֵאלֹהִים, cuyo hondo sabor religioso-teológico cabe muy bien en el ambiente de la primitiva promesa patriarcal. Falta aquí la segunda parte de una fórmula que más tarde estudiaremos completa y a través de la cual veremos entrecruzarse la especial providencia de Dios hacia la descendencia patriarcal, como hacia algo propio, y la correspondencia de Abraham y su futuro pueblo hacia el Dios que le ha escogido. La recortada fórmula actual da sin duda relieve al primer elemento, sin que por esto excluya (más bien le lleva incluído) el primero.

La persona de Abraham va con su descendencia avanzando en camino de privilegios. Un paso más en este sentido lo señalan aquellas palabras del אֵל שַׁדַּי al patriarca : « Y reyes (מְלָכִים) saldrán de tí ».

VON RAD, *Das erste* ..., pág. 169 y 171-172 acudirá a la socorrida tradición « teologizada » en P, aunque lingüisticamente *'aberaham* no sea sino una « dilatación » del simple *'aberam* y *Saray* una fórmula arcaica frente a la más reciente formación *Sarah*.

[26] H. RYLE, *Genesis* ..., p. 197. Después de lo escrito en *Misericordia et veritas. El hesed y 'emet divinos*. Roma 1949. pág. 199-200, no creo se haya avanzado tampoco en la explicación etimológica de este título divino.

[27] J. BONFRÈRE, *Pentateuchus*. Antuerpiae 1625, pág. 203.

A la sombra de todos estos elementos, entra Sara a completar la promesa de Dios al esposo. Anunciado su cambio de nombre de שָׂרַי en שָׂרָה, dice Dios a Abraham : « Y la bendeciré y también de ella te daré un hijo, a quien bendeciré de modo que venga a constituírse en naciones (לְגוֹיִם) y de él salgan reyes de pueblos » [28]. La actitud perpleja de Abraham ante la anunciada fecundidad de la esposa nonagenaria provoca una nueva declaración divina : « Cierto que Sara tu esposa te parirá un hijo y le pondrás el nombre de Isaac » [29].

La presencia de este nuevo hijo junto al antiguo Ismael, presentado ya antes como padre de innumerable descendencia [30], podía parecer una nueva complicación en la trama de la promesa patriarcal. Dios sale al paso : « Y estrecharé בְּרִיתִי con él לִבְרִית עוֹלָם y con su descendencia después de él. También en lo que toca a Ismael te he escuchado. He aquí que le bendeciré y le haré prolífico y le multiplicaré mucho en extremo : doce príncipes (נְשִׂיאִם) engendrará y le constituiré en pueblo grande (לְגוֹי גָּדוֹל). Pero בְּרִיתִי lo estrecharé con Isaac que te parirá Sara por este tiempo en el año próximo » [31].

Hay en ambos casos multitud y grandeza en la futura estirpe de Abraham a través de sus dos hijos. Pero este mismo contacto entre Ismael e Isaac señala un punto esencial de separación. Mientras en la descendencia de Ismael queda dominando la línea carnal, y su grandeza se para en los נְשִׂיאִם, la descendencia de Isaac pasa esa línea hacia naciones que llevan el sello de algo más que de mera carne, y se ennoblece con la presencia de los מְלָכִים [32].

El relato del cap. 17, corolario profundamente histórico-

---

[28] El TM. lee : « ... *la* bendeciré y será *ella* ... ; reyes ... *de ella* ». Es preferible con el Pent. Sam., los LXX, Pes, y Vg. leer el sufijo masculino refiriéndolo todo al hijo.

[29] Gén. 17, 15-21 ; 21, 12.

[30] Gén. 16, 10.

[31] Gén. 17, 21 ; 18, 10. 14.

[32] Sobre las relaciones existentes entre estos y otros diversos títulos, véase J. van der Ploeg, *Les chefs du Peuple d'Israël et leurs titres* en *Revue Biblique* 1950, pág. 40-61.

teológico pero no meramente « teológico », queda apuntando
definitivamente hacia el nacimiento de Isaac, el hijo de la
promesa. Es punto central, cuya fecha precisa viene repetidamente determinada y cuya realización tras el último tro-
piezo, el peligro de rapto de Sara en Gerar [33], señala el comienzo de un período nuevo en la vida de Abraham. Abimelec lo ha subrayado al hablar con el patriarca : « Dios está
contigo en todo cuanto llevas a cabo »[34]. Es período de paz,
definitivo en el fondo, pero que choca de repente con la
prueba-cumbre de la fe y obediencia de Abraham. El triunfo
del patriarca ante el hijo de la promesa, preparado para el
sacrificio, abre camino a un nuevo avance : es lo que ahora
interesa en toda la marcha de aquella escena de tantas intimidades.

Por segunda vez habla a Abraham el ángel de Yahveh :
« Por mí juro (נִשְׁבַּעְתִּי) - palabra del Señor - que por haber hecho tú tal cosa y no haberme negado a tu hijo, a tu
unigénito (יְחִידֶךָ), te bendeciré con toda abundancia y multiplicaré en gran manera tu descendencia, como las estrellas del cielo y como la arena de sobre la ribera del mar,
y ocupará tu descendencia la puerta de sus enemigos ; y serán bendecidas en tu descendencia (בְזַרְעֶךָ) todas las naciones de la tierra en premio de haber tú escuchado mi
voz » [35].

Quizás en ésta, más que en otras ocasiones, dé impresión de más embarazado el moverse de la teoría de fuentes
y épocas en busca de una adición tardía de los versos 15-18
a la supuesta leyenda original de los versos 1-14.19. La unidad del capítulo difícilmente podrá quedar rota, y los intentos en este sentido, reduciendo todo el relato al E, suponen
muchas afirmaciones no del todo seguras. Skinner en su citado comentario las ha dado en una síntesis, cuya lectura no
llega a suscitar siquiera la duda seria de encontrarnos ante
versos interpolados. Son los defensores de tales zurcidos bíblicos, prontos a reconocer como necesario el progreso en

---

[33] Gén. 20. Las semejanzas del caso aquí narrado con el narrado
en el cap. 12 no son tales que con certeza nos prueben encontrarnos
ante un duplicado, sobre todo teniendo en cuenta las desemejanzas.
[34] Gén. 21, 22.
[35] Gén. 22, 15-18.

la revelación divina, los que acaso menos debieran intentar cortes en la marcha de la historia abrahamítica. La promesa-bendición divina, que abrió la vida pública de Abraham ha ido adquiriendo nuevos matices a lo largo de la historia del patriarca hasta quedar hoy definitivamente asegurada. Hay infalible certeza en el נִשְׁבַּעְתִּי כִּי, línea de espiritualidad en el יְחִידְךָ, horizonte de universalismo en aquel בְזַרְעֶךָ con que se deja atrás la vida del patriarca y el בְךָ primitivo.

Desde este momento Abraham, seguro de la promesa, marcha tranquilo de cara a la muerte con amor de marcada preferencia hacia Isaac. Sara se lo había exigido en términos tajantes : « Expulsa a esa esclava y a su hijo, porque no debe entrar en herencia el hijo de esa esclava con mi hijo, con Isaac ». Pero no eran sólo exigencias y celos de esposa ; era línea que Dios mandaba seguir al dolorido patriarca : « Escucha sus palabras, porque por Isaac te será reputada descendencia »[36].

Cuando, en el momento de traspaso de bienes, Abraham se encuentra ante Isaac y los hijos de sus concubinas, de nuevo apunta la táctica de preferencia : « Y dió Abraham cuanto tenía a Isaac ; y a los hijos de sus concubinas dió Abraham presentes y les mandó lejos de Isaac su hijo, viviendo aún, hacia el oriente, a tierra oriental »[37]. Quizás se trate de una simple medida preventiva para evitar disensiones familiares o cargas excesivas en la vida económica de Isaac ; quizás sea una aplicación del derecho hereditario entonces vigente. El relato bíblico nada especifica. ¿Sería aventurado el suponer una directa intervención divina como en el caso de la separación entre Isaac e Ismael?[38].

Tampoco el relato del Génesis sobre la exclusión de las mujeres cananeas para el matrimonio de Isaac (al igual que los paralelos sobre el sentir de Isaac y Rebeca en punto al matrimonio de sus hijos), habla de intervención alguna di-

---

[36] Gén. 21, 9-13. Véase Rom. 9, 7 ; Heb. 11, 8. Como Gén. 17, Gén. 21 ha sido especialmente sometido a la ingeniosa tarea de montar y desmontar sus supuestas diversas secciones-piezas.

[37] Gén. 25, 5-8.

[38] Así por ej. S. SKINNER, Genesis ..., pág. 351 ; H. RYLE, Genesis ..., pág. 264.

vina. Para ello hay que llegar a la legislación sinaítica, donde se prohiben a los hijos de Israel tales matrimonios mixtos por el motivo religioso de peligro de idolatría para la prole [39]. El peligro existía igualmente en tiempo de los patriarcas, y el modo de proceder de los hijos de Jacob con Siquem y sus hijos es una prueba de que Abraham había también de pretender soslayar este peligro [40].

No parece, por lo mismo, que, aun supuesto un motivo nacional y de familia, haya de excluírse obrase Abraham bajo el influjo de un motivo religioso cuando con juramento exige a su siervo que, dejadas a un lado las mujeres cananeas, busque esposa para el hijo de la promesa en Mesopotamia entre las hijas de su estirpe. En el fondo del coloquio entre el fiel siervo y su señor parece adivinarse la intervención de ese motivo religioso a través de aquel tenaz acogerse por parte de Abraham a la divina promesa y a las condiciones que la acompañan. Es objeción de Eliecer : « Si acaso no accediese a seguirme la mujer a esta tierra ¿debo hacer volver a tu hijo al país de que tú saliste? ». La respuesta de Abraham es tajante : « Guárdate de hacer volver allá mi hijo. El Señor Dios del cielo, que me tomó de la casa de mi padre y de la tierra de mi nacimiento y que me habló y me juró diciendo : A tu descendencia daré esta tierra, El enviará su ángel delante de tí y tomará de allí mujer para mi hijo. Pero si la mujer no accediese a seguirte, quedas libre de este tu juramento. Sólo que no hagas volver allá a mi hijo » [41].

Al querer divino se confiaba todo, y la mano de Dios jugaría limpiamente con todos los hilos de aquella madeja. Como Abraham siempre lo había esperado y, al emprender su camino, lo había suplicado Eliecer : « Usa benevolencia con mi Señor Abraham », la intervención divina formó la médula del transcendental episodio. Así vino más tarde a reconocerlo el siervo al bendecir junto a la fuente al Dios de Abraham « que no ha abandonado su benevolencia y fidelidad para con mi amo y me ha ha conducido por camino acertado a la casa del hermano de mi amo ». Los padres de Rebeca, pasados los primeros momentos de natural vacilación,

[39] Ex. 34, 16 ; Dt. 7, 3.
[40] Gén. 34, 14-16.
[41] Gén. 24, 2-8. 37-41.

3

descubrirán finalmente la mano divina en actividad a lo largo de toda la trama ; y en el resultado definitivo apuntará triunfante el בְּרִית divino sobre su doble sostén de la bondad y fidelidad de Yahveh[42].

De este modo una nueva y decisiva intervención divina («la mano invisible» de que habla J. Chaine al anotar este pasaje)[43] asegura la promesa de una descendencia abrahamítica en la tierra de Canaán. Tranquilo puede morir el patriarca y «lleno de días irse a juntar a su pueblo». Su persona privada desaparecerá, pero su persona pública seguirá en pie, apoyada en aquella bendición con que «después de su muerte Dios bendijo a Isaac su hijo que habitaba junto al pozo *Vive quien me ve* »[44]. Bajo la misma dirección marcada por la bendición divina en la marcha accidentada de la vida Abraham, toca ahora su hijo, como germen inicial de la gran descendencia, el pórtico de la vida pública y recorre más tarde el campo todo de su historia patriarcal.

b). — TRADICION DE FAMILIA.

Muerto Abraham, su memoria saltará a la historia y correrá unida a momentos cruciales de la vida del pueblo escogido. Más allá de los libros del Pentateuco (cuya marcha se seguirá después), Jesús Ben Sirac ha de escribir como testigo de la tradición judía : «Abraham, padre de una multitud de naciones, no puso tacha en su gloria, pues observó los preceptos del Altísimo y entró en pacto con él ; en su carne le fué impresa una ley y en la prueba fué hallado fiel. Por esto con juramento (Dios) le prometió bendecir en su descendencia las naciones, multiplicarle como el polvo de la tierra y ensalzar como los astros su descendencia, darle en herencia de un mar al otro mar y del río a los confines de la tierra »[45].

No puede dudarse que están incluídos en este pasaje cuantos datos sobre Abraham, como padre de la promesa,

---

[42] Gén. 24, 12. 27. 42-44. 48-51. 56.
[43] J. CHAINE, *Le livre de la Genèse*. Paris 1948, pág. 289.
[44] Gén. 25, 8.11.
[45] Ecli. 44, 19-22. (LXX y Vg. 44, 20-23.)

se hallan esparcidos en los diversos libros del A. Testamento.
De éstos (y exceptuados los del Pentateuco) es el libro de
Isaías en su segunda parte, fuera y dentro de la sección sobre el Siervo de Yahveh, el que con mayor delicadeza ha reflejado más aspectos de la vida del patriarca, en cuanto padre del pueblo escogido e íntimo de Dios. Lástima que, partiendo, como de término incontrovertible, de un Deutero-
Isaías exílico o postexílico [46], se intente alinear tales pasajes
a favor de la supuesta primitiva « tradición » del Exodo,
completada más tarde por una « tradición » abrahamítica
sin cuerpo de « historia » y con exclusiva, o casi exclusiva,
tendencia de « teología ».

Es una posición, no de realidades sino de principios que,
aun admitiendo el tardío Deutero-Isaías, muchos no pueden
compartir. Postura de más equilibrio, aunque todavía tí-
mida, que H. Rowley ha reflejado ante el « histórico » Abraham y su época « histórica » [47]. Todo un síntoma de que la
posición abrahamítica radicalmente antihistórica va poco
a poco centrándose en la verdad.

La tradición no ha creado a Abraham, sino que ha recogido los trazos anteriormente existentes de su trazado histórico. En esta línea, como en otras relativas al pueblo escogido, el libro segundo de Isaías va en vanguardia ; sin que
esto signifique ausencia de Abraham en el primer libro. Aludiendo el profeta a la elección de Abraham y considerando
esta elección como fundamento de la conversión de Israel,
después de purificado por el destierro, escribe : « Por eso,
así habla a la casa de Jacob el Señor que redimió a Abraham:
Ahora no será confundido Jacob, ni palidecerá ahora su rostro » [48].

---

[46] A. Vaccari, *La Sacra Bibbia*. Firenze 1953, VI, pág. 10-11
concluye atinadamente el sobrio y bien llevado estudio de la cuestión : « Estas razones aconsejan prudencia ... Negarle tan gran parte
del libro, llegado hasta nosotros con su nombre y sin rivales, no está
exento del peligro de error ».

[47] H. Rowley, *The biblical* ..., pág. 21-25.

[48] Is. 29, 22. R. Kittel, *Biblia Hebraica*. Stuttgart 1951 en vez
de אַל - *ad*, lee אֵל - *Deus*, como ya antes, siguiendo a R. Lowth,
(*Isaiah*. London 1778) lo había hecho B. Duhm, *Das Buch Jesaja*. Göttingen 1902², p. 184. J. Skinner, *Isaiah*. Cambridge, 1915, p. 238
aprueba este cambio, porque « la ligera corrección aleja la dificultad,

Esta redención de Abraham por parte de Dios lleva en
sí no sólo un aspecto negativo (liberación de peligros), sino
también un aspecto positivo (elección de Abraham y sus
íntimas relaciones con Dios). Sobre esto se centra, enérgico
y delicado, aquel pasaje del libro del Siervo de Yahveh,
que roza ya los límites del universalismo propio de la bendición abrahamítica. Habla el Señor a Israel en trance ya de
liberación : « Pero tú, Israel mi siervo, Jacob a quien elegí,
descendencia de Abraham mi amigo (אֹהֲבִי) ; tú a quien
tomé de los confines de la tierra y de sus remotas regiones
llamé diciéndote : Siervo mío eres tú, yo te he escogido y
no te rechazaré. No temas porque yo estoy contigo, no pier-
das el ánimo porque yo soy tu Dios. Yo te fortalezco, yo te
auxilio y te sostengo con la diestra de mi justicia » [49].

En el pensamiento del profeta, y como centro donde
convergen los principales elementos de la promesa abrahamítica, está Abraham con el título de אֹהֲבִי con que Dios
le honra. El es el único padre del pueblo y el solo fundamento de la divina bendición. De nuevo el profeta vuelve
sobre esta idea al referir palabras del Señor : « Escuchadme
los que váis tras la justicia, los que buscáis a Yahveh. Mirad
a la roca de que fuísteis tallados y a la cavidad de la fosa

---

introducida por la posición de la sentencia relativa *que redimió a Abraham*, que en hebreo viene después de *casa de Jacob* ». De todos modos,
se admita o se rechace esta corrección, el texto en su totalidad no sufre
un cambio profundo. Mayor sería si con WELHAUSEN se admitiese que
la idea de la *redención de Abraham* es ajena a la época de Isaías. DUHM
no admite que en este caso se trate de una *Einsatz*, mientras SKINNER
escribe : « Al mismo tiemo una alusión a la *redención de Abraham*,
en el presente contexto se hace sospechosa ; y con su omisión el metro
queda ciertamente mejorado. No es casual en la historia bíblica de
Abraham a quien se apropia especialmente la expresión « *redimir* ;
hay sin embargo una leyenda judía posterior sobre su liberación de
una muerte a fuego preparada para él por sus aliados idólatras (Libro
de los Jubileos, cap. 12) ». Los argumentos de SKINNER, que alude al
relato del Libro de los Jubileos, completado después por una leyenda
judía, no llevan en modo alguno a suprimir la frase « *que redimió a
Abraham* », tan de acuerdo con la especial providencia del Señor
en una vida de momentos de tanto riesgo como la de nuestro patriarca.

[49] Is. 41, 8-10.

de que fuísteis extraídos. Mirad a Abraham vuestro padre y
a Sara que os parió ; porque siendo uno le llamé y le bendije
y le multipliqué » [50].

Esta prerrogativa de elección y paternidad exclusivamente abrahamítica, como tal la supone corriente entre el
pueblo el profeta Ezequiel, cuando en nombre de Dios ataja
las pretensiones del pueblo infiel a la tierra prometida :
« Hijo del hombre, los que habitan aquellas ruinas en la tierra de Israel andan diciendo : Uno era Abraham y poseyó
la tierra, siendo nosotros muchos, a nosotros se nos dará la
tierra en posesión » [51].

La idea del בְּרִית entre Dios y Abraham no sale a la
superficie en los textos anteriores, que más bien dan relieve
a la idea de mera promesa divina. No faltan en otros libros
pasajes donde la idea de ese בְּרִית , pero con su relieve de
promesa de Yahveh, lo domina todo. Al celebrar el salmista aquellos divinos beneficios, que forman como la entrada a la posesión de la tierra prometida, hace descansar todo
ese cúmulo de favores en la fidelidad a la promesa por parte
de Dios. El « para siempre se acuerda בְּרִיתוֹ , (palabra
que ordenó para mil generaciones) que estipuló con Abraham,
y de su juramento (dado) a Isaac y estableció para Jacob
como decreto, para Israel בְּרִית eterno diciendo : A tí
daré la tierra de Canaán como porción de vuestra herencia ».
Y al final del salmo concentra este בְּרִית divino - abrahamítico (descrito antes en toda su línea patriarcal) en solo Abraham, sujeto primero del בְּרִית divino. Si Dios de continuo
favoreció a Israel fué « porque tuvo presente su santa palabra a Abraham su siervo » [52].

Por el solo hecho de hacer girar toda la historia de la
elección del pueblo en torno a Abraham (aunque faltasen
otros indicios de más o menos fuerza), los defensores de la
tardía « tradición » abrahamítica habían de retrasar la composición de este salmo a tiempos exílicos o postexílicos. No

---

[50] Is. 51, 1-2. Se ha dado la traducción según el TM. Los cambios
insinuados en R. Kittel, *Biblia* ... en el vers. 1 no afectarían nada a
la marcha general de la idea en cuanto aquí interesa. Para la idea
de universalismo véanse los vers. 4-6.

[51] Ez. 33, 23-24.

[52] Salm. 105, 8-11. 42.

es fácil hacer que la hipótesis corra sin tropiezos, a pesar del «vasto consensus de opinión», de que habla y es partidario Rowley después de una larga enumeración de comentaristas favorables [53]. La lista (y pudiera alargarse) impresiona de momento; pero que el argumento interno no es decisivo lo prueban la prudente reserva de H. Schmidt y F. Nötscher y la posición contraria de M. Buttenwieser y B. D. Eermands, adoptada también (según creo deducirse de su modo de expresarse) por A. Wieser [54].

No se puede, por lo tanto, hablar con certeza en este caso de un recuerdo tardío de Abraham como padre de aquel pacto, que el profeta Baruc presenta sellado con el juramento del Señor [55], y que en el libro de los Reyes se introduce como elemento esencial en la historia de Israel. Dice el historiador sagrado al describir la miseria del reino del norte a la muerte de Eliseo : «Jazael rey de Siria había oprimido a Israel todo el tiempo de Joacaz; pero el Señor se les mostró favorable y se compadeció de ellos y se volvió a ellos en gracia בְּרִיתוֹ con Abraham, Isaac y Jacob, y no quiso destruírlos y no los ha arrojado de su presencia hasta el presente » [56].

Entra, por lo mismo, como elemento esencial, no sólo de la constitución sino también de la permanencia del pueblo escogido, la presencia continua de Abraham, a cuyo recuerdo va en ocasiones unido el de Isaac y el de Jacob. Constituído así centro del primitivo pueblo de Israel, nada extraña que el salmista conceda a ese pueblo como título primario el de descendencia de Abraham. Es una sola expre-

---

[53] H. Rowley, *The biblical ...*, pág. 23-24. Vienen citados Duhm, Briggs, Gunkel, Kittel, Barnes, Berry, Calès ... No creo sin embargo que las palabras de este último permitan alinearle con los anteriores sin reservas.

[54] H. Schmidt, *Die Psalmen*. Tübingen 1934, pág. 193 (« muchísimo más antiguo que 1 Crón. 16, 8-22 ») ; F. Noetscher, *Die Psalmen*. Würzburg 1947, pág. 210 (« más antiguo que 1 Crón. 16, 8-22 ; no se puede determinar con más precisión la antigüedad ») ; A. Weiser, *Die Psalmen*. Göttingen 1950, pág. 446 con pág. 28.

[55] Bar. 2, 34.

[56] 2 Rey. 13, 22-23.

sión que sintetiza toda una grande historia : « Descendencia de Abraham su siervo ; hijos de Jacob su elegido » [57]. Y no es que esos salmos, de fuertes tonos nacionales, limiten la descendencia abrahamítica al primitivo Israel, a la descendencia carnal de Abraham. Los hijos de Coré en su canto a Yahveh rey victorioso, de aquel nacional « para nosotros elige su herencia, la gloria de Jacob a quien ama » pasan al Señor, « Rey de toda la tierra ». El trono de Dios sube muy alto, y ante él « los príncipes de los pueblos se han congregado con el pueblo del Dios de Abraham » [58].

Fuera de todos estos pasajes, que, por presentar al patriarca como fundamento del pueblo escogido y estar directamente relacionados con la promesa divina, nos interesan ahora, otros muchos nos transmiten el recuerdo de Abraham. Su nombre va quedando grabado desde el libro de Josué, donde, llevado por Dios de Mesopotamia a Canaán, aparece el patriarca como padre de un gran pueblo a través de Isaac[59], hasta el libro primero de los Macabeos que recuerda el premio de la fidelidad de Abraham en la tentación. Este recuerdo del patriarca, puesto en labios de Josué primero [60] y más tarde transmitido por Jeremías [61] y Miqueas [62], puede muy bien representar un obstáculo al paso de la tardía « tradición » abrahamítica. Junto al pasaje de Miqueas hemos de encontrarnos otros, que con él han de ser estudiados a su tiempo.

---

[57] Salm. 105, 6.

[58] Salm. 47, 5.10. El TM. lee : « ʿAm Dei Abraham »; los LXX y la Pes : « ʿIm Deo Abraham ». En KITTEL, Biblia... se propone como probable : « ʿIm ʿam Dei Abraham », que es la lección seguida por los PP. Profesores del Instituto Bíblico en su Liber Psalmorum. Romae 1945². Aun conservando la lectura del TM., el pasaje viene interpretado en sentido universalista. Véase por ej. H. SCHMIDT, Die Psalmen..., pág. 91 ; A. WEISER, Die Psalmen ..., pág. 245.

[59] Jos. 24, 2-4.

[60] Sobre los vaivenes en la búsqueda y determinación de las fuentes (con preferente inclinación hacia las tardías), de este capítulo, puede verse lo escrito por A. FERNANDEZ, Commentarius in librum Josue, Parisiis 1938, pág. 262.

[61] Jer. 33, 26.

[62] Miq. 7, 20.

Este paso tan significativo de Abraham el patriarca a lo largo del A. Testamento, no queda cortado con la llegada de la nueva economía. En los escritos del N. Testamento cabe la vida de Abraham aun bajo aquel aspecto de intimidad con Dios, sintetizado en la condescendiente declaración divina antes de la destrucción de la Pentápolis : « ¿Acaso puedo yo ocultar a Abraham lo que yo voy a hacer, cuando Abraham ha ciertamente de convertirse en una grande y fuerte nación, y en él han de ser bendecidas todas las naciones de la tierra ? Por el contrario le informaré para que él mande a sus hijos y a su casa después de él, de modo que ellos guarden el camino del Señor practicando justicia y derecho, para que el Señor haga venir sobre Abraham lo que le ha prometido » [63].

Esta divina familiaridad expresada en un soliloquio (considerado también por sistema como tardía reflexión teológica), con que Dios hace de Abraham su confidente, viene recogida por el Apóstol Santiago. Pasando del Abraham del monte Moria a la necesidad de obras que informen la fe, concluye : « Y se cumplió la Escritura que dice: Creyó Abraham y le fué imputado a justicia y fué llamado amigo de Dios » [64]. Hay dos elementos en esta reminiscencia bíblica : de ellos uno es en el N. Testamento exclusivo de Santiago y contiene una alusión a aquellos pasajes del Antiguo, donde se llama a Abraham אֹהֵב de Dios [65] ; constituye el otro una cita literal de Gén. 15, 6 según la versión de los LXX, y es familiar a los escritos de S. Pablo.

Abraham ha entrado de lleno en las cartas del Apóstol de las gentes. Pablo es el cantor de la fe heroica de nuestro patriarca [66], es su biógrafo neotestamentario que hace

---

[63] Gén. 18, 17-19.

[64] Sant. 2, 23.

[65] Is. 41, 8 ; 2 Crón. 20, 7. Fuera de estos dos pasajes, de los que el primero presenta a Dios llamando *'ohabî* a Abraham, y el segundo describe a Josafat haciendo al Señor la presentación de Abraham como *'ohabᵉka*, también en Judit 8, 22 según el texto de la Vulg., y en el texto griego de Dan. 3, 35 se nombra al patriarca como *amicus Dei* y ὁ ἠγαπημένος ὑπὸ σοῦ respectivamente. De aquí el apelativo *Ibrâhîm alhalîl* (Abraham amigo íntimo y sincero), con que los árabes llaman a Abraham.

[66] Rom. 4, 3 ; Gál. 3, 6. En los dos pasajes cita Gén. 15, 6.

hincapié en su obediencia, en su sumisión a Dios hasta la
ofrenda del hijo ; que reseña las circunstancias decisivas de
su vida. Entre éstas reserva siempre un puesto especial a
aquélla de la fecunda bendición divina, enfocada hacia la
descendencia numerosa, y hacia ella hace converger la heroica fe de Abraham [67].

En este sentido Pablo descubre ante todo la descendencia carnal abrahamítica encerrada en la promesa divina.
Así lo suponen su interpelación a los judíos de Antioquía en
Pisidia « hijos γένους de Abraham » [68], su doble profesión
de auténtico israelita, de « israelita ἐκ σπέρματος de Abraham, de la tribu de Benjamín » [69], o más concisamente de
« σπέρμα de Abraham », con no menor derecho que sus con-
tradictores [70].

Pero junto a este aspecto material de la promesa, Pablo señala con insistencia aquel aspecto espiritual que, abierto al universalismo y al mesianismo, vimos surgir y desarrollarse en progresivo y paulatino avance a lo largo de las
diversas fases de la promesa abrahamítica. Es su pensamiento en aquella contraposición de la carta a los Romanos entre los hijos de la carne y los hijos de la promesa. Apoyándose en las palabras mismas del Génesis, como maravillosamente ha escrito el Crisóstomo [71], y a base del hecho de que
la palabra de Dios se ha cumplido aunque Israel, pueblo
en otros tiempos elegido, haya sido al presente reprobado,
escribe : « No que se haya perdido la palabra de Dios ; que
no todos οἱ ἐξ Ἰσραήλ son israelitas, ni porque son σπέρμα
de Abraham, todos son τέκνα; sino que en Isaac te será
llamado σπέρμα ; es decir, no τὰ τέκνα τῆς σαρκὸς, ésos son
τέκνα de Dios, sino τὰ τέκνα τῆς ἐπαγγελίας son reputados
εἰς σπέρμα. Porque la palabra de la promesa es ésta : Por
este tiempo volveré y tendrá Sara un hijo » [72].

Es la interpretación que de las palabras del Génesis hace

---

[67] Rom. 4, 16-22 ; Gál. 3, 7-9 ; Heb. 11, 8-19.
[68] Act. 13, 26. Esta descendencia carnal queda aun más subraya-
da con el « et qui in vobis timent Dominum », que Pablo opone al
« filii γένους Abraham ».
[69] Rom. 11, 1.
[70] 2 Cor. 11, 22.
[71] MG. 60, 553.
[72] Rom. 9, 6-9. Se cita Gén. 18, 10 ; 21, 12.

el propio Pablo cuando, al dirigirse a los Gálatas, demasiado
pegados a la ley, les escribe : « Decidme los que queréis estar
bajo la ley ¿no oís la ley? Porque escrito está que Abraham
tuvo dos hijos, uno de la esclava y otro de la libre ; pero el
de la esclava nació κατὰ σάρκα, el de la libre por el contrario διὰ τῆς ἐπαγγελίας ». Y explicando el sentido espiritual encerrado en este hecho histórico, concluye : « Y nosotros, hermanos, hijos somos κατὰ ἐπαγγελίας de Isaac. Pero,
como entonces el que había nacido κατὰ σάρκα perseguía
τὸν κατὰ πνεῦμα, así también ahora » [73].

Son textos que no admiten duda : el Apóstol afirmaba
como algo esencial a la promesa abrahamítica la presencia
del elemento espiritual constitutivo del « Israel Θεοῦ » [74].
Ahora bien, que un tal elemento espiritual desemboca finalmente en Cristo, se deduce de esos mismos textos, y solemnemente lo proclama el Apóstol en otro pasaje de la misma
carta. Escribe al hablar de Cristo Redentor : « Cristo nos redimió de la maldición de la ley, hecho por nosotros maldición, porque escrito está : Maldito todo el que pende sobre
el leño, para que la bendición de Abraham alcanzase εἰς τὰ
ἔθνη en Cristo Jesús, a fin que recibiésemos la promesa del
Espíritu por medio de la fe » [75].

Escribe el Crisóstomo en su comentario a este pasaje :
« ¿ Cómo εἰς τὰ ἔθνη ? En tu descendencia — dice — serán
bendecidas todas las gentes, esto es, en Cristo. Pero si esto
se hubiese dicho de los judíos, ¿cómo habría de ser razonable
que los que por el pecado estaban sujetos a la maldición fue-
sen causa de bendición para otros ? De donde es manifiesto
que todo se dijo de Cristo ; porque él era descendencia de
Abraham y por él serán bendecidas todas las gentes » [76].

También Pablo, de cara al Cristo descendiente del A-
braham de la promesa, completa su pensamiento en una exegesis penetrante y reveladora del griego σπέρμα : « A Abraham se le hicieron estas promesas καὶ τῷ σπέρματι αὐτοῦ.
No dice : καὶ τοῖς σπέρμασιν, como si se hablase de mu-

---

[73] Gál. 4, 21-23. 28-29. Comentando este pasaje el CRISOSTOMO
insiste en el desarrollo de las grandiosas ideas expuestas en su comentario al pasaje citado de la carta a los Romanos : MG. 61, 661-663.
[74] Gál. 6, 16.
[75] Gál. 3, 13-14.
[76] MG. 61, 653.

chos, sino como de uno solo : καὶ τῷ σπέρματί σου, que
es Cristo»[77]. Desemboca, por lo tanto, el Apóstol en el elemento espiritual universalista-mesiánico ; por él y a través
del Cristo histórico « es Abraham el padre de todos nosotros » [78], « todas las gentes que viven de la fe son bendecidas
con el fiel Abraham » [79], todo el mundo entra en aquella unidad sin fisuras, a propósito de la cual escribe el propio Pablo : « No hay judío ni griego, ni siervo ni libre, ni varón
ni mujer, porque todos vosotros sóis uno en Cristo Jesús.
Si, pues, vosotros sóis de Cristo, luego sóis σπέρμα de Abraham, herederos κατ᾽ ἐπαγγελίαν » [80].

No sólo la literatura paulina ; también la evangélica
introduce, con los mismos avances de Pablo, este elemento
espiritual al exponer el hecho de la descendencia carnal abrahamítica del pueblo judío. Que en los evangelios pesa mucho
esta descendencia carnal, salta de aquellas palabras con que
Cristo llama a la mujer recién sanada y a Zaqueo recién
atraído a sí « hija, hijo de Abraham » [81], o de aquella descripción que hace de Abraham recibiendo, por una parte, en su
seno paterno a los hijos fieles y rechazando, por otra, al
réprobo, aunque a él acuda llamándole padre y él le llame
hijo [82]. Con todo, ya en este último texto aparece debidamen-
te jerarquizada la descendencia carnal : por encima de ella
se asoma a la historia la existencia de una descendencia espiritual.

Es idea encerrada en las palabras de fuego de Juan el
Bautista : « Haced, pues, fruto digno de penitencia y no
se os ocurra decir entre vosotros : Tenemos por padre a
Abraham ; porque os digo que puede el Señor suscitar de
estas piedras hijos a Abraham » [83]. Comenta Maldonado :
« Veros significat lapides, ex quibus non minus potest Deus
filios Abrahae suscitare quam potuit Adam ex terra, Evam
ex latere Adam, filium Abrahae Isaac ex mortua iam vulva
Sarae ; eo enim Evangelista videtur alludere. Simul tamen

---

[77] Gál. 3, 16.
[78] Rom. 4, 16.
[79] Gál. 3, 8-9.
[80] Gál. 3, 28-29.
[81] Luc. 13, 16 ; 19, 9.
[82] Luc. 16, 22-25.
[83] Mat. 3, 8-9 ; Luc. 3, 8.

spectat ad vocationem gentium, ex quibus Deus quasi ex rudibus et impolitis lapidibus filios Abrahae, id est, fideles facturus erat, ut Hieronymus et omnes veteres auctores interpretantur » [84].

Con esta actitud el Bautista reconoce, por una parte, el aspecto material en la descendencia abrahamítica del pueblo y confiesa, por otra, lo insuficiente de tal descendencia. De este modo introduce el elemento « obras » como algo necesario al éxito definitivo de la descendencia carnal y amplía, por lo mismo, el campo de la filiación abrahamítica. Es actitud que podría considerarse como un anticipo de otra escena evangélica posterior. Cristo la consagrará en aquel vivo coloquio con los judíos, aferrados, como a título definitivo, a su descendencia carnal abrahamítica, al declararles insuficiente esta descendencia sin las obras de Abraham. Es sentido espiritualista de la paternidad del patriarca, en el fondo del cual Cristo descubre el alcance mesiánico de la promesa encerrado en la descendencia patriarcal : « Abraham vuestro padre se regocijó con la esperanza de ver mi día ; lo vió y se alegró » [85].

Si es imposible fijar con certeza el alcance preciso del « mi día » en labios de Cristo [86], es por el contrario fácil descubrir en todo el verso 56 un sentido mesiánico de la promesa abrahamítica. El mismo que ya se adivina en aquel verso inicial de la genealogía de Cristo en el evangelio de S. Mateo : « Libro de la generación de Jesucristo hijo de David, hijo de Abraham » [87]. A raíz de la célebre curación del cojo, S. Pedro, hablando a la multitud, le pondrá en primera línea, después de haberle tocado como de paso con aquellas palabras : « El Dios de Abraham, el Dios de Isaac y el Dios de Jacob, el Dios de nuestros padres ha glorificado a su hijo Jesús ». Con él cerrará su discurso : « Vosotros sóis los hijos

---

[84] J. MALDONADO, *In quattuor Evangelia*. Moguntiae 1840, I, pág. 97. Como se ve, admite MALDONADO un doble sentido en el cambio de las « piedras » en « hijos » de que habla el Bautista. Por eso resulta extraño que D. BUZY, La *Sainte Bible*. Paris 1946, IX, pág. 29, le presente como si admitiese sólo el sentido figurado.

[85] Juan 8, 32-59.

[86] Véase por ej. en F. M. BRAUN, *La Sainte* ... 1950, X, pág. 388 un resumen de las diversas interpretaciones.

[87] Mat., 1, 1. Véase también Luc. 3, 32-34.

de los profetas y τῆς διαθήκης que Dios concertó con vuestros padres diciendo a Abraham : En tu descendencia serán bendecidas todas las familias de la tierra. A vosotros primero Dios, habiendo suscitado a su Hijo, le envió para que os bendiga de modo que cada uno se aparte de vuestras maldades » [88].

La introducción por parte de Pedro de este διαθήκη nos brinda expresamente con una modalidad nueva de suma importancia en la promesa patriarcal. No es que se trate de algo ajeno a la concepción de Pablo : su repetida ἐπαγγελία, su insistente recuerdo de la descendencia de Abraham, en cuanto descendencia a quien por derecho se deben los privilegios propios del pueblo del Dios, llevan implícito el alcance del διαθήκη de Pedro. Sin embargo, es el evangelio de S. Lucas el que ofrece ya casi desde sus comienzos, además del ἔλεος y del ὅρκος con sus tentáculos al διαθήκη de Pedro, la misma expresión διαθήκη.

Cuando Zacarías, a raíz del nacimiento de su hijo Juan, se vuelve a Dios agradecido y lleno del Espíritu Santo, descubre en él el Dios de la promesa patriarcal y en el nacimiento del Precursor el iniciarse de la última etapa de esa promesa. Su cántico *Benedictus* podría decirse que enraíza en el διαθήκη de Dios con Abraham y los patriarcas. En este διαθήκη patriarcal encuentra Zacarías el porqué de la participación de los hijos de los patriarcas y de los patriarcas mismos en el fruto de la Redención. El Dios « *benedictus* » de su cántico, lo es por haber dispuesto en tal modo las cosas, « ut faceret ἔλεος cum patribus nostris, et recordaretur διαθήκης sancti sui, ὅρκον quod iuravit Abrahae patri nostro daturum se nobis ... ». Y en una mirada final al Mesías, introduce a su Precursor preparando los caminos de perdón y de salud que se abren « per viscera misericordiae Dei nostri in quibus visitavit nos ἀνατολὴ ex alto, ut illuminet eos qui in tenebris et in umbra mortis sedent, ut dirigat pedes nostros in viam pacis » [89].

Ya antes que Zacarías, pero en su misma casa, María pone de relieve la relación entre la venida del Mesías libertador del pueblo y la promesa hecha a Abraham. Ausentes

[88] Hech. 3, 13. 25-26.
[89] Luc. 1, 72-73. 77-78.

del *Magnificat* los términos διαθήκη y ὅρκος, dejan paso al ἔλεος divino y a la palabra prometida a Abraham. Tras el recuerdo de la divina misericordia hacia « su esclava » (con todo el peso del universalismo en el tiempo y en el espacio), reconoce la Virgen en Israel, pueblo eterno descendiente de Abraham, esta misma misericordia divina cuyo círculo cierra el Mesías : « Suscepit Israel servum suum recordatus ἐλέους, sicut locutus est ad patres nostros, Abraham et semini eius in saecula » [90].

Los textos de N. Testamento hablan claro, y a través de ellos Abraham, por y en su descendencia, aparece como en el centro del reino universal-mesiánico. Gráficamente lo ha expresado la Liturgia del Sábado Santo en la oración después de la cuarta profecía. Comparados entre sí los milagros llevados a cabo por Dios en la liberación del Israel de Egipto y los realizados en el Bautismo para salud de las gentes, concluye : « Praesta, ut *in Abrahae filios et in Israeliticam dignitatem, totius mundi transeat plenitudo* ».

Esta entrada triunfal del patriarca del A. Testamento en la nueva economía cristiana no se detiene dentro de los límites del reino universal-mesiánico de este mundo. Dejando atrás los límites del tiempo, penetra en el reino mesiánico consumado. Cristo lo insinuó en la parábola del pobre Lázaro con la idea de que al seno de Abraham van a recogerse después de su muerte todos los justos, y lo expresó con claridad a raíz del milagro obrado con el hijo del centurión. La palabra de Jesús borra entonces los límites nacionales de Israel como pueblo escogido : « En verdad os digo que en nadie hallé tan grande fe en Israel. Y os digo que vendrán muchos del oriente y del occidente y se recostarán, con Abraham, Isaac y Jacob en el reino de los cielos, mientras los hijos del reino serán echados a las tineblas exteriores : allí será el llanto y el rechinar de los dientes » [91].

Al exponer Maldonado su propia opinión sobre este pasaje escribe : « Mihi videntur hi tres tamquam reipublicae judaeorum primi et praecipui fundatores nominari, qui veluti in capite mensae sessuri sunt, ut significetur gentes cum illis, id est, proximas illis sessuras esse, judaeisque praeferendas,

---

[90] Luc. 1, 54-55.
[91] Mat. 8, 10-12.

sicut illius centurionis fides, cuius occasione haec dicta
sunt, proprius ad fidem Abraham, Isaac et Jacob, quam judaeorum fides accessit » [92]. Por eso sin duda, por ser estos
tres patriarcas los fundadores del pueblo judío, suele a veces colocarlos juntos el N. Testamento y en algún modo
igualarlos en la misma línea [93]. Es fenómeno que ha de poder
después comprobarse del mismo modo en el A. Testamento
y que supone una línea continua en la promesa divina en
cuanto a la formación del nuevo pueblo, a partir primero
de Abraham y más tarde de Isaac y de Jacob.

c). — ENTRONQUE PATRIARCAL.

No es difícil apreciar la continuación de la línea abrahamítica en la vida de Isaac, más tranquila por otra parte,
en sus rasgos generales, que la de su padre. Como ella, se
abre a la historia bajo el signo de la bendición divina. El
hagiógrafo lo ha anotado brevemente : « Después de su
muerte (de Abraham), bendijo Dios a Isaac su hijo que habitaba junto al pozo *Vive el que me ve* » [94]. Esta bendición
de alcance indefinido, cuyo aspecto material quedará después
determinado con la abundancia de bienes materiales con-
cedidos más tarde [95], toma también en la vida del hijo
aquel tono de solemnidad y amplitud propio de la vida del
padre [96].

---

[92] J. MALDONADO, *Commentarii* ... I, pág. 251.

[93] Véanse además de los pasajes ya citados, Mt. 22, 32 ; Marc.
12, 26 ; Luc. 20, 37, en los que se habla del « Dios de Abraham, Dios
de Isaac y Dios de Jacob »

[94] Gén. 25, 11.

[95] Gén. 26, 12-14.

[96] Partiendo de esta bendición divino-patriarcal, portadora de
bienes materiales, concluye F. HELLING, *Die Frühgeschichte des Jü-
dischen Volkes*. Frankfurt am Main 1949, pág. 33 : « El acuerdo entre
la tradición religiosa de la elección y la idea profana del estado de la
propiedad muestra la incontrovertible unidad y autenticidad del cuadro que del tiempo patriarcal transmite el Génesis ». También en
W. ALBRIGHT, *The Westminster historical Atlas of the Bible*, Philadeo-
phia 1946, pág. 26 se ve una confirmación de la historia del Pentateuco
en los nuevos avances histórico-arqueológicos.

De paso por los dominios de Abimelec y con intención
de trasladarse a Egipto, en un nuevo período de carestía,
Isaac oye del Señor : « No bajes a Egipto ; habita en la
tierra que yo te diré ; sé peregrino (גוּר) en esta tierra,
y yo estaré contigo (עִמְּךָ) y te bendeciré ; porque a tí
y a tu descendencia daré todas estas tierras y mantendré el
juramento hecho a Abraham tu padre. Y multiplicaré tu
descendencia como las estrellas del cielo y daré a tu descendencia todas las naciones (כֹּל גּוֹיֵי) de la tierra, en premio
de que Abraham escuchó mi voz y observó mi ordenación,
mis mandatos, mis preceptos y mis leyes » [97].

De que pueda admitirse como glosa posterior el vers.
5b, no se puede pasar, como algunos pretenden [98], a reconocer ese carácter tardío a partir del verso 3b. Las razones al
menos no imponen este corte en un pasaje tan a tono en sus
líneas esenciales con la promesa abrahamítica. Dentro todavía de esta misma tonalidad hay dos nuevos matices :
el recuerdo insistente de Abraham con su papel decisivo en
la promesa, y la intervención del fecundo « yo estaré עִמְּךָ".
Latente en la vida de Abraham, según confesión de Abimelec [99], salta incontenible en la vida de Isaac como sustitu-
tivo del « yo te seré escudo (מָגֵן)» de la historia de su
padre [100].

Es un doble elemento que de nuevo aflora en aquel otro
pasaje, donde otra vez el Señor habla a Isaac para infundirle
confianza ante los ataques de los siervos de Abimelec : « Yo
soy el Dios de Abraham tu padre ; no temas porque yo
estoy contigo (אִתְּךָ אָנֹכִי)». Y para que no pueda dudar-

---

[97] Gén. 26, 2-5.
[98] Véase por ej. H. GUNKEL, *Genesis*, Göttingen 1910³, pág. 300 ;
J. SKINNER, *Genesis* ..., pág. 363-364. Otros, como H. RYLE, *Genesis*...,
pág. 274, con más moderación sólo consideran como un anacronismo,
que traslada a los tiempos de la ley escrita (cf. Deut. 11, 1) lás últimas
palabras del vers. 5.
[99] Gén. 21, 22. Lo mismo confesará más tarde Abimelec respecto
a Isaac en Gén. 26, 28. Sobre el alcance de protección encerrado en la
fórmula « *Ego tecum sum* », véase lo escrito en *Sal Terrae* 32 (1944)
pág. 689-697 ; 33 (1945) pág. 23-26.
[100] Gén. 15, 1. Sobre el alcance y desarrollo del « *Dios-escudo* »,
véase lo escrito en *Estudios Bíblicos* 9 (1950) pág. 441-466.

se de que se trata de la continuación de la promesa abrahamítica, añade el Señor : « Y te bendeciré y multiplicaré tu descendencia a causa de mi siervo Abraham » [101]. Si, pues, como comenta el Crisóstomo, te encuentras en esta región como huesped y forastero, ten en cuenta que a tí y a tu descendencia se dará toda esta tierra. Y para que tengas en qué confiar, sabe que contigo hago aquel mismo juramento que juré a Abraham tu padre » [102].

Es la respuesta al testamento del patriarca : « Y dió Abraham cuanto tenía a Isaac ; y a los hijos de sus concubinas dió Abraham presentes y les mandó lejos de Isaac su hijo, viviendo aún, hacia el oriente, a tierra oriental ... Y después de su muerte Dios bendijo a Isaac su hijo » [103]. La bendición del padre lleva en sí el germen de la bendición del Dios de la promesa. Brevemente ha anotado Vischer : « La herencia que puede dejarle, fuera de los bienes muebles y de algunos derechos de colono, es solamente el campo con el sepulcro y ... la gran promesa » [104].

Este conjugarse de bendición divina y bendición humana aparece aún más claro y más íntimo en el caso de las relaciones entre Isaac y Jacob. Una vez más interviene directamente el trabajo de selección por parte de Yahveh en su intento de formarse un pueblo. Dios establece entre Jacob y Esaú el mismo proceso de separación establecido anteriormente entre Ismael e Isaac. La declaración divina corre sin nieblas, y Rebeca, estéril hasta entonces pero al fin encinta por providencia especial, la recoge como respuesta a una consulta hecha al Señor al sentirse agobiada por la lucha de los dos gemelos en su vientre : « Dos naciones (גוֹיִם) hay en tu vientre y dos pueblos (לְאֻמִּים) se dividirán de tus entrañas. Y un pueblo será más fuerte que el otro pueblo y el mayor servirá al menor » [105].

La elección divina sigue su marcha a través de Jacob, en quien se continúa sin sinuosidades la línea de la promesa y de la bendición divina. La venta por parte de Esaú de su

---

[101] Gén. 26, 24.
[102] MG. 54, 453.
[103] Gén. 25, 5-6, 11.
[104] W. Vischer, *Das Christuszeugnis* ..., I, pág. 180.
[105] Gén. 25, 23.

4

derecho de primogenitura, preparará un camino que Isaac anciano y ciego seguirá inflexible y sin repliegues. Rebeca había oído que su esposo decía a Esaú : « Cázame alguna pieza y prepárame algún guiso sabroso de mi gusto y tráemelo para que yo lo coma y te bendiga mi alma antes de que yo muera », y llama a Jacob para prepararle a recibir la bendición del padre, que ella considera como divina por ser bendición paterna delante de Yahveh (לִפְנֵי יְהוָה) [106].

Este enfoque hacia lo divino, dado por Rebeca a la bendición paterna con su significativo לִפְנֵי יְהוָה , lo mantendrá Isaac tenso y luminoso en su poética y delicada fórmula de bendición : « Mira, el olor de mi hijo es como el olor de un campo que bendijo el Señor. Que Dios te dé del rocío del cielo y de las grosuras de la tierra y abundancia de trigo y mosto. Sírvante עַמִּים y ante tí se inclinen לְאֻמִּים. Sé señor de tus hermanos y ante tí se inclinen los hijos de tu madre. Maldito el que te maldiga y bendito el que te bendiga » [107].

De este apoyarse definitivo en la bendición divina obtendrá su plena e irrevocable eficacia la bendición patriar-

---

[106] Gén. 27, 4. 7. Véanse también los vers. 19 y 31. Así interpreta J. BONFRÈRE, *Pentateuchus*, pág. 242 el *lifenê Jahveh* de Gén. 27, 7. En modo semejante se expresa J. OLEASTER, *In Pentateuchum ...*, pág. 52 cuando escribe : « Domino praesente et approbante benedictionem meam ». H. RYLE, *Genesis ...*, pág. 281 le interpreta : « En la presencia de Yahveh y en reconocimiento de su poder será pronunciada y tendrá eficacia la bendición humana ». Y añade a continuación : « Es arbitrario el suponer que dicha expresión equivale a *delante de una imagen de Yahveh* existente en casa ». A esta opinión, aunque sin creerla necesaria, alude H. GUNKEL, *Genesis ...*, pág. 309-310, quien por otra parte ve con simpatía la idea de que se trata de un convite sacrifical para el cual se cita a la divinidad. Con más razón P. HEINISCH, *Genesis ...*, pág. 291-292, siguiendo la opinión corriente, habla de un mero convite festivo y comenta la expresión : « En presencia de Yahveh, a quien él invoca y quien debe confirmar y realizar la bendición ». Completando la sentencia de BONFRÈRE, atinadamente escribe A. VACCARI, *La Sacra Bibbia ...*, 1943. I, pág. 117 : « *Delante de Dios* : la bendición paterna, como dada con autoridad y con plenitud de derecho, se presumía que debiese tener también valor ante Dios, esto es, que fuese por El ratificada ».

[107] Gén. 27, 27-29.

cal. En vano Esaú pedirá su invalidación ; Isaac, saliendo
al paso al rogar atormentado del hijo, no hará sino confirmar su validez : « He aquí que sin grosuras de la tierra
será tu morada y sin el rocío de lo alto del cielo. Vivirás
sobre tu espada y a tu hermano servirás, mas, cuando te re-
vuelvas, arrancarás su yugo de tu cuello » [108]. La bendición
primera ha sido decisiva ; Isaac ha bendecido a Jacob no
en su propio nombre sino en el nombre de Yahveh, y per-
manecerá inmutable : « Le he bendecido y bendecido quedará » [109]. De aquí que, recalcando trazos, Isaac bendiga de
nuevo a Jacob camino de Mesopotamia en busca de esposa :
« Que אֵל שַׁדַּי te bendiga y te haga fecundo y te multiplique
de modo que te conviertas לִקְהַל עַמִּים y te conceda a tí
y a tu descendencia contigo la bendición de Abraham para que llegues a poseer la tierra de tu peregrinación que
Dios dió a Abraham » [110].

En mutuo careo estas dos fórmulas de bendición, fácil
es de ver que entre sí se completan. De una parte, aquella
tierra fértil de la primera fórmula es en la segunda la tierra
prometida a Abraham y cuya posesión se concede a Jacob
y a su numerosa descendencia ; de otra, si antes se ha hablado de naciones que un día estarán sujetas a la descendencia
abrahamítica, ahora esas naciones se concretan no sólo en
la persona de Esaú con su linaje, sino también en otros pueblos y naciones. En David y en su casa, descendencia regia
del tronco abrahamítico, se iniciará la realización de esta
promesa, cuyo pleno y definitivo desarrollo queda reservado
al reino del Mesías, cumbre de la descendencia regia. El
ambiente de universalismo mesiánico, que apuntó en la bendición-promesa abrahamítica, sigue su curso a través de esa
misma bendición-promesa. El אֵל שַׁדַּי, por medio de Isaac,
la hace descender sobre Jacob.

Es la marcha de selección de su pueblo, que en la persona de Jacob sigue por parte de Yahveh incontenible. Esaú
y su descendencia, a pesar de que, por su directo entronque
con Isaac-Abraham, parecían exigir un trato de igualdad

---

[108] Gén. 27, 39-40.
[109] Gén. 27, 33.
[110] Gén. 28, 1-4.

con Jacob y su descendencia, pasan a segundo término y apenas si el hagiógrafo traza de ellos un esquema genealógico [111]. La descendencia de Jacob llena las páginas bíblicas y sólo por ella se introduce la descendencia de Esaú. Una y otra son igualmente descendencia material abrahamítica, pero sólo la de Jacob corre por el cauce de la promesa con toda la carga de espiritualidad, universalismo y mesianismo propia de ella. De aquí la presencia de esa promesa-bendición divina, que, dando fuerza a la bendición de Isaac, cae sobre la vida de Jacob ya desde el momento en que éste parte hacia Mesopotamia en busca de esposa.

De este modo la historia de Jacob, al igual que la de su padre y la de su abuelo, se abre a la vida pública bajo el soplo de la bendición divina. Cuando, camino de Mesopotamia, Yahveh le habla, recalca esta dirección y confirma al mismo tiempo la controvertida bendición de Isaac: « Yo soy el Señor, Dios de Abraham tu padre y Dios de Isaac: la tierra sobre la cual tú estás reposando la daré a tí y a tu descendencia. Y será tu descendencia como el polvo de la tierra y te dilatarás hacia el occidente y hacia el oriente, hacia el septentrión y hacia el mediodía. Y serán bendecidas en tí y en tu descendencia todas las tribus de la tierra. Porque he aquí que yo estoy contigo (אָנֹכִי עִמָּךְ) y te guardaré en donde quiera que vayas y te haré volver a esta tierra. En modo alguno te he dejar hasta que lleve a cabo lo que te he prometido » [112].

Aunque los elementos de esta promesa-bendición divina sean fundamentalmente los mismos que forman el núcleo de la promesa-bendición a Abraham y a Isaac, con todo en ella se pone de relieve un elemento, cuya presencia deja adivinar una nueva fase de protección divina frente al borrascoso futuro de la vida de Jacob. Así lo entiende el nuevo patriarca cuando, a la mañana, después de cambiado el nombre de Luz en Betel, « ofreció un voto diciendo: Si Dios estuviere עִמָּדִי y me guardaré en este camino que yo estoy andando y me diere pan para comer y vestido para vestir y volviere yo en paz a la casa de mi padre, Yahveh será לִי לֵאלֹהִים ». Y, dejando entrever el alcance de su voto,

---

[111] Gén. 36.
[112] Gén. 28, 13-15.

concluye : « Y esta piedra que he colocado como cipo será casa de Dios ; y de todo cuanto me dieres te ofreceré la décima parte »[113].

Dentro del cauce de este doble elemento (la promesa de la protección divina y su propio voto, o en otros términos el עִמָּדִי y el (לִי לֵאלֹהִים), Jacob emprende de nuevo la marcha y deja correr sus días en casa de Labán. Al amparo del divino עִמָּדִי, siempre en tensión de vela, la bendición divina cae sobre la hacienda de Labán en gracia de Jacob cob[114], y Jacob mismo ve crecer y prosperar sus bienes y su casa toda[115]. El mismo se lo declarará un día confidencialmente a Lía y Raquel : « El Dios de mi padre ha estado עִמָּדִי y por eso, aunque « vuestro padre ha jugado conmigo y diez veces ha cambiado mi salario », sin embargo « Dios no le ha permitido que me acarrease daño »[116].

Esta presencia del divino אָנֹכִי עִמָּךְ en la vida de Jacob al lado de Labán y los suyos, será aún más necesaria en el viaje de vuelta a la tierra de Canaán, ante el doble obstáculo que Jacob ve surgir en su camino : la oposición de Labán a que salga con riquezas de Mesopotamia y el encuentro con un Esaú hostil y poderoso. Pero urgía el mandato de Dios : « Yo soy el Dios de Betel donde ungiste un cipo y me ofreciste el voto. Ahora, pues, levántate y sal de esta tierra y vuelve a tu tierra nativa »[117], y no cabía resistir. Respaldado con aquel mandato-promesa : « Vuelve a la tierra de tus padres y a tu patria, porque yo estaré עִמָּךְ »[118], Jacob inicia la vuelta.

Pronto, como eco favorable del divino « porque yo estaré עִמָּךְ », suena en los caminos de vuelta aquel tajante mandato : « Guárdate de hablar con Jacob ni mal ni bien »[119], que Dios intima a Labán en su salida de persecución con-

---

[113] Gén. 28, 19-22.
[114] Gén. 30, 27-30.
[115] Gén. 30, 43 ; 31, 1.
[116] Gén. 31, 5-7. 41.
[117] Gén. 31, 13.
[118] Gén. 31, 3.
[119] Gén. 31, 24. 29. Sobre el uso y alcance bíblicos de esta expresión véase lo escrito en *Estudios Bíblicos* 9 (1950), pág. 163-174.

tra el yerno y con cuya eficacia queda asegurada en este negocio de familia la pacificación definitiva.

Tras este primer obstáculo superado para siempre, surge muy pronto otro segundo, que sirve para abrir otra vez paso al eco del divino « porque yo estaré עִמָּךְ » La proximidad de un Esaú hostil traerá a la memoria de Jacob el fecundo paso de Yahveh a lo largo de la historia patriarcal, y arrancará de sus labios una oración llena de buenos recuerdos : « Dios de mi padre Abraham, Dios de mi padre Isaac, Señor que me dijiste : Vuelve a tu tierra y a tu patria que yo he de favorecerte. Poco he sido digno de todos tus favores y de toda tu fidelidad que has llevado a cabo con tu siervo ; pues con solo el bastón pasé este Jordán, mientras ahora he llegado a ser dos ejércitos. Líbrame de la mano de mi hermano, de la mano de Esaú, porque mucho le temo que venga y me mate con madres e hijos. Que tú me has dicho : Yo te favoreceré siempre y haré tu descendencia como las arenas del mar que por lo numerosas no pueden contarse » [120].

Inmutable en su línea de promesa-bendición a través del « porque yo estaré עִמָּךְ », Yahveh se hace encontradizo con Jacob. La lucha misteriosa del patriarca con un Angel, en forma de hombre y en nombre de Dios, desembocó en un cambio simbólico de « Jacob » en « Israel » y en una bendición divina. Es ya Dios quien, cerrando una escena de magnífica συγκατάβασις [121], abiertamente se revela : « No te llamarás más Jacob sino יִשְׂרָאֵל, porque שָׂרִיתָ con Dios y con los hombres y has prevalecido ». Y tras un ágil diálogo con Jacob, le bendijo [122]. Consecuencia

---

[120] Gén. 32, 9-12.

[121] MG. 54, 508-509.

[122] Gén. 32, 29. El profeta Oseas cuando trata del Israel favorecido e ingrato, de quien, después de castigado, Dios ha de apiadarse, escribe en el cap. 12, 4-5 recordando esta escena de la vida de Jacob : « En el seno suplantó a su hermano y en su edad madura *sarah 'et 'elohîm wayyasar 'el male'ak* y le venció lloró y le suplicó. En Betel le hallaremos y allí hablará con nosotros ». Con el nuestro del Génesis, es el único pasaje en que se emplea el verbo שָׂרָה y confirma plenamente la idea de « luchar con alguno », tal como viene propuesta en la explicación que del nombre *Yisera'el* se hace en el texto del Génesis.

inmediata de esta bendición y de este cambio simbólico de nombre, en que se concreta el clásico « porque estaré עִמָּךְ » es la solución favorable del próximo encuentro con Esaú.

Dada la transcendencia del episodio de Betel, nada tiene de extraño que ciudad y bendición tan íntima e inseparablemente se reflejen en el alma de Jacob durante toda su vida [123]. La bendición de Betel fué para Jacob el patriarca saeta de luz, que, en una huída en tinieblas de la tierra patria, le abría radiante el camino del porvenir. De aquí que al acercarse a la ciudad, a su vuelta de Mesopotamia, el patriarca ordene a los suyos el desprendimiento de todo objeto idolátrico y la purificación interna y externa, « y después nos levantaremos y subiremos a Betel y allí haré un altar al Dios que me ha oído en el día de mi angustia y ha estado עִמָּדִי en el camino que he andado » [124]. Será siempre un recuerdo al vivo, y José lo recogerá de labios de su padre que, casi moribundo, le hablará de los días de sus íntimas relaciones con Dios : « El אֵל שַׁדַּי se me apareció en Luz, en la tierra de Canaán, y me bendijo. Y me dijo: he aquí que yo te haré fecundo y te bendeciré y te constituiré לִקְהַל עַמִּים y te daré esta tierra a tí y a tu descendencia אֲחֻזַּת עוֹלָם » [125].

No es modo de ver exclusivo de Jacob : Dios mismo consideraba la ciudad de Betel, en cuanto unida con la primera y oficial bendición del patriarca, como el fundamento de sus íntimas relaciones con Jacob. Por eso, si en la huída hacia Mesopotamia se le había presentado como el « *Dios de Betel* » (no como el « *Dios Betel* » según algunos han preten-

---

Es cambio simbólico del nombre, como en el caso de Abraham y de Sara, y supone luchas y victorias en el pasado y para el futuro. Para otras tentativas en la explicación etimológica, véase por ej. J. SKINNER, *Genesis* ..., pág. 409-410, y más brevemente H. RYLE, *Génesis*..., pág. 325. Ultimamente R. VAUX, *Dictionnaire de la Bible*, Supplement IV, col. 730 ha recogido otras posteriores explicaciones. Más completo bajo este punto de vista L. KOEHLER, *Lexicon in V. Testamenti libros*. Leiden 1948 ..., pág. 407.

[123] H. HAAG, *Bibel-Lexicon*. Zürich Köln 1951..., col. 189 ha recogido cuanto sustancialmente puede interesar en el estudio de la Betel bíblica.

[124] Gén. 35, 2-3.

[125] Gén. 48, 2-4.

dido) [126], en el viaje de vuelta le señala Betel como el centro de bendición. Con este fin, después de la trágica venganza realizada por Leví y Simeón en los siquemitas, a Betel le manda llegarse : « Levántate y sube a Betel y allí habita y allí haz un altar al Dios que se te apareció cuando huías de la presencia de Esaú tu hermano » [127].

Obedeció el patriarca, y la bendición divina cayó definitiva sobre él : « Y se le apareció Dios todavía a Jacob a su vuelta de Mesopotamia y le bendijo y le dijo Dios : Tu nombre es Jacob : no se llamará más tu nombre Jacob ; sino que יִשְׂרָאֵל será tu nombre ; y llamó su nombre יִשְׂרָאֵל . Y le dijo Dios : Yo soy el אֵל שַׁדַּי , sé prolífico y multiplícate : una nación y una multitud de pueblos (גּוֹי וּקְהַל גּוֹיִם) saldrá de tí, וּמְלָכִים de tus lomos saldrán. Y la tierra, que dí a Abraham y a Isaac, a tí la daré, y a tu descendencia después de tí daré la tierra » [128]. Con esta divina promesa, ratificada a la entrada misma de Canaán, se abre la puerta a la tierra tantas veces prometida. Esaú se retirará de ella [129], y la tierra de peregrinación da un paso más hacia la tierra de morada permanente. « Y Jacob habitó (יֵשֶׁב) en la tierra de peregrinación (מְגוּרֵי) de su padre, en la tierra de Canaán » [130].

Este fijarse de Jacob con carácter estable en la tierra prometida, queda inesperadamente roto, y la vida del patriarca vuelve de nuevo a ser vida de huesped y peregrino. Es una etapa en la historia de la descendencia abrahamítica ya de antiguo anunciada. Habla Dios a Abraham a raíz de estrechado con él su בְּרִית : « Sábete bien que גֵּר será tu descendencia en una tierra no suya y que la someterán a servidumbre y la oprimirán por espacio de cuatrocientos

---

[126] Así lo supone L. KOEHLER, *Lexicon* ..., pág. 123 para los textos de Gén. 31, 13 ; 35, 7 ; Jer. 48, 3. O. PROCKSCH, *Theologie* ..., pág. 61 rechaza como inverosímil esta traducción (aun para el « Betel » más problemático de Jer. 48, 13) y, al recoger la Bibliografía, señala la oposición que en el campo mismo de la crítica tiene la hipótesis contraria.

[127] Gén. 35, 1.

[128] Gén. 35, 9-12.

[129] Gén. 36, 6-8.

[130] Gén. 37, 1.

años. Pero también a la nación, a la que ellos han de servir, la juzgaré yo y después de esto saldrán con gran riqueza. Tú en tanto irás en paz a tus padres y serás sepultado en buena ancianidad. Y a la cuarta generación tornarán acá, porque hasta ahora no ha llegado al colmo la maldad de los amorreos » [131].

Nada puede en concreto afirmarse sobre si el episodio narrado en este pasaje (tan torturado sin resultado positivo para lograr su desplazamiento del J y de su actual contexto) [132] era familiar a Jacob. De todos modos, él debió

---

[131] Gén. 15, 13-16. Se trata de cuatrocientos años en números redondos, de que hacen mención Aquior (Judit 5, 9 según la Vg.), Esteban (Hech. 7, 6) y Pablo (Hech. 13, 20), y que como tal coincide con el número de cuatrocientos treinta de Ex. 12, 14 y Gál. 3, 17. Notemos, en cuanto a este último número, que en él (según los LXX, el texto samaritano y la Vetus latina de Ex. 12, 14), se han de incluir los doscientos quince años pasados en Canaán después de la promesa a Abraham, quedando por lo tanto sólo otros 215 para la permanencia del pueblo en Egipto. Esto supone que, como después en Gál 3, 17, se hace punto de partida de la promesa hecha a Abraham y que el 430 equivale en globo al 400 de Gén. 15 y Hech. 7, donde la expresión « in terra non sua » se referiría complexivamente al tiempo de la permanencia en Egipto y al anterior de la permanencia provisoria en Canaán antes de la definitiva posesión de la tierra. Así ya el Crisostomo (MG. 53, 346) que apunta también la posible solución de que Dios en su bondad abreviase el tiempo de la trabajosa permanencia en Egipto. Pero si, con el TM. y la Vg. de Ex. 12, 14, se mantiene el número de 430 años para la sola permanencia en Egipto, entonces la promesa del Señor a los patriarcas se había de considerar como un todo y, tomándola en su última fase, había que partir, para el número 400 y 430, de la promesa hecha a Jacob y últimamente recordada en Gén. 48, 4. 21. Sobre el pueblo de los amorreos como tipo de los demás pueblos, que con ellos poblaban entonces Canaán, y sobre sus iniquidades véase por ej. Lev. 18, 24-30 ; Deut. 9, 5 ; ... 1 Rey. 21, 26 ; Ezeq. 16, 3 ; Am. 2, 9.

[132] A través de cuanto sobre el particular escribe J. Skinner-Genesis ..., pág. 282, se echa fácilmente de ver lo poco seguro del desplazamiento (a E ?, a P ?) a que se someten los vers. 13-16, que « por presuponer la tierra del vers. 18, generalmente son atribuídos a un redactor, aunque es difícil concebir el motivo que hubo para su inserción ». G. von Rad, Das erste ..., pág. 158, llegará, como tantas otras veces, a la conclusión de « un fragmento de gabinete en la teología de la historia del A. Testamento ». Si no me engaño, la única razón en que propiamente se quiere apoyar el desplazamiento de los versos 13-16, es « lo largo de la conversación divina que rompe la unidad de

iniciar su viaje a Egipto en busca de José preocupado por
su propia suerte y por el porvenir de los suyos. En Bersabea, tan íntimamente unida a la vida de Isaac [133], ofreció
sacrificios al Dios de su padre. Acaso en todo esto no hubo
sólo un recuerdo religioso de familia, sino también un con-
sultar a Dios sobre un viaje prohibido a Isaac en otra ocasión. Así parece indicarlo la siguiente comunicación divina
en un coloquio nocturno : « Y dijo (Dios) : Jacob, Jacob.
Este respondió : Heme aquí. Y dijo (Dios) : Yo soy Dios,
el Dios de tu padre ; no temas por bajar a Egipto, porque
yo allí te he de convertir לְגוֹי גָּדוֹל . Yo descenderé עִמְּךָ
a Egipto y yo te haré también subir de allí y José pondrá
su mano en tus ojos » [134].

Por parte de Dios, y con la intervención del divino
עִמְּךָ queda cerrado el ciclo de la promesa-bendición, siempre presente en los momentos más solemnes de la vida de
Jacob, el hijo de Abraham y el transmisor de su descendencia. Por parte del patriarca este ciclo seguirá aún abierto,
y el eco de la promesa-bendición divina sólo se extinguirá
con su último hálito, después de recogido en la profética
oración con que bendice a sus hijos [135]. No mucho antes había bendecido a los hijos de José, fijo el recuerdo en la promesa-bendición, con que se había tejido la trama de su
vida : « El Dios, en cuya presencia anduvieron mis padres
Abraham e Isaac, el Dios que me ha gobernado desde que
existo hasta el día de hoy ; el ángel que me ha librado de
todo mal, bendiga a estos jovencitos y se difunda por ellos
mi nombre y el nombre de mis padres Abraham e Isaac,
y se multipliquen copiosamente en medio de la tierra » [136].

---

la narración ». Es razón que se alega con frecuencia en los desplaza-
mientos de pasajes bíblicos (en el Pentateuco y fuera del Pentateuco)
y que, en este caso sí, fruto « de un trabajo de gabinete » (fácilmente
pura lógica al margen del humanismo), quiere poner un sello de uni-
formidad en composiciones ajenas.

[133] Bersabea, ya célebre, religiosa y políticamente, en la vida de
Abraham (Gén. 21, 31-33), se hace sobre todo memorable en la vida
de Isaac, que habita en Bersabea y allí recibe la gran promesa-bendición divina (Gén. 26, 23-25. 33 ; 28, 10).

[134] Gén. 46, 1-5.

[135] Gén. 49, 28.

[136] Gén. 48, 15-16.

El propagarse de una descendencia, tantas veces prometida a Abraham, está en marcha a través de los hijos y los nietos de Jacob. Pero era un propagarse que había de ir necesariamente ligado al establecimiento definitivo de esta descendencia en Palestina. Era voluntad de Dios, y Jacob la reflejaba en su insistente y decidida determinación de ser enterrado junto a sus padres en Canaán [137] y en sus palabras de despedida a José : « He aquí que yo estoy para morir, pero Dios estará עִמָּכֶם y os llevará de nuevo a la tierra de vuestros padres ». Y considerando ya como propia esta tierra, concluye : « Yo te doy a tí sobre tus hermanos una ladera que conquisté de manos de los amorreos con mi espada y con mi arco » [138].

Fiel depositario del testamento de su padre, José próximo a la muerte habla a sus hermanos : « Yo estoy para morir, pero Dios ciertamente os ha de visitar y os ha de hacer subir de esta tierra a la tierra que juró a Abraham, a Isaac y a Jacob ». De aquí su última voluntad, cuyo cumplimiento exige a sus hermanos con palabra jurada : « Dios ciertamente os visitará ; también vosotros llevad mis huesos de aquí » [139].

d). — HUELLAS IMBORRABLES.

La promesa-bendición divina ha dejado huellas del mismo estilo e igualmente imborrables en la historia de Abraham, Isaac y Jacob. A través de ella, la unión entre los tres patriarcas se hace íntima e inseparable. La tradición bíblica así lo ha reflejado al perpetuar, con el mismo estilo que la del primer patriarca de la promesa, la memoria de sus inmediatos continuadores en la línea « paternidad » de la descendencia prometida.

No podía, en lo que toca a Isaac, silenciarse el recuerdo de su sacrificio, si bien es cierto que con ello se intenta más poner de relieve el temple heroico del padre que la actitud de víctima del hijo [140]. Había también de transmitirse unida

---

[137] Gén. 47, 29-30 ; 49, 29-30 ; 50, 5. 12-13.
[138] Gén. 48, 21-22.
[139] Gén. 50, 21-25.
[140] Heb. 11, 17 ; Sant. 2, 21.

a la memoria del padre el recuerdo del hijo, en aquellos pasajes bíblicos que, partiendo de la vocación de Abraham, reseñan la formación del pueblo y la fe de los primeros patriarcas [141]. Pero el enfoque de nuestro estudio nos orienta más bien hacia aquellos textos que directamente persiguen la línea patriarcal y en ella colocan a Isaac, no sólo como descendencia abrahamítica, sino sobre todo como continuador de Abraham en la descendencia de la promesa.

Oprimido y ya casi borrado como nación, el pueblo de Israel se creía definitivamente reprobado por aquel mismo Señor que antes le había escogido. Es desenfoque de la realidad que Yahveh comunica a Jeremías, y contra el cual rompe enérgico el profeta : « Así habla Yahveh : Si no he establecido pacto con el día y con la noche y las leyes del cielo y de la tierra no he fijado, también (entonces) rechazaré la descendencia de Jacob y de David mi siervo, de modo que no tome de su descendencia soberano sobre la descendencia de Abraham, Isaac y Jacob. Pero haré volver a sus desterrados y me apiadaré de ellos » [142].

Jeremías, profeta-cantor (desde el mismo iniciarse de su actividad profética) del pueblo arrancado por Yahveh a la esclavitud de los faraones [143], no es profeta que desconozca la llamada « tradición » abrahamítica. Su abierta alusión a Israel como descendencia patriarcal, señala en la promesa del Génesis la fuente históricamente inicial de la llamada « tradición » mosaica. Llamada de atención a la teoría de las dos « tradiciones » superpuestas, sólo negando su autenticidad se la puede imponer silencio. Condamin recogió y enjuició estas tentativas de gran parte de los críticos, y como entonces, hoy pueden repetirse sus últimas palabras de síntesis : « Las razones ... no son perentorias ; pero, tomadas en su conjunto, guardan bastante fuerza para reducir la conclusión, en esta materia oscura, a las modestas proporciones de una simple probabilidad » [144].

---

[141] Jos. 24, 4 ; Jud. 8, 23 ; Hech. 7, 8 ; Heb. 11, 9. 20.

[142] Jer. 33, 25-26.

[143] Jer. 2, 1-7.

[144] A. CONDAMIN, *Le livre de Jérémie*. Paris 1920, pág. 251. W. RUDOLPH, *Jeremia*. Tübingen 1947, pág. 184-187, refleja y sostiene la opinión enjuiciada por CONDAMIN, pero desde entonces las razones sustancialmente no han variado.

Es cuanto puede concederse. Mientras no se haga más luz, resultan arbitrarias posiciones radicales. Jeremías apunta a la descendencia patriarcal del Génesis con un estilo muy en la línea universalista-mesiánica de la primitiva promesa divina. Ante ella, pero sin reflejos directos de mesianismos, fija igualmente Daniel sus ojos en los antiguos patriarcas. Ante el desolador espectáculo del pueblo patriarcal terriblemente abatido, clama a Dios en el destierro : « No nos entregues, por tu nombre, para siempre y no anules tu alianza y no retires tu misericordia de nosotros por Abraham tu amado y por Isaac tu siervo y por Israel tu santo, a quienes hablaste diciendo que se multiplicaría su descendencia como las estrellas del cielo y como la arena de junto a la orilla del mar » [145].

Seguro del cumplimiento de esta promesa, cuyas raíces ve hundirse hasta los primeros patriarcas, fija el salmista el fundamento inconmovible de todo el cúmulo de beneficios nacionales recibidos del Señor : « El recordó por siempre su pacto (la palabra que transmitió a mil generaciones) que estrechó con Abraham y el juramento con Isaac y confirmó a Jacob como ley firme, a Israel por alianza eterna al decir : Te daré la tierra de Canaán como suerte de vuestra herencia » [146].

Testigo de la tradición judía, Jesús Ben Sirac, una vez descrita la promesa hecha a Abraham y confirmada por el Señor con pacto y juramento, prosigue, haciendo enlazar con ella la promesa-pacto renovada con Isaac : « Y también con Isaac fijó (su juramento) de igual modo, en gracia de Abraham su padre : le concedió el pacto de todos los antepasados y la bendición vino a reposar sobre la cabeza de Israel » [147].

---

[145] Dan. 3, 34-36.
[146] Salm. 105, 8. 11. Véase el pasaje paralelo en 1 Cr. 16, 15-18, donde el TM. sustituye el *zakar* del salmo por *zik^erû* - μνημονεύομεν del Códice B de los LXX. Con todo, la traducción μνημονεύων del Códice A de la edición Lagardiana de los LXX supone la lectura *zoker* equivalente en el sentido al *zakar* del salmo.
[147] Ecli. 44, 23-23 (LXX 44, 24-25). La traducción hecha sobre el texto hebreo varía en el segundo verso del texto de los LXX : « ... benedictionem omnium hominum et pactum, et quiescere fecit

La lectura de estos pasajes pone fácilmente de relieve dos ideas : la primera, que Isaac, no obstante su presencia como de igual al lado de su padre (por el hecho de ser continuador directo de la descendencia de la promesa), aparece con todo como inferior a Abraham cuya descendencia es y a quien se debe que sobre él también recaiga la promesa divina. La segunda, consecuencia de la primera, que el recuerdo de Isaac no puede, por una parte, concebirse separado del nombre y del recuerdo de su padre Abraham y, por otra, va necesariamente unido al nombre y al recuerdo de su hijo Jacob. Con ambos forma como el principio total del pueblo prometido.

Bajo el influjo sin duda de la primera de estas dos ideas, S. Pablo que, delante de la línea patriarcal, no duda en llamar a Isaac nuestro padre [148], le considera sin embargo como descendencia e hijo de Abraham [149]. Y reflejo de la segunda de estas mismas dos ideas, la casi inseparable unión entre el padre y el hijo en la evocación de la divina promesa, está la fórmula fija « Dios de Abraham, Dios de Isaac, Dios de Jacob », que desde un principio veremos como sistemáticamente repetirse en la tradición bíblica.

Era lógico que paralelo al recuerdo de Isaac corriese en la Escritura el recuerdo de Jacob. Su nombre, como sinónimo del nombre nacional de Israel, resuena frecuentemente en casi todos los libros del A. Testamento ; como propio y personal, se repite en las mismas o similares circunstancias en que reaparece el nombre de Isaac. Al igual que en la evocación histórica de su padre, se exalta su fe, o se recuerdan circunstancias particulares de su vida [150] y, lo más importante, se le coloca en la línea de arranque de la descendencia patriarcal de Israel [151].

---

super caput Jacob », pero la idea central es la misma en ambas lecciones.

[148] Rom. 9, 10.

[149] Rom. 9, 7 ; Gál. 4, 22-23. 28.

[150] Así por ej. Jos. 24, 4. 32 ; Jud. 8, 23 ; Mal. 1, 2 ; Hech. 7, 8-15 ; Heb. 11, 9. 20-21.

[151] Ambos elementos se encuentran unidos en la escena evángelica de la samaritana, donde a los recuerdos históricos sobre Jacob

En todo este proceso de recuerdos resalta igualmente aquella doble idea presente en la evocación histórica de Isaac. Si el Señor, con fórmulas concisas que no unen explícitamente a Jacob con Abraham, promete a su pueblo por medio de Isaías el disfrute « de la herencia de Jacob vuestro padre »[152], y por Ezequiel « la posesión de la tierra que dí a Jacob mi siervo »[153], sin embargo no es éste el estilo ordinario. Miqueas ha cerrado su profecía con la íntima unión de los dos patriarcas : « Concederás fidelidad a Jacob, misericordia a Abraham, como desde tiempos antiguos juraste a nuestros padres »[154].

La autenticidad de este pasaje significaría un nuevo obstáculo para la teoría de la superpuesta « tradición » abrahamítica. Van Hoonacker ha recogido y rechazado en todas sus fases el movimiento anti-Miqueas[155]. Aunque todavía autores como Robinson nieguen a Miqueas (con salvedades que indican lo vacilante de la postura) la paternidad de los cc. 4-7[156], acaso pueda decirse que esa posición radical y demasiado simplista va siendo abandonada. Weiser la considera no viable[157] y Procksch la acusa de haber dado más arriba del blanco[158]. Marcha atrás que aún se detiene ante el final 7, 6-20[159]. ¿Seguirá el retroceso crítico hasta reconocer igualmente la autenticidad de esta sección ?

---

añade la samaritana el recuerdo de « Jacob nuestro padre » : Juan 4, 5-6. 12.

[152] Is. 58, 14.

[153] Ez. 28, 25 ; 37, 25.

[154] Miq. 7, 20 ; véase lo escrito sobre este texto en *Misericordia et veritas ...*, pág. 216-218.

[155] A. VAN HOONACKER, *Petits prophètes*. Paris 1098, pág. 344-353.

[156] T. ROBINSON, *Die Zwölf Kleinen Propheten*. Tübingen 1938, pág. 127-128.

[157] A. WEISER, *Die Propheten : Osea ... Micha*. Göttingen 1949, pág. 203-204 ; ID., *Einleitung in das A. Testament*. Göttingen 1949, pag. 190.

[158] O. PROCKSCH, *Theologie ...*, pág. 210.

[159] Así A. WEISER en las páginas citadas; O. PROSCKSCH, por el contrario, no hace esa excepción con 7, 8-20. F. NOETSCHER, *Kleinen Propheten*. Würzburg 1948, pág. 89 la tiene por posible en absoluto.

Como la profecía de Miqueas, numerosos pasajes ya examinados colocan a Jacob, en cuanto sujeto del pacto y transmisor de la descendencia prometida, no sólo junto a Abraham, sino junto al binomio inseparable Abraham-Isaac. De este modo se resbala, sin sentirlo casi, a la fórmula fija « Dios de Abraham, Dios de Isaac y Dios de Jacob », a que antes aludimos y que estudiaremos más tarde.

Capitulo tercero

EL PUEBLO DE LA PROMESA EN MARCHA

La tradición patriarcal del Génesis nos ha ido empujando hasta un punto crucial en el desarrollo de la descendencia abrahamítica : con la muerte de Jacob la elección del pueblo de la promesa entra en una nueva y definitiva fase. No es elección nueva, sino elección que (como ha escrito J. Botterweck) « tiene su precursor en la elección de personas particulares, los patriarcas » [1]. Para pensar de otro modo es necesario admitir como tesis la teoría de la doble « tradición », que A. Alt y K. Galling, entre otros, sistematizaron definitivamente [2] y a la que M. Noth ha dado cuerpo con la misma disposición de los capítulos en su citada *Historia de Israel*. Como premisa indiscutible la ha lanzado G. von Rad en el pórtico mismo de su comentario a la historia bíblica de los patriarcas [3], aunque luego en cada caso la aplicación no resulte tan indiscutible.

Con esta tendencia, a una « tradición » patriarcal superpuesta, a la vista, pero evitando en lo posible cortar la marcha de las ideas, se ha escrito el capítulo anterior. En el presente se impone adoptar el mismo método, aunque lo escrito antes ahorrará repeticiones. El que por sistema se repitan casi de continuo los principios de la « tradición » tardía de signo « teológico », ahorra estudio y enjuiciamiento de cada caso particular que no presente una característica nueva.

---

[1] J. Botterweck, *Gott erkennen*. Bonn 1951, pág. 35.
[2] A. Alt, *Der Gott der Väter* (Beitr. z. Wiss. vom A. und N. Testam., 3 Folge, Heft. 12), Stuttgart 1929 ; K. Galling, *Die Erwählungstradition Israels* (Beitr. z. Zeitschr. für die atl. Wiss.), 48, 1928.
[3] G. von Rad, *Das erste* ..., pág. 137.

5

No creo fuera de lugar la cita de unas palabras con que F. Helling cierra el prólogo a un reciente estudio sobre la *Historia primitiva del pueblo judío* : « En nuestro trabajo aclararemos que el Pentateuco en realidad nació ya en tiempos de Moisés como una obra histórica única y que sólo más tarde fué objeto de elaboración »[4].

a). — EL ECO DEL PACTO DIVINO.

En líneas generales, dos son los elementos dominantes en la promesa-bendición que llena la historia toda de los patriarcas : una descendencia innumerable en vista y su asentamiento definitivo como pueblo de Dios en la tierra de Canaán. Se inicia la realización del primer elemento con el desarrollo de la casa de Jacob que, en número de setenta, baja con el patriarca a Egipto. De este núcleo familiar arranca la plena realización de la promesa divina ; de él, puesto en marcha, surge rápidamente el pueblo definitivo. Es noticia concisa del hagiógrafo : « Y murió José y todos sus hermanos y toda aquella generación. Pero los hijos de Israel fueron fecundos y se multiplicaron como enjambres y fueron numerosos y potentes en modo extraordinario, de modo que se llenó de ellos aquella tierra »[5].

Sobre este desarrollo del originario núcleo familiar, que se convierte en multitud fuerte e incalculable y en nación, volverá más tarde Moisés en su intento de grabar en la conciencia del pueblo ideas fundamentales : « En número de setenta personas descendieron tus padres a Egipto, pero ahora el Señor tu Dios te ha hecho multitud como las estrellas del cielo »[6]. Es un recuerdo mosaico de los días de Egipto que, haciendo intervenir al Señor en la formación del pueblo, introduce directamente la bendición divina, latente en el pasaje del Exodo y en vista también, a través de todo el contexto, en otras palabras de Moisés. Tratando de fijar el alcance religioso de las primicias, hace volver la mirada de quien las ofrece hacia antiguos favores :

---

[4] F. HELLING, *Die Frühgeschichte* ..., pág. 18.
[5] Ex. 1, 6-7.
[6] Dt. 10, 22. Véase también Dt. 1, 10.

« Y continuarás diciendo delante del Señor tu Dios : Un arameo errante era mi padre y descendió a Egipto y establecióse allí como forastero con pocas personas y allí se convirtió en una nación grande, poderosa y numerosa » [7].

Es noticia de tipo general sobre la numerosa descendencia de los patriarcas. Otros textos la detallan fijando el número de esa multitud israelita cuando sale de Egipto [8]. No nos interesa ahora discutir las diversas hipótesis que, como solución a los números bíblicos, se han propuesto [9]. En todo caso resulta innegable la continuidad entre la descendencia prometida a los patriarcas y la del pueblo en sus orígenes. La nación de la promesa del Génesis es el pueblo numeroso del Exodo y del Deuteronomio. Ello, sin embargo, no impone hablar de armonización de dos tradiciones : es una línea que va de la promesa a la realidad.

Transmitida, como sagrado depósito, de padres a hijos, en este sentido la recogerá el salmista. Arrancando de la promesa patriarcal, sobre el fecundo episodio de los años de Egipto descubre en pleno rendimiento la bendición divina : « Y llegó Israel a Egipto y Jacob vivió como huesped en la tierra de Cam. E hizo prolífico su pueblo en gran manera y le hizo más fuerte que sus opresores » [10].

Saltará la sagrada tradición hasta el N. Testamento y el protomártir Esteban, en su recorrido histórico de Israel ante el sanedrín, fijará como punto de partida para la formación de un pueblo numeroso la promesa-bendición divina : « Y como se acercase el tiempo de la promesa que Dios había declarado a Abraham, creció el pueblo y se multiplicó en Egipto, hasta que se alzó un rey en Egipto que no tenía conocimiento de José » [11].

La subida al trono egipcio de este nuevo Faraón trajo el olvido de cuanto el hebreo José había hecho en favor del reino, y preparó el camino a un período de opresión y de miseria. En los planes divinos entraba que la descendencia

---

[7] Dt. 26, 5.
[8] Ex. 12, 37 ; Núm. 1, 19-46 ; 25, 19-26. 51.
[9] Véase por ej. P. HEINISCH, *Geschichte des A. Testaments*. Bonn 1950, pág. 79-81.
[10] Salm. 105, 23-24 con vers. 6-11.
[11] Hech. 7, 17-18.

de la promesa le había de atravesar antes de su constitución definitiva como pueblo [12]. El nuevo rey (acaso en su presentación oficial ante los súbditos) habló preocupado a su pueblo : « Mirad que el pueblo de los hijos de Israel crece y se hace fuerte más que nosotros ». Ante este alarmante fenómeno, que podía resolverse en el levantamiento o en la independencia, se imponían medidas radicales y se tomaron con urgencia : dura vigilancia y trabajos de esclavos para los hombres, muerte, por obra de las parteras, de los niños hebreos al nacer [13].

El ataque va directo contra la promesa-bendición divina, y el Señor le sale al paso en sus dos direcciones. El sentido religioso logró mantener firmes a las parteras en posición de rebeldía frente al mandato del rey, y la intervención divina no se hizo esperar : « Dios favoreció a las parteras y multiplicó al pueblo y le hizo poderoso en gran manera. Y sucedió que, por haber temido a Dios las parteras, también a ellas las hizo casas » [14]. Es para el caso indiferente

---

[12] Gén. 15, 13-16.

[13] Ex. 1, 8-16. Se trata probablemente de Ramsés II (1292-1225 antes de Cristo), que obligó a los hebreos a trabajos forzados de construcción. De hecho, como brevemente anota A. VACCARI, *La Sacra Bibbia* ..., pág. 183, los edificios y monumentos con que Ramsés II cubrió el Egipto son innumerables ; entre ellos ciudades enteras destinadas a depósitos de municiones de boca y de guerra. Tal Pitom, descubierta en 1883 en Tell el Maskkuta a unos 25 km. al O. de Ismailia, y, más al oeste, Ramsés, así llamada en honor del propio rey ». Véase BEER-GALLING, *Exodus*. Tübingen 1939, pág. 16-17 ; W. ALBRIGHT, *From the stone age to christianity*. Baltimore 1946, pág. 194 ; ID., *The Westminster* ..., pág. 37.

[14] Ex. 1, 17. 20-21. La expresión « y les (Dios)hizo casas » equivale a « les concedió familia ». Así por ej. en Deut. 25, 9 cuando se prescriben a la viuda los actos de desprecio, que ha de realizar contra el hermano de su esposo muerto por no tomarla por esposa y « no edificar la casa de su hermano » ; así en 2 Sam. 7, 11 Natán cuando en nombre del Señor predice a David descendencia, como con idéntica frase « el Señor me hizo casa » lo reconoce al fin de sus días (1 Rey. 2, 24) el propio David. Es interpretación hoy unánime y ya de antiguo propuesta por muchos comentaristas a pesar de las dificultades, que a primera vista puede suscitar la lectura del texto. Véase su discusión y su interpretación en este sentido por ej. en J. OLEASTER, *In Pentateuchum*. Antuerpiae 1569, fol. 84; E. ROSENMUELLER, *Scholia in V. Testamentum*. Lipsiae 1822, pars I, vol. V, pág. 22-23.

se trate de parteras egipcias, como supone el T.M., o de parteras hebreas, como da pie a pensar el ταῖς μαίαις τῶν Ἑβραίων de los LXX. Las dos interpretaciones encuentran en el contexto su explicación y sus dificultades. Pero es avanzar demasiado el señalar como ininteligible el vers. 21, si no se le admite como una glosa complementaria del vers. 20. Se supone en tal caso que el glosador ha introducido el vers. 21 creyendo equivocadamente que se trataba de parteras hebreas. Es postura que, a más de proponer como indiscutible lo discutible, sólo ofrece congruencias más o menos admisibles, pero no una razón que obligue a mantener el vers. 20 y a cancelar el vers. 21 [15].

Indirecta de este modo, pero eficaz, la intervención divina en defensa de su promesa-bendición, se hace directa frente a la primera medida del rey egipcio. Bajo la vigilancia de los jefes de obras egipcios, el pueblo de Israel pasaba en trabajos de esclavitud el duro reinado de casi medio siglo. Mientras fuera de Egipto Moisés era llamado a su papel de libertador, « gemían los hijos de Israel a causa de la servidumbre y clamaban. Y su clamor por causa de la esclavitud subió hasta Dios. Y oyó Dios sus gemidos y recordó Dios אֶת־בְּרִיתוֹ a Abraham, Isaac y Jacob. Y vió Dios a los hijos de Israel y se cuidó de ellos » [16].

Al clamor angustioso de un pueblo esclavo en tierra extraña responde el Señor con el recuerdo eficaz de un בְּרִית solemnemente estipulado con los patriarcas [17]. Es el recuerdo

---

[15] Compruébese por ej. leyendo el comentario de BEER-GALLING, *Exodus* ..., pág. 17-18.

[16] Ex. 2, 23-25. Traducimos la última proposición, no según el *wayyida᷃ ᷃elohîm* del TM., sino según el *wayyiwwada᷃ ᷃alêhem* de los LXX. Sustituír con BEER-GALLING el *᷃elohîm* o el *᷃alêhem* por *l᷃emoseh*, sólo con miras a unir la terminación del cap. 2 con Ex. 6, 2 (donde se señala la reanudación de la supuesta fuente P de Ex. 2, 23b-25, interrumpida en Ex. 3-6, 1 por la J¹, J², E y E¹), parece un juego de ingenio demasiado forzado.

[17] En Gén. 15, 18 ; 17, 19. 21 se habla en términos explícitos del *pacto* de Dios con Abraham e Isaac. Respecto a Jacob no se presenta el término *b᷃erît* ; pero, fuera de que Dios extiende el pacto con Abraham a la descendencia de éste (Gén. 17, 2-4. 7-10), lo supone siempre en el modo de mantener con Jabob la promesa hecha a Abraham (Gén. 35, 11-12) y que con Jacob se ha cumplir « porque soy Dios de Abraham tu padre ... » : Gén. 28, 13-14.

divino de un בְּרִית , que arrastra consigo la salida definitiva de Egipto y la posesión estable de la tierra palestinense,
y que ahora va a entrar en la trama del primer período de
la historia de Israel, de su formación como pueblo y de su
independencia nacional. El recuerdo del *pacto* por parte de
Dios es decisivo, y Dios mismo se lo comunicará a Moisés
como a legado suyo ante Faraón : « Yo soy Yahveh. También me aparecí a Abraham, a Isaac y a Jacob בְּאֵל שַׁדַּי ...
Con ellos además estipulé אֶת־בְּרִיתִי de darles la tierra de
Canaán, la tierra de sus peregrinaciones en la que habitaron
como forasteros. He oído también el clamor de los hijos de
Israel que los egipcios tienen en servidumbre y he recordado אֶת־בְּרִיתִי . Por eso dí a los hijos de Israel : Yo soy
Yahveh ; yo os he de sacar de debajo de las pesadas cargas
de los egipcios, y os libraré de su servidumbre rescatándoos
por medio de mi brazo extendido y de grandes juicios » [18].

No pudo escapársele a Moisés la transcendencia de este
בְּרִית , cuyo recuerdo veía que Dios suscitaba en el momento crucial de la historia del pueblo. Lo revela su actitud de
intermediario ante el Señor airado y dispuesto a la destrucción del pueblo del becerro de oro : « Recuérdate de Abraham, Isaac y Jacob, tus siervos, a los cuales juraste
(נִשְׁבַּעְתָּ) y prometiste : Multiplicaré vuestra descendencia
como las estrellas del cielo, y toda esta tierra que he dicho
daré a vuestra descendencia en posesión eterna » [19].

No nos encontramos en este pasaje del libro del Exodo
con el término בְּרִית ; pero la evocación de los patriarcas, colocados por Moisés bajo el signo del juramento divino,
le supone presente. El נִשְׁבַּעְתָּ en labios de Moisés responde al כִּי נִשְׁבַּעְתִּי , con que el Señor, como premio a la
heroica fe y ciega obediencia de Abraham, sella su בְּרִית
con el patriarca[20], o al « juramento que juré » (אֶת־הַשְּׁבֻעָה)
(אֲשֶׁר נִשְׁבַּעְתִּי), con que el propio Dios asegura a Isaac el
cumplimiento de ese mismo בְּרִית [21].

En uno de sus discursos al pueblo volverá de nuevo

---

[18] Ex. 6, 2-7.
[19] Ex. 32, 13.
[20] Gén. 22, 16-17.
[21] Gén. 26, 3-5.

Moisés sobre el בְּרִית divino - patriarcal, pero también bajo el signo del divino שְׁבְעָה, que le vino a dar más fuerza en su última fase. Dadas las normas sobre la actitud del pueblo hacia los cananeos y sus cultos, justifica con una sola razón lo duro que socialmente pudieran ofrecer esas normas, y concluye con el recuerdo del antiguo שְׁבְעָה de Yahveh : « Porque tú eres un pueblo santo para el Señor; el Señor tu Dios te ha escogido para que seas su pueblo peculiar entre todos los pueblos que se encuentran sobre la faz de la tierra. No porque fuéseis más numerosos que todos los pueblos el Señor se aficionó a vosotros y os escogió — que más bien sóis menores que todos los pueblos —, sino por el amor que os profesaba y por guardar אֶת־הַשְּׁבְעָה *que juró* a vuestros padres, os sacó de Egipto con mano fuerte y os libró de la casa de los esclavos, de la mano de Faraón rey de Egipto »[22].

La intervención del בְּרִית divino, solo, implícito en el שְׁבְעָה, o reforzado por él, es indiscutible : la salida de Egipto nos lo revela como un elemento clave y el último texto citado del Deuteronomio (que después se ha de dar completado por los versos siguientes) reflejan en plena actividad el בְּרִית־שְׁבְעָה de Dios con los patriarcas. Pero la marcha de este pacto-juramento no se para en las orillas del mar Rojo, sino que sigue incontenible a lo largo de las marchas de Israel por el desierto. De labios de Moisés y como clave de la triunfante y maravillosa travesía, llegará a oídos de la descendencia patriarcal el pacto-juramento de aquel Señor que, pródigo en maravillas, también « te ha sacado de la tierra de Egipto ..., te ha conducido a través del desierto vasto y terrible..., y te ha dado a comer en el desierto el maná que no conocieron tus padres, con el fin de atribularte y probarte para al fin venir a favorecerte, no sea que dijeses en tu corazón : Mi fuerza y el poder de mi mano me ha proporcionado esta comodidad. Acuérdate del Señor tu Dios, puesto que él te da la fuerza para adquirir comodidad cumpliendo אֶת־בְּרִית *que juró* a tus padres, como (aparece) el día de hoy »[23].

---

[22] Dt. 7, 6-8.
[23] Dt. 8, 14-18.

Hijo de predilección y joven esposa [24], a la sombra de
este בְּרִית־שְׁבֻעָה alcanza el pueblo en marcha el confín palestinense ; a su sombra también pasa el Jordán y
arranca la posesión de la tierra a naciones más fuertes
y poderosas. Como en la elección divina de Israel por pueblo y en su liberación del yugo egipcio, ahora en la toma
de posesión de la tierra y en el previo exterminio de sus
antiguos habitantes, « no por tu justicia y por la rectitud
de tu corazón entras a poseer su tierra, sino que por la perversidad de esas gentes el Señor tu Dios las desposee delante
de tí, y para cumplir el Señor la palabra (אֶת־הַדָּבָר)
que juró a tus padres, a Abraham, a Isaac y a Jacob » [25].

El דְּבַר־שְׁבֻעָה ha sustituído al בְּרִית־שְׁבֻעָה, pero conservando todo su alcance. Paralelo a él, protege la conquista de Palestina para cederle de nuevo el puesto en
el desarrollo de la vida normal del pueblo en la nueva patria.
Del בְּרִית, del שְׁבֻעָה y del בְּרִית־שְׁבֻעָה surgirá siempre la
vida próspera de un Israel que quiera mantenerse firme
en la línea fijada en el Sinaí. Es doctrina que se le inculca con insistencia : « Sabe, pues, que el Señor tu Dios
es Dios, el Dios fiel que guarda הַבְּרִית y la misericordia
hasta mil (generaciones) a los que le aman y observan sus
mandamientos ... Guarda, pues, sus mandamientos, las leyes
y estatutos que hoy yo te impongo para que los pongas por
obra. Y a cambio de haber oído estas ordenaciones, de
haberlas observado y puesto por obra, el Señor tu Dios te
guardará אֶת־הַבְּרִית y la benevolencia que juró a tus padres.
El te amará, te bendecirá y te multiplicará, y bendecirá
el fruto de tu vientre y el fruto de tu tierra..., en la tierra
que juró a tus padres.

Orientada irresistiblemente hacia la tierra prometida,
la descendencia patriarcal se convierte en pueblo. Su patria
es la tierra del בְּרִית divino, y, desde los días en que José
se la anuncia a sus hermanos como tierra del שְׁבֻעָה divino a los patriarcas [27], tierra y שְׁבֻעָה han de transmitirse inseparables. Es transmisión que fluye ininterrumpida
en la época mosaica bajo una fórmula que puede llamarse

[24] Os. 11, 1 ; Jer. 2, 2 ; Ez. 16, 16 ; Salm. 129, 1-2.
[25] Dt. 9, 5.
[26] Dt. 7, 9-13.
[27] Gén. 50, 24.

clásica. Las diversas circunstancias, en que venga pronunciada, introducirán necesariamente algunos cambios ; pero éstos serán siempre accidentales, y en el fondo siempre la misma idea de la « tierra fértil que el Señor te ha de dar *como juró* a los patriarcas »[28].

Hacia esa meta de la posesión de la tierra, prometida con juramento a los patriarcas, apunta la elección divina de Moisés como guía del pueblo. Junto al Sinaí recibirá este encargo categórico del Señor[29], que él mismo, recordando el pasado, propondrá más tarde al pueblo : « Yo, pues, me quedé en el monte ... Y me dijo el Señor : Levántate, parte en viaje delante del pueblo ; entren y se posesionen de la tierra *que juré* a sus padres darles a allos »[30].

A la vista de esa tierra murió Moisés, pero no se perdía con él la orden divina del Sinaí. Se le había señalado sucesor y « Moisés llamó a Josué y le dijo a la vista de todo el pueblo : Sé fuerte y animoso, porque tú introducirás a este pueblo en la tierra *que juró* el Señor a sus padres darles a ellos ; y tú le darás posesión de ella »[31]. Es orden divina y el Señor mismo se la comunicará a Josué ya caudillo del pueblo : « Yo estaré contigo como he estado con Moisés ... Sé fuerte y animoso, porque tú darás a este pueblo posesión de la tierra *que juré* a sus padres darles a ellos »[32].

El paralelismo entre los textos del Deuteronomio y del libro de Josué es innegable. Noth, tras las huellas de Gressmann y Alt, ha escrito : « En Josué 1-8 tenemos delante un complejo de tradiciones etiológicas ». Nuestro texto queda dentro del bloque y su suerte ya está echada en la primera nota-comentario del libro. De este modo, cuando más tarde anota Josué 1, 5-8, encuentra el camino sin obstáculos para hablar de « material secundario », de « fórmulas tomadas de Deut. 31, 8-6 ». Para ello será necesario proceder a la separación entre 5abα y 5bβ[33] : método ingenioso de anatomía que acaso no tenga en cuenta lo peligroso de

---

[28] Ex. 13, 5 ; 33, 1-3 ; Núm. 11, 12 ; 14, 16-23 ; 32, 11 ; Dt. 1, 35 ; 6, 10 ; 8, 1 ; 11, 9. 21 ; 18, 23 ; 19, 8 ; 26, 3. 15 ; 28, 11.

[29] Ex. 33, 1-3.

[30] Dt. 10, 10-11.

[31] Dt. 31, 7-8.

[32] Jos. 1, 5-6.

[33] M. NOTH, *Das Buch Josua*. Tübingen 1938, pág. 2. 6-7. Véase A. FERNANDEZ, *Josue* ..., pág. 35-36.

operar sobre un cuerpo vivo, creyéndolo cadáver. En todo caso, la continuidad bíblica de la promesa divina es un hecho.

De frente a la realización de esa promesa, el hagiógrafo sintetizará su trayectoria : « Y dió el Señor a Israel toda la tierra *que había jurado* dar a sus padres, y ellos tomaron posesión de ella y en ella se establecieron. Y les hizo tener tranquilidad de frente a los alrededores, según todo *lo que había jurado* a sus padres ... No quedó sin cumplimiento promesa alguna de todas las buenas promesas que el Señor había hecho a la casa de Israel : todas se cumplieron » [34].

En posesión de la tierra prometida, el pueblo de la descendencia patriarcal se sentía asegurado por el mismo בְּרִית־שְׁבְעָה del Egipto, del desierto y de los días de la conquista. Pero, probablemente ya en vida de Josué, tuvo la fidelidad del pueblo sus primeros fallos y cayeron sobre el בְּרִית־שְׁבְעָה las primeras sombras. Es noticia del libro de los Jueces : « Y subió el Angel del Señor de Galgal a Bokim y dijo : Yo os he hecho subir de Egipto y os he traído a la tierra *que juré* a vuestros padres diciendo : No romperé בְּרִיתִי con vosotros jamás, con tal que vosotros no pactéis con los habitantes de esta tierra, sino que destruyáis sus altares. Pero no habéis oído mi voz. ¿Qué habéis hecho ? También yo os digo : No les haré ceder delante de vosotros, sino que estarán a los flancos y sus dioses os serán lazos » [35].

Estas primeras sombras sobre el בְּרִית־שְׁבְעָה se irán adensando a lo largo de los siglos, hasta que la infidelidad del pueblo las vaya convirtiendo en noche cerrada. Se abre la época del destierro en plena cerrazón del בְּרִית שְׁבְעָה, con que inútilmente el Señor había intentado abrirse camino en la trama de la apostasía nacional, « por razón בְּרִיתוֹ con Abraham, Isaac y Jacob » [36]. Pero, aunque intensa, es cerrazón de paso : en el destierro se hará de nuevo luz en torno al בְּרִית־שְׁבְעָה, y volverá la época maravillosa de la salida de Egipto y de la entrada en Palestina. De mucho antes estaba anunciado : « En (esta) tu angustia,

---

[34] Jos. 21, 43-45.
[35] Juec. 2, 1-3.
[36] 2 Rey. 13, 23.

y cuando sobre tí hayan venido todas estas cosas, al fin retornaréis al Señor tu Dios y oiréis su voz ; ya que el Señor
tu Dios es Dios compasivo, no te abandonará, ni te destruirá
ni olvidará אֶת־בְּרִית de tus padres que a ellos *juró* » [37].

No es una referencia al pacto sinaítico de que poco antes
habla el verso 13 : el contexto y la comparación con un pasaje paralelo del Levítico, donde el « בְּרִית jurado a tus
padres » del Deuteronomio se concreta en el בְּרִית con
Abraham, Isaac y Jacob » [38], indican claramente que se
trata de la evocación del pacto patriarcal, cuya eficacia va
más allá de los días del destierro.

El tono de profecía del pasaje deuteronómico es llamada
ineludible al revisionismo crítico. G. A. Smith ha reseñado
las diversas reacciones ante la perícopa de Dt. 4, 25-31.
Mientras se cree que es posible salvar el tono de mera predicación y de aviso para el futuro, por parte de los profetas
antexílicos, después de la destrucción de Samaría, no hay
dificultad en reconocer como preexílicos los versos 25-29.
Reconociendo que los versos 29-31 encerrarían, de ser prexílicos, una verdadera predicción del futuro, necesariamente
han de considerarse como glosa postexílica. Las afirmaciones son categóricas ; las pruebas para seccionar la perícopa
no lo parecen, y las vacilaciones de la crítica lo afirman bastante claro [39].

Hay un salmo (recuento tradicional de los beneficios
realizados por Yahveh en favor de su pueblo) donde el salmista hace converger hacia el בְּרִית divino con los patriarcas el desarrollo entero de la formación y de la vida de Israel. El despliegue espléndido de favores divinos desde Egipto a Palestina tiene un solo punto de arranque : « Se recordó
בְּרִיתוֹ por siempre, דְּבָר que transmitió a mil generaciones,
que estrechó con Abraham, y שְׁבוּעָתוֹ con Isaac y confirmó a Jacob לְחֹק, a Israel בְּרִית עוֹלָם, al decir : Te daré
la tierra de Canaán suerte de vuestra herencia ». Es la idea
clave que explica toda una historia, y en ella se pierde
el final del salmo : « Porque recordó su palabra santa

---

[37] Dt. 4, 30-31.
[38] Lev. 26, 41-42.
[39] Véase G. A. SMITH, *Deuteronomy*. Cambridge 1918, pág. 69-70,
quien solo tiene por postexílicos los versos 29-31.

(אֶת־דְּבַר קָדְשׁוֹ) a Abraham su siervo, sacó con gozo a su
pueblo y con júbilo a sus elegidos, y les dió las tierras de
las naciones y se posesionaron de las riquezas de los pueblos para que guarden sus preceptos y observen sus
leyes »[40].

Tenso siempre en acto de servicio el pacto-promesa santa de Yahveh, falló por el contrario en toda la línea el elemento de fidelidad por parte del pueblo. El salmo 106 lo
ha transmitido con tono doloroso de tragedia. Pero aun entonces el desenlace es el mismo : « Y en su favor recordó
בְּרִיתוֹ y se arrepintió a medida de su gran misericordia »[41].
Es ráfaga de luz con que el בְּרִית divino borra lo negro
del pasado e ilumina el porvenir. En estrofas llenas de opti-
mismo, y teniendo acaso presente el doble pacto del Sinaí y
de los patriarcas, lo ha cantado otro salmista : « Por siempre se acordará בְּרִיתוֹ ... Por siempre estableció בְּרִיתוֹ »[42].
Es el pacto de que al principio de la primera de sus cartas a los hermanos de Egipto se hacían eco los judíos palestinenses : « Bendígaos Dios, acordándose τῆς διαθήκης αὐτοῦ
con Abraham, Isaac y Jacob sus fieles servidores »[43].

La tradición de la antigua economía corre cargada con
el recuerdo del pacto patriarcal y con él se cierra. En la
nueva economía hemos visto a Pablo mantener en pié la
ἐπαγγελία divina abierta a un universalismo, a que el judío de la letra pretendía cerrar los ojos. Ya Zacarías, padre
del Bautista, había descubierto en el pacto jurado a los patriarcas un ensancharse sin límites hacia el Israel total, el
viejo y el nuevo unidos en Cristo. Es la intervención ininterrumpida del Señor « para librarnos de nuestros enemigos
y de las manos de todos los que nos odian, para hacer ἔλεος
con nuestros padres y recordarse de su santo διαθήκης, ὅρκον ὅν ὤμοσεν a Abraham nuestro padre »[44].

El Espíritu hacía llegar hasta el fondo, a través de una
letra en la que se perderían más tarde las escuelas rabí-
nicas. Bajo el influjo de ese Espíritu, la Madre del Mesías

---

[40] Salm. 105, 8-11. 42-45.
[41] Salm. 106, 45.
[42] Salm. 111, 5. 9.
[43] 2 Mac. 1, 2.
[44] Luc. 1, 71-73.

había abarcado todo el alcance del pacto divino con los patriarcas. Zacarías mismo habría podido observar la posición espiritual-universalista de María con ocasión de la visita de ésta a Isabel : « Acogió a Israel su siervo acordándose ἐλέους, como lo había prometido a nuestros padres, a Abraham y a su descendencia para siempre »[45]. No hay en las palabras de María términos que respondan directamente al בְּרִית־שָׁבְעָה del A. Testamento, como los hay en las palabras de Zacarías ; pero el contexto supone que el ἔλεος divino (por ser tal ἔλεος) encierra la idea de pacto[46].

b). — PRESENCIA DEL DIOS DE ABRAHAM.

En el progresivo ganar terreno de la bendición-promesa-pacto de Dios con Abraham, el cap. 17 del Génesis señala un gran avance. Estudiado ya en el capítulo anterior, nos interesa ahora uno de sus elementos, cuyo desarrollo es de importancia vital en la historia de la elección de Israel. Síntesis de todo aquel despliegue de elementos, de que el אֵל שַׁדַּי rodea su בְּרִית eterno con el nuevo אַבְרָהָם (padre de una gran nación, progenitor de reyes, dueño en su descendencia de la tierra de Canaán) es sin duda aquella afirmación « de ser לֵאלֹהִים para tí y para tu descendencia después de tí »[47]. Se inicia en ella, por una parte, un prolongarse en el sentido nacional, inmediatamente reflejado por el « seré לָהֶם לֵאלֹהִים », de una fórmula de honda teología ; se da entrada, por otra, a aquél « seré לְךָ לֵאלֹהִים » que, sin perder del todo su tono individualista, entrará también en el campo de lo nacional.

Es este « te seré Dios » (לְךָ לֵאלֹהִים) el que ahora nos interesa. Idéntica en el fondo, con él se confunde la fórmula « Dios de Abraham ». De esta fórmula y de las fórmulas paralelas « el Temido de Isaac », « el Fuerte de Jacob » se ha querido deducir la presencia de tres divinidades diver-

---

[45] Luc. 1, 54-55.
[46] Véase lo escrito en *Misericordia et veritas* ..., pág. 37-41 y 120-131.
[47] Gén. 17, 1-8.

sas en la historia de los patriarcas. El « Dios de Abraham »,
el « Temido de Isaac » y « el Fuerte de Jacob » serían en este
caso divinidades diversas, cada una de un individuo y de
una familia, y sólo con el tiempo se habrían unido en la
misma fórmula « Dios de los padres »[48].

Puede decirse que Eichrodt rechaza esta concepción
de Alt, acaso más radicalmente de lo que su modo de pro-
ponerla y enfocarla pudieran indicar a primera vista[49].
Procksch traduce más clara y decidida su oposición a esas
diversas divinidades individuales y de familia. La comparación de textos partenecientes a la historia de los tres patriarcas, la identidad entre el אֵל עוֹלָם de Abraham
y el אֱלֹהֵי קֶדֶם de Jacob, la misma fórmula « Dios de
los padres » hablan claro de una misma fe en los diversos
patriarcas[50]. El estudio lo irá dando poco a poco, y el « Dios
de Abraham » ha de ir apareciendo no sólo como el Dios del
patriarca-individuo, sino como el Dios del patriarca de la
promesa, del patriarca y de la nación-descendencia a la vez.

Puede, por lo tanto, decirse que éste « seré לֵאלֹהִים
לְךָ » del אֵל שַׁדַּי equivale a la fórmula « Dios de Abraham ».
La vida del patriarca se va deslizando a la sombra de este
su Dios ; y Abraham, como padre de la promesa, deja, al
morir, enfocado hacia la historia de su descendencia el
fecundo « seré לְךָ לֵאלֹהִים ». Muy pronto el hijo de la
promesa sentirá en su vida la presencia eficaz del « seré
לְךָ לֵאלֹהִים » prometido a su padre y traducido ya en la
fórmula « Dios de Abraham ». Carestía en la propia
tierra, desdén y enemistad en Gerara provocarán la intervención divina. De lo íntimo de la historia de Abraham surge el « seré לְךָ לֵאלֹהִים » en su eficaz prolongarse hacia
fuera. El Señor habla una noche a Isaac : « *Yo soy el Dios
de Abraham* tu padre ; no temas porque yo estoy contigo, y
te bendeciré y multiplicaré tu descendencia a causa de
Abraham mi siervo »[51].

---

[48] A. ALT, *Der Gott* ..., pág. 26-28.
[49] W. EICHRODT, *Theologie* ..., I, pág. 87.
[50] O. PROCKSCH, *Theologie* ..., pág. 56.
[51] Gén. 26, 24.

En directa comunicación con el « yo estoy contigo », la fórmula « yo soy el Dios de Abraham » no es una fórmula vacía ; el rey de Gerara proclamará su eficacia por medio de los legados : « Hemos ciertamente visto que *el Señor está contigo* » [52]. Es el cierre de un episodio decisivo en la vida de Isaac como transmisor de la promesa. La doble fórmula « Dios de Abraham ..., yo estoy contigo », responde a aquella otra doble fórmula « yo estaré contigo ..., yo mantendré el juramento hecho a Abraham » [53], bayo cuyo auspicio inicia Isaac su estancia en Gerara. El « Dios de Abraham » disipa la persecución y devuelve intacta su esposa al patriarca.

A través de esta intervención favorable del « Dios de Abraham » en el rapto de Rebeca, se adivina fácilmente la marcha de la directriz en el matrimonio de Isaac. El asunto no se presentaba tan claro, y el siervo Eliecer ora preocupado junto al pozo de Nahor : « Señor Dios de mi amo Abraham, preséntame hoy, te ruego, un encuentro afortunado, de modo que uses favor con mi señor Abraham » [54]. Sólo unos momentos y Eliecer podía tranquilo dar gracias : « Bendito el Señor Dios de mi amo Abraham que no ha dejado su bondad y su fidelidad hacia mi amo » [55]. Cuando, en presencia de los padres de Rebeca, relate el episodio de junto a la fuente, de nuevo de sus labios brotará por dos veces el recuerdo del « Señor Dios de mi amo Abraham que me ha guiado de un modo fiel, de modo que tome para su hijo la sobrina de mi amo » [56]. La previsión de Abraham se había cumplido, y « el Señor Dios del cielo » (Dios de la promesa, en expresión del patriarca) [57], había una vez más sacado verdadera la fórmula « yo te seré Dios », admirablemente traducida por el fiel siervo en el « Dios de mi amo Abraham » [58].

---

[52] Gén. 26, 28.
[53] Gén. 26, 3.
[54] Gén. 24, 12.
[55] Gén. 24, 27.
[56] Gén. 24, 42. 48.
[57] Gén. 24, 7. Los LXX añaden : « y de la tierra ». Es la expresión completa del vers. 3 en el TM.
[58] La crítica ha pasado y repasado este Gén. 24, sin que sus conclusiones diversas y discordantes hayan permitido ver claro en la cuestión de las fuentes y unidad de la narración. J. SKINNER, *Genesis* ...,

Más accidentados que en el caso de Eliecer aparecen el viaje y la estancia de Jacob en Mesopotamia : un doble viaje en fuga y una estancia de contrastes y alternativas. Trama enredada, cuyo hilo-clave arranca del divino « yo seré Dios para tí y para tu descendencia después de tí » y cuya dirección supo adivinar el siervo Eliecer. Con más dificultades llegó a este resultado Labán, ya en abierta hostilidad con Jacob. Cuando, después de darle alcance junto a la montaña de Galaad, finalmente se estipula entre ambos un pacto, Labán le cierra definitivamente con estas palabras : « El Dios de Abraham, y el Dios de Nahor juzguen entre nosotros » [59]. Que haya en las palabras de Labán alusión a dos diversos dioses, o más bien se hable del solo verdadero en cuanto Dios del doble grupo de arameos, residentes o en Canaán o en Mesopotamia, lo cierto es que con ellas se reconoce la presencia activa del « Dios de Abraham », a quien ya poco antes el propio Labán ha reconocido como « testigo entre tí y mí » [60].

Es un incontestable despliegue de protección por parte del « Dios de Abraham », a cuyo reconocimiento Labán ha llegado bajo la guía de ese mismo Dios. Sinceramente lo ha de confesar al encontrarse con su yerno : « Hay poder en mi mano para hacerte el mal ; pero el Dios de tu padre me habló la noche pasada diciéndome : Guárdate de hablar a Jacob ni bien ni mal » [61]. La fórmula primitiva se va ampliando, y el « yo seré לְךָ לֵאלֹהִים » traducido primero en el « Dios de Abraham », se convierte en el « Dios de Abraham y de Isaac » e introduce los primeros elementos del « y para tu descendencia después de tí ». Jacob lo reconoce claramente en las últimas palabras de su respuesta a Labán : « Si el Dios de mi padre, el Dios de Abraham, y el Temido

---

pág. 339-340 nos lo revela al exponer y enjuiciar la historia de las diversas tentativas. G. VON RAD, *Das erste* ..., pág. 222 partirá, como de ordinario, del carácter « teológico » de la narración.

[59] Gén. 31, 53. El TM. concluye la frase con un « Dios de su padre », que falta en los LXX y parece debe omitirse.

[60] Gén. 31, 50.

[61] Gén. 31, 29. Se lee *'abika* con el Pent. Sam. y los LXX en vez del *'abiken* del TM. Labán se refiere a la comunicación recibida en el vers. 24.

de Isaac no me valiese, cierto que me enviarías vacío ;
pero Dios ha visto mi aflicción y el cansancio de mis manos
y las ha defendido esta noche » [62].

Es fenómeno ordinario en labios de Jacob. Al anunciar
a sus dos esposas el proyecto de fuga, las dice : « Yo veo en
el rostro de vuestro padre que no es para conmigo como en
el pasado ; pero el Dios de mi padre ha estado conmigo ...;
Dios no le ha dejado hacerme el mal » [63]. Los años de servicio de Mesopotamia habían transcurrido para Jacob bajo
el signo fecundo del « Dios de mi padre », y la fortuna le
había sonreído a pesar de todas las dificultades. La orden
divina de partir hacia Canaán había sonado y el « Dios de
Abraham y de Isaac » cumplirá, a lo largo del viaje, la con-
signa del « yo estaré contigo », con que había acompañado
su orden [64].

Se seguía sin sinuosidades la línea del primitivo « yo
seré Dios para tí y para tu descendencia después de tí ».
En términos más concretos, Jacob la había recibido en su
visión de Betel : « Yo soy el Señor, Dios de Abraham tu padre y Dios de Isaac. La tierra sobre la que estás acostado
te la daré a tí y a tu descendencia. Y será tu descendencia
como el polvo de la tierra, y te extenderás al occidente y al
oriente, al septentrión y al mediodía, y por tí y por tu descendencia serán bendecidas todas las estirpes de la tierra.
He aquí que yo estoy contigo y te guardaré en dondequiera
que vayas y te conduciré de nuevo a esta tierra. En modo
alguno te abandonaré hasta que cumpla cuanto te he prometido » [65].

Al preparar a Lía y Raquel para la huída de Mesopotamia, Jacob las hablará del « Dios de Betel », pero sin introducir directamente la fórmula « Dios de Abraham y Dios
de Isaac », en que allí había sido iniciado. Recogida par-
cialmente en la letra, aunque completa en el espíritu, en
sus anteriores « Dios de mi padre » y « Dios de mi padre,
Dios de Abraham y el Temido de Issac » [66], la oiremos ínte-

---

[62] Gén. 31, 42.
[63] Gén. 31, 5. 7.
[64] Gén. 31, 3.
[65] Gén. 28, 13-15.
[66] Gén. 31, 42. 53. Escribe O. PROCKSCH, *Theologie ...*, pág. 56,
atajando los intentos de ALT (de que antes hablamos) por poner a

gra en sus labios mientras, tomadas sus medidas de prudencia, espera ansioso el encuentro con Esaú. Recordando entonces al Señor su promesa de Betel y su orden de Mesopotamia, abre la petición de auxilio con el « Dios de mi padre
Abraham y Dios de mi padre Isaac » [67]. El paso definitivo
en la ampliación de una fórmula, dinámica siempre a lo divino, está dado.

Otro episodio transcendental en la vida del patriarca
y en la historia del pueblo ahondará en ese sentido. José
vivía en Egipto y en su busca « partió Israel con cuanto
tenía ; y llegó a Bersabea y ofreció sacrificios al Dios de su
padre Isaac. Y habló Dios a Israel en visión nocturna y
dijo : Jacob, Jacob. Y respondió éste : Heme aquí. Y dijo :
Yo soy Dios, el Dios de tu padre. No temas en bajar a Egipto porque allí te constituiré en una gran nación. Yo bajaré
contigo a Egipto y yo te haré subir de nuevo : José pondrá
su mano sobre tus ojos » [68].

Ya en otras circunstancias de la vida de Jacob nos
hemos encontrado con la fórmula « Dios de tu padre » (en
boca de Labán) o « Dios de mi padre » (en boca de Jacob).
Si entonces, del hecho de que Labán invoque inmediatamente como árbitro de su pacto con Jacob al « Dios de Abraham »
y de que Jacob mismo hable del « Dios de Abraham » y del
« Temido de Isaac », puede lógicamente deducirse que las
fórmulas « Dios de tu padre, Dios de mi padre » equivalen
a la de « Dios de Abraham », en la visión de Bersabea todo
el contexto inclina a creer que el « Dios de tu padre » es el
« Dios de Isaac ». De este modo se llega por otro camino a
la ampliación de la fórmula primitiva.

---

cada patriarca bajo la protección de su divinidad diversa : « Todo
habla en cambio de que el *Dios eterno* de Abraham (Gén. 21, 33) es
idéntico con el *Dios antiguo* de Jacob (Deut. 33, 27), sólo que acaso el
Temido de Isaac y el *Fuerte de Jacob* pueden en especial poner de relieve su característica guerrera en las sorprendentes uniones de familia ». En la pág. 55 llega a la misma conclusión (también contra ALT)
al comparar directamente el *Dios eterno* de Abraham con el *Temido
de Isaac*. Ya antes, *Die Genesis*. Leipzig 1924, pág. 578, había escrito
en el mismo sentido ante el trinomio *Dios de los padres-Dios de Israel-
Yahveh*.

[67] Gén. 32, 10.
[68] Gén. 42, 1-4.

Antes de su muerte Jacob abrirá en este sentido nuevos horizontes. En el profético adios a sus hijos, el patriarca, al bendecir a José, introduce al « Dios de tu padre », al שַׁדַּי, de cuya presencia dinámica augura al hijo ayuda y bendición [69]. El « Dios de Abraham y Dios de Isaac » es ya también el « Dios de Jacob » y como tal penetra en la vida de José. Sus hermanos se lo han de recordar muy pronto, cuando, con la evocación de la memoria del padre muerto, le supliquen : « Ahora bien, perdona, te rogamos, el delito de los siervos del Dios de tu padre » [70].

El período de la liberación del pueblo se abrirá con la fórmula « Dios de Abraham, Dios de Isaac y Dios de Jacob », ya latente en los últimos capítulos del Génesis. La vocación de Moisés apunta y da los primeros pasos al contacto de esta fórmula, recogida del Dios de la zarza que ardía sin consumirse : « Yo soy el Dios de tu padre : el Dios de Abraham, el Dios de Isaac y el Dios de Jacob » [71]. Y desentrañando a vista de Moisés todo el dinamismo encerrado en esa fórmula, añade el Señor : « Bien he visto la aflicción de mi pueblo en Egipto y he oído su clamor a causa de sus opresores ; conozco ciertamente sus dolores y he bajado para librarlos de la mano de los egipcios y para hacerlos subir desde esta tierra a una tierra buena y espaciosa, tierra que mana leche y miel ... Ahora, pues, vete, que yo te envío a Faraón ; y sacarás a mi pueblo, a los hijos de Israel, de Egipto » [72].

Paralela en su eficacia a las fórmulas « Dios de Abraham » y « Dios de Abraham y Dios de Isaac » de los estadios anteriores, la fórmula presente va acompañada también como

---

[69] Gén. 49, 25.

[70] Gén. 50, 17.

[71] Ex. 3, 6. En KITTEL, *Biblia* ... se propone como lectura probable el *'abotêka* del Pent. Sam., en vez del *'abîka* del TM. y las versiones. No favorecen esta lectura (a primera vista más en consonancia con el *'abotêkem* de los vers. 13. 15. 16, o el *'abotam* de Ex. 4, 5) aquellos textos de Ex. 15, 2 y sobre todo de Ex. 18, 4 donde el pueblo, en nombre de Moisés, o Moisés directamente, hablan del Dios *'abî*. El τῶν πατέρων σου de Hech. 7. 32, en boca de S. Esteban, cuando éste hace uso de la fórmula transmitida en esta ocasión a Moisés, favorece con todo la lectura del Pent. Sam.

[72] Ex. 3, 7-8. 10.

ellas por el « yo estaré עִמָּךְ », con que Dios sale al paso
a las primeras vacilaciones de Moisés [73]. Pero aparece además
junto a nuestra fórmula completa un elemento nuevo. Las
vacilaciones de Moisés siguen : « He aquí que yo iré a los
hijos de Israel y les diré : El Dios de vuestros padres me
ha mandado a vosotros. Pero me dirán : ¿Cuál es su nombre ? ¿Qué les responderé ? » [74].

La enorme responsabilidad de la ardua misión impe-
día a Moisés llegar al fondo de la que a primera vista podía
parecer una simple fórmula, y exigió mayores garantías.
Se las concedió el Señor al revelarle su nombre de *Yahveh*,
cuya revelación sin embargo no venía a debilitar sino a descubrir toda la eficacia latente en el « Dios de vuestros padres ». Claramente lo manifiesta la siguiente declaración
divina : « Así hablarás a los hijos de Israel : Yahveh, el
Dios de vuestros padres, el Dios de Abraham, el Dios de
Isaac y el Dios de Jacob me ha enviado a vosotros. Este
es mi nombre y este será para siempre mi apelativo. Ve,
congrega a los ancianos de Israel y díles : Yahveh, el Dios
de vuestros padres se me ha aparecido, el Dios de Abraham,
de Isaac y de Jacob, diciendo : Os he tenido bien en cuenta
a vosotros y cuanto se os hace en Egipto. Y he determinado
haceros subir de la aflicción de Egipto a la tierra del Cananeo ... Y ellos escucharán tu voz » [75].

En su comentario a este pasaje, supone Galling que el
verso 14 no es original en la sección de Ex. 3, 9-15. « Ni
jamás en Israel — escribe — ha sido conocido o venerado
un Dios אֶהְיֶה, ni Moisés es presentado como mandatario
de אֶהְיֶה ». No puede menos de confesarse que tal razo-
namiento le hace a uno sentir la extraña impresión de encontrarse ante un juego de palabras realizado a base del doble
יהוה־אֶהְיֶה. Rotas de este modo las relaciones entre los dos
términos, se ha circunscrito de antemano el campo semasioló-
gico de יְהֹוָה en modo de poder concluír : « En manera
alguna es apto el vers. 14 para decidir sobre la forma, lugar
de procedencia y sentido originales del nombre יְהֹוָה » [76].

---

[73] Ex. 3, 11-12.
[74] Ex. 3, 13.
[75] Ex. 3, 14-18.
[76] Beer-Galling, *Exodus* ..., pág. 29.

Postura demasiado radical, pero cuyo estudio aquí no nos interesa directamente [77]. También esta postura permite afirmar a Galling que « Yahveh » se identifica con el « Dios de los patriarcas », es el realizador de la promesa patriarcal e inaugura una nueva era [78]. Pero al hablar así, no pretende hablar de una verdadera era que históricamente suceda a las dos anteriores señaladas por el mismo Galling (de la creación hasta los patriarcas, y de los patriarcas a Moisés). Sobre el particular ha escrito Helling : « Toda tentativa de los modernos para separarlas (las tradiciones del Pentateuco) y aun aceptar una oposición entre las tradiciones de la salida y de los patriarcas, y dar esta última por creación complementaria del Yahvista, muestra sólo la incomprensión con que se contrapone la historia israelítica » [79].

Cierto que se abre una nueva era, pero realmente histórica y posterior a la patriarcal. En movimiento progresivo con la descendencia abrahamítica, el « Dios de Abraham, de Isaac y de Jacob » rompe las barreras de Egipto al nuevo pueblo y le abre la entrada triunfal en Palestina. El campo en que opera la nueva fórmula completa de Ex. 3, se ensancha, pero siempre en la misma dirección, marcada en la fórmula inicial « yo seré Dios para tí » y seguida en las fórmulas intermedias « yo soy el Dios de Abraham », « yo soy el Dios de Abraham y de Isaac ». Flanqueado como las primeras fórmulas por el « yo estaré contigo », el « Dios de Abraham, de Isaac y de Jacob » será en esta nueva etapa, al mismo tiempo que יְהֹוָה, el אֵל שַׁדַּי de los patriarcas.

Moisés así ha podido entenderlo en la promesa divina de liberar al pueblo a base de prodigios [80], sin que por eso sus vacilaciones cesen. Pero la promesa abrahamítica está en marcha y Dios inicia el camino de su « brazo fuerte »

---

[77] Puede verse lo recogido últimamente sobre la materia por J. BOTTERWECK, *Gott ...*, pág. 25-28. En *Internationale Zeitscriftenschau für Bibelwissenschaft und Grenzgebiete* 1 (1951-52), pág. 93-94 pueden también verse reseñadas las aportaciones al nombre *Jahveh* de TH. C. WIEZEN, A.-M. DUBARLE, A. MURTONEN, J. OBERMANN.

[78] BEER-GALLING, *Exodus ...*, pág. 29 y 43.

[79] F. HELLING, *Die Frühgeschichte ...*, pág. 143. Al hablar así tiene presentes las afirmaciones de GALLING, *Die Erwählungstraditionen ...*, pág. 59. 63. 65. 68. 75. 94.

[80] Ex. 3, 19-22.

con el hecho extraordinario de la vara-serpiente « para que
crean que se te ha aparecido el Señor Dios de tus padres,
Dios de Abraham, Dios de Isaac y Dios de Jacob » [81].

Cuando, superada la primera etapa de vacilaciones,
apuntan intentos de otra segunda por el resultado adverso
de la primera entrevista con Faraón, « Dios habló a Moisés
y le dijo : Yo soy יְהֹוָה ; yo me aparecí a Abraham, a
Isaac y a Jacob como el אֵל שַׁדַּי » [82]. Y el nombre de los
patriarcas, de quienes Yahveh era אֵל שַׁדַּי , suscita el recuerdo del pacto divino-patriarcal y arranca de nuevo una
promesa de liberación. En el fondo, el « brazo extendido »
y los « grandes juicios » ; como sello, una vez más las habi-
tuales expresiones solemnes : « Y yo os introduciré en la
tierra que con mano alzada prometí dar a Abraham, a Isaac
y a Jacob ; os la daré en posesión hereditaria. Yo Yahveh »[83].

Presente en esta nueva etapa de la promesa patriarcal,
el « Dios de Abraham, de Isaac y de Jacob » será para la
descendencia abrahamítica, ya en movimiento de pueblo,
el אֵל שַׁדַּי de los días del desarrollo inicial de esa misma
descendencia. Embebida en la promesa divina de la liberación del nuevo pueblo y en la vocación de Moisés, nada tiene de extraño su entrada en el N. Testamento. Bajo la fórmula simplificada de « Dios de ellos » (de los patriarcas) en
la epístola a los Hebreos, aparece por el contrario completa
(aunque con otro enfoque) en los evangelistas sinópticos con
el « Dios de Abraham, Dios de Isaac y Dios de Jacob » y
en el libro de los Hechos con el « Dios de tus padres, Dios
de Abraham, Dios de Isaac y Dios de Jacob » [84].

En el A. Testamento no son frecuentes los testimonios
postmosaicos de nuestra fórmula. En la segunda aparición
de Yahveh a Salomón se dibuja en el horizonte de la historia
israelita una zona de extrema calamidad. Dios mismo ex-
pone la causa : « Porque estos han abandonado a Yahveh
Dios de sus padres, que les había sacado de Egipto » [85]. La

---

[81] Ex. 4, 4-5.
[82] Ex. 6, 2-3.
[83] Ex. 6, 8.
[84] Mt. 22, 32 ; Mc. 12, 26 ; Lc. 20, 37 ; Hech. 7, 32 ; Hebr. 11, 16.
[85] 2 Cr. 6, 22. En el pasaje paralelo (2 Rey. 9, 9), donde en vez
de « Yahveh Dios de sus padres » se lee « Yahveh su Dios », la fórmula ha dado el paso adelante de que hablaremos después.

fidelidad del pueblo había sido el punto de mira de la oración de Salomón al dedicar el templo, como años antes lo había sido de las palabras de despedida de su padre David : « Yahveh, Dios de Abraham, de Isaac y de Israel nuestros padres, conserva perpetuamente estas disposiciones en la inclinación del ánimo y dirige hacia tí su corazón » [86].

El « Dios de Abraham, de Isaac y de Jacob » estaba presente al iniciarse el cumplimiento de la promesa davídica con su alcance dinástico-nacional. Presente lo estará también, cuando, en momentos críticos para el monoteísmo del pueblo, Elías se enfrente, en encuentro definitivo, con los falsos profetas de los tiempos de Acab y Jezabel. Con miras a decidir la cuestión de modo inapelable, el ardiente profeta lanza su reto a los profetas de los falsos dioses : « Vosotros invocaréis (sobre el sacrificio preparado) el nombre de vuestro dios y yo invocaré el nombre del Señor. El Dios que respondiere con el fuego, ese será el (verdadero) Dios ». Tras el clamar inútil de los falsos profetas, ora Elías ante su sacrificio : « Señor, Dios de Abraham, de Isaac y de Israel, sea conocido hoy que tu eres Dios de Israel ». El fuego descendió sobre el sacrificio de Elías, y el « Dios de Abraham, de Isaac y de Jacob » fué de nuevo el אֵל שַׁדַּי dinámico y omnipotente a favor de la descendencia patriarcal, el יהוה fiel de la liberación [87].

La presencia en la historia de la descendencia patriarcal, ya convertida en pueblo, de la fórmula clásica de los tiempos patriarcales y de la formación de Israel es una excepción. Con luz de un momento el « Dios de Abraham, de Isaac y de Jacob » ha venido a sustituír al « Yahveh Dios de Israel », a quien ya desde Egipto había cedido el puesto, una vez que la descendencia patriarcal comenzó a apuntar como nación.

c). — YAHVEH, DIOS DE ISRAEL.

Resuelto de un modo definitivo y favorable el conflicto con su hermano Esaú, « Jacob llegó felizmente a la ciudad de Siquem ... Y adquirió, por cien qesitás, de mano de los hijos de Jamor padre de Siquem, la parte del campo

---

[86] 1 Cr. 29, 18.
[87] 1 Rey. 18, 24-36.

en que había desplegado su tienda, y erigió un' altar (מִזְבֵּחַ)
y le llamó אֵל אֱלֹהֵי יִשְׂרָאֵל » [88].

Bajo el influjo obsesionante de paralelismo entre lo
religioso bíblico y extrabíblico y tras un cambio previo de
מִזְבֵּחַ en מַצֵּבָה, J. Skinner habla de la « piedra iden-
tificada con la divinidad » [89]. H. Ryle, que recoge la idea
de Skinner y como él la quiere descubrir en otros pasajes
bíblicos (tales como Gén. 28, 32 ; 35, 7), escribe más acer-
tadamente por su parte, al dar la traducción del אֵל
אֱלֹהֵי יִשְׂרָאֵל (que otros traducen por « Potente Dios de
Israel ») : « אֵל es el Dios de Israel es una profesión de fe
en el único verdadero Dios, en el momento en que Jacob
viene a habitar entre los gentiles cananeos » [90].

El pasaje guarda paralelismo con otro del libro de Josué, donde sin embargo no se trata del Israel-Jacob del Génesis, sino del Israel-pueblo. Ya en Palestina y después
de la toma de Hai, Josué, cumpliendo órdenes divinas trans-
mitidas por Moisés [91], « erigió un altar a Yahveh Dios de Israel en el monte Ebal » [92].

Teniendo presente el cambio de אֵל de la fórmula del
Génesis en el יְהוָה de la del libro de Josué y el paso del
Israel-Jacob al Israel-pueblo, puede aplicarse a la segunda
lo que de la primera ha escrito W. Eichrodt : « Hay el relieve más marcado de especial relación entre el אֵל y su
adorador en el nombre אֵל אֱלֹהֵי יִשְׂרָאֵל, a quien Jacob,
según Gén. 33, 20, dedica un altar por sí construído. Que
se traduzca אֵל Dios de Israel, o אֵל es el Dios de Israel,
en todo caso se ha pasado de un apelativo a un nombre
propio. Frente a este אֵל, todos los otros אֵלִים llevan in-
justamente su nombre ; como real y verdadero Dios, como
Caudillo y, Señor sólo se muestra el Dios tutelar de Israel » [93].

---

[88] Gén. 33, 18-20.
[89] J. SKINNER, Genesis ..., pág. 416.
[90] H. RYLE, Genesis ..., pág. 331.
[91] Dt. 27, 1-10.
[92] Jos. 8, 30.
[93] W. EICHRODT, Theologie ..., I, pág. 89.

La interpretación de la fórmula es exacta y señala con precisión su alcance general, que ha de conservarse invariable aun cuando el אֵל אֱלֹהֵי יִשְׂרָאֵל se convierta en el יְהֹוָה אֱלֹהֵי יִשְׂרָאֵל, o en sus equivalentes אֶל אֱלֹהֶיךָ y אֵל אֱלֹהֵינוּ...

Rota al fin su tenaz resistencia a la vocación divina, Moisés acompañado de su hermano se entrevista por vez primera con Faraón. Es su comunicado de presentación : « Así habla Yahveh, Dios de Israel : Manda a mi pueblo para que me celebre una fiesta en el desierto » [94]. Definitivamente el primitivo « yo seré Dios para tí y para tu descendencia después de tí » había desembocado, a través del « Dios de Abraham, de Isaac y de Jacob », en la nueva fórmula « Yahveh, Dios de Israel », hecha una, en boca de los profetas, con la historia del pueblo escogido.

Profeta del Señor, Moisés introduce una fórmula que, a raíz de un episodio doloroso, recogeremos más tarde de sus labios. A su bajada del monte y ante el hecho consumado del becerro de oro, Moisés habla a los hijos de Leví que han acudido a su llamamiento : « Así ha hablado Yahveh, Dios de Israel : Poned cada uno la espada a su flanco, andad y dad vueltas de puerta a puerta por el campamento y matad cada uno a su hermano, y cada uno a su amigo y cada uno a su pariente » [95]. La fórmula ha entrado en el ambiente nacional, y « Yahveh Dios de Israel » ha puesto su fuerza directamente a favor del monoteísmo, en último término a favor de un pueblo cuya existencia dependía de su fidelidad a Yahveh su Dios.

En la historia de Moisés no volverá a presentarse la letra de la fórmula, pero sí contínuamente el espíritu. Cristalizado en el « Yahveh tu Dios ..., nuestro Dios ..., vuestro Dios », en torno al « Yahveh Dios de Israel » se aprietan la legislación, las amenazas, las promesas para el porvenir, y las realidades del presente. Seguir su marcha equivaldría a seguir toda la historia del desierto, a cuyas diversas facetas sirve como de engarce imprescindible, y llegar

---

[94] Ex. 6, 2.
[95] Ex. 32, 27.

con él a los límites palestinenses en un comentario ininterrumpido de los últimos libros del Pentateuco.

Apenas pasado el Jordán, otro episodio doloroso en la historia del pueblo pondrá, con idéntica mira, en labios de Josué la que ha de ser fórmula técnica. El sacrilegio de Acán al apropiarse, en el asalto a Jericó, de algo מִן־הַחֵרֶם (a pesar de la prohibición expresa de Josué y de su declaración especial de ser todo חֵרֶם del Señor), había provocado la ira divina. Falló por esto el asalto a la ciudad de Hai, y Josué supo de Dios que un sacrilegio había sido la causa del fracaso; no había otro remedio sino el desprenderse del חֵרֶם sustraído: « Levántate y santifica al pueblo. Díles: Santificáos para mañana, porque así dice Yahveh Dios de Israel: En medio de tí, Israel, hay חֵרֶם, y no podrás mantenerte delante de tus enemigos hasta que no hayáis arrojado הַחֵרֶם de en medio de vosotros »[96].

Es el « Dios de Israel » que vela por su propia gloria y por la conservación del pueblo esencialmente ligada a la rectitud de su vida nacional. El castigo de Acán dejó abierto el camino a la toma de Hai y a la inmediata renovación de la alianza. De su cumplimiento dependía para Israel todo su porvenir como pueblo. Josué próximo a la muerte se lo recordará en Siquem en un discurso, recuento de beneficios divinos y de exhortación a la fidelidad, que hace arrancar de la clásica fórmula « así habla Yahveh Dios de Israel ». Ante ella surge en el pueblo el ideal del más puro monoteísmo hacia el Dios de la promesa con la repetida decisión de servir « a Yahveh, porque es nuestro Dios ». Es la fidelidad para con el « Dios de Israel », continuador del « Dios de Abraham, de Isaac y de Jacob », que Josué intentará asegurar con la erección de un monumento, testimonio « para que no reneguéis de vuestro Dios »[97].

El « Dios de Israel » en Moisés, en Josué y en los profetas es el dinámico « Dios nuestro » en labios del Salmista agradecido y confiado, o en labios del pueblo que ora o recuerda una historia de omnipotencia y de favor. Así lo re-

---

[96] Jos. 7, 13. Sobre el *herem*, como objeto de abominación destinado por Dios a ser destruído, véase brevemente A. FERNANDEZ, *Josue ...*, pág. 104-105.

[97] Jos. 24, 27. Véase también Jos. 4, 20-24.

cogerán sobre todo los salmos en muchos pasajes de efusión del alma. El אֱלֹהֵ֫ינוּ ... יְהֹוָה אֱלֹהַי, o sus sustitutos אֱלֹהַי y אֱלֹהֵ֫ינוּ es el Dios de la esperanza, de la seguridad, de la salvación [98]. Con la vista en el propio estado de particular angustia o ante un mal momento nacional, el salmista se vuelve esperanzado al « Dios mío, misericordia mía » (אֱלֹהֵי חַסְדִּי), al « Dios de nuestra salvación » (אֱלֹהֵי יִשְׁעֵ֫נוּ) [99]. Es el « Yahveh S^{e}ba'ôt Dios de Israel », a cuya presencia se estremeció el Sinaí y cuyo poder de protección ahora se invoca : « No queden confundidos por causa mía los que esperan en tí, Yahveh, Yahveh S^{e}ba'ôt, ni avergonzados por causa mía los que te buscan Dios, de Israel ... La bondad de nuestro Dios esté sobre nosotros » [100].

El simple cotejo de estos pasajes nos pone ante el hecho de que el aparentemente más frío « Dios de Israel », siempre en contacto con la omnipotencia y el favor divinos, va cargado, lo mismo que el más efusivo « Dios nuestro », de toda una historia de privilegio. Por eso, aun en no pocas de aquellas ocasiones, en que el « así habla Yahveh Dios de Israel » sirve de entrada a amenazas y castigos, hay recuerdo de beneficios y de liberación. No nos interesa seguir esta línea en todo su trazado, sino solamente en aquella parte de él que tiene por centro a la descendencia abrahamítica, ya constituída en nación y colocada en momentos decisivos de su historia.

Un tal nuevo momento, paso adelante en la línea de la liberación del pueblo y de su entrada en Palestina, lo ofrece la primera etapa de la vida de Israel como nación bajo el gobierno de los Jueces. En esta época de « abandono de Yahveh Dios de sus padres, de Yahveh su Dios ..., que les había sacado de Egipto » [101], Débora señalará el camino de la gran victoria sobre el ejército de Jabín, mandado por Sísara. Suena su orden de marcha militar en estos términos :

---

[98] Salm. 44, 5 (leyendo con los LXX, Aq. y Pe^s. w^e'lohay m^{e}sawweh en vez de 'elohîm sauwweh con el TM.) ; 68, 21 ; 69, 4 ; 91, 2 ; 95, 9 ; 99, 8.

[99] Salm. 59, 12. 18 ; 79, 9.

[100] Salm. 59, 6 ; 68, 9 ; 69, 7 ; 90, 17.

[101] Juec. 2, 12 ; 3, 7.

« Yahveh Dios de Israel ha dado esta orden ». El preludio de su canto es un desfogue de gratitud hacia « Yahveh Dios de Israel », presente de nuevo en la historia del pueblo con el mismo benéfico e incontenible dinamismo de los tiempos del desierto [102].

Frente a la grave opresión de los madianitas se repitirá el proceso. Un profeta del Señor hará de nuevo el recuento de los beneficios recibidos y de las infidelidades del pueblo, a quien Dios había dicho : « Yo soy Yahveh vuestro Dios ». Su punto de partida es el de la fórmula de Débora ante la opresión de los cananeos : « Así habla Yahveh, Dios de Israel » [103]. Es señal para la entrada en escena de Gedeón y sus victorias.

En la historia de Samuel, colocado en la divisoria del doble período de Jueces y Reyes, « Yahveh Dios de Israel » jugará un papel decisivo. El paso, tan funesto para los filisteos, del « Arca del Dios de Israel » por su territorio [104], fué el anuncio de su derrota final en aquella época. Ante la inminencia del ataque, « dijeron los israelitas a Samuel : No te detengas por nosotros de clamar a Yahveh Dios nuestro, para que nos salve de las manos de los filisteos. Y tomó un cordero lechal y lo ofreció al Señor en holocausto y clamó al Señor por Israel y el Señor le oyó [105].

La victoria aseguró la judicatura de por vida al « verdadero profeta del Señor » [106]. Cuando, ya anciano, quiso transmitirla a sus hijos, el pueblo los rechazó por parciales y reclamó un rey para su gobierno. Terminaba el período de los Jueces, rico de intervención del « Yahveh Dios de Israel » en el afianzamiento del pueblo en Palestina, y con el mismo signo se abría el de los Reyes, a pesar del carácter antiteocrático que ofrecía en su arranque. Convocado el pueblo en Masfa, le habló Samuel : « Así habla Yahveh Dios de Israel : Yo hice subir a Israel de Egipto y le libré de la mano de los egipcios y de la mano de todos los reinos que os oprimían. Y vosotros hoy repudiais a vuestro Dios

---

[102] Juec. 4, 6 ; 5, 3-5.
[103] Juec. 6, 8-10.
[104] 1 Sam. 5, 6-8.
[105] 1 Sam. 7, 8-9.
[106] En 1 Sam. 3, 19-21, como tal es reconocido desde un principio por todo Israel.

que fué quien os salvó de todos vuestros males y angustias. Porque habéis dicho : No ; sino que has de poner sobre nosotros un rey » [107]. Samuel se retira y deja paso a Saúl, no sin recordar antes antiguos olvidos nacionales de « Yahveh su Dios » y exigir para adelante fidelidad a Dios, porque, aun en régimen de monarquía, « Yahveh vuestro Dios es vuestro rey » [108].

A través del reinado de Saúl, y en labios del rey mismo, pasa también el « Dios de Israel ..., Dios el Salvador de Israel » [109]. David fijará el alcance nacional de la fórmula cuando, seguro de su victoria sobre el gigante, concluya : « Y todo el mundo sabrá que hay un Dios en Israel. Y conocerá toda esta muchedumbre que no con espada ni con lanza da el Señor la victoria, sino que de Dios es la batalla y él los pondrá en nuestras manos » [110].

De labios de David, rey errante, recogemos de nuevo la evocación solemne de « Yahveh Dios de Israel » con ocasión del encuentro con Abigaíl [111]. Pero no se trata de un episodio que revista el carácter nacional, cuya línea seguimos y cuya presencia, por el contrario, es tan patente en el relato de la promesa davídico-mesiánica. Al anuncio profético de Natán responde David con una oración de acción de gracias, que arranca de un sentido « Señor Dios » y con él avanza y con él se cierra. En este escalonamiento progresivo del « Señor Dios » introduce David otras fórmulas que determinan su alcance. Ante la doble elección de Israel como pueblo eterno y de su casa como eterna dinastía regia, habla David de « Yahveh su Dios » (de Israel), « *Yahveh S^eba' ôt* Dios de Israel ». De este modo coloca en la base de la conservación del pueblo y de la perpetuidad de la dinastía al único « Señor Dios », al « Dios de Israel » en todo el despliegue de omnipotencia del « Yahveh *S^eba' ôt* » [112].

---

[107] 1 Sam. 10, 17-19.
[108] 1 Sam. 12, 9. 12.
[109] 1 Sam. 14, 39. 41.
[110] 1 Sam. 17, 46-47.
[111] 1 Sam. 25, 32. 34.
[112] 2 Sam. 8, 18-29. Véase también 1 Cr. 17, 16-27, donde *Yahveh* sustituye en varias ocasiones a *Yahveh 'elohîm*. L. HOEHLER, *Lexicon...*, pág. 791 escribe : ¿*S^eba' ôt* significa *guerreros de Israel, ángeles, los astros* »?. Y concluye : « Las huestes de dioses rivales palestino-ca-

De frente a este « Dios de Israel » de la promesa davídica, dinástica y nacional, en su ponerse en marcha con la
subida de Salomón al trono, David exclamará más tarde:
« Bendito Yahveh Dios de Israel » [113]. Es la exclamación del
salmista ante la extraordinaria intervención divina en la
historia del pueblo [114], y de Salomón, de frente como su padre a la promesa davídica, el día de la dedicación del templo « al nombre de Yahveh Dios de Israel » [115]. En su discurso al pueblo, Salomón evoca la doble elección divina, de
Israel y de la dinastía davídica, y la apoya en su « bendito
Yahveh Dios de Israel », que le ha servido como punto de
partida [116]. En su oración parte de un « Yahveh Dios de
Israel », en torno al cual van sucediéndose peticiones y
esperanzas dinástico - nacionales [117]. En su bendición del
pueblo, el inicial « bendito Yahveh » desemboca después
en el « Yahveh Dios nuestro », « el Dios verdadero », como
en centro de fidelidad y de esperanzas [118].

El mosaico « así dice Yahveh Dios de Israel » de los días
de la liberación se ha abierto paso en la historia del nuevo
pueblo y, entrecruzado con otras fórmulas de idéntico alcance, se ha hecho presente en momentos decisivos: conquista de la tierra prometida, afianzamiento con ella, conservación del monoteísmo, perennidad del pueblo, perpetuidad de la dinastía davídico-mesiánica. De este modo el
« así dice Yahveh Dios de Israel », con su estilo de honda pe-

---

naneos y demonios subyugados por Yahveh ». Su cita del estudio de
V. MAAG en *Schweiz. Theol. Umschau* 20 (1950), pág. 27-52, parece
indicar que da por buena la conclusión de este autor. No es del caso
(pues directamente no se toca en estas páginas el estudio del título
Yahveh Seba'ôt) enjuiciar el proceso y las conclusiones de V. MAAG,
ni sus puntos de divergencia frente al proceso y las conclusiones de B.
WAMBACQ, *L'èpithète divine Iahveh Seba'ôt*, Tongerloo 1947 ; pero puede decirse que en todo caso se deja a salvo el significado « Dios omnipotente » con uno u otro enfoque.

[113] 1 Rey. 1, 47. Véase 1 Cr. 29, 10-20 que se extiende en esta oración de David.
[114] 1 Cr. 16, 30 ; Véase Salm. 106, 48.
[115] 1 Rey. 8, 17. Véase 2 Cr. 6, 7. 10.
[116] 1 Rey. 8, 15. Véase 2 Cr. 6, 4.
[117] 1 Rey. 8, 23. 25. 26. Véase 2 Cr. 6, 14. 16-17.
[118] 1 Rey. 8, 56-57. 59-61. 65.

netración profética, amenazante o prometedora, se pierde en el horizonte del nuevo Israel.

Jeremías que, como ningún otro, ha apoyado su predicación profética en el « así dice Yahveh Dios de Israel »[119], o en su paralelo reforzado « esto dice Yahveh Dios de Israel »[120], hace surgir al contacto de la fórmula mosaica la restauración del pueblo y la entrada en la nueva economía. Ante la visión simbólica de los canastillos de higos habla como profeta del Señor : « Así habla Yahveh Dios de Israel : Como en estos higos buenos (tú), me fijaré para bien en los desterrados de Judá, a quienes expulsé de esta lugar a la tierra de los caldeos. Y pondré mis ojos en ellos para bien y los haré volver a esta tierra, y los edificaré y no los destruiré y los plantaré y no los arrancaré. Y les daré un corazón para que me conozcan, porque yo soy Yahveh ; y ellos me serán pueblo y yo les seré Dios, porque se convertirán a mí de todo corazón »[121].

Son ideas que rebosan en la sección de las promesas del profeta. Entre el profético martilleo del « así habla Yahveh », « palabra de Yahveh », se percibe a intervalos el también clásico « así habla Yahveh Dios de Israel ». Su presencia activa en la restauración del pueblo, en el establecimiento del nuevo pacto, en la institución de una nueva economía religiosa, más íntima y sin los límites nacionales de la primera, es la nota saliente. Ante ella se desplegarán irresistibles la confesión sentida de « Yahveh mi Dios », el acercamiento a « Yahveh nuestro Dios », el servicio sin condiciones de « Yahveh su Dios » y de « David su rey que yo le he de suscitar »[122].

De nuevo en juego la promesa dinástico-nacional de David, Jeremías profundiza en ella : « Su caudillo procederá de ella y su soberano de en medio de ella saldrá, y le haré acercarse y se llegará a mí. Porque ¿quién sería el que (de otro modo) se atreviese a acercarse a mí? »[123]. La posible oscuridad de este pasaje, en la línea del descendiente davídico,

---

[119] Jer. 11, 3 ; 13, 12 ; 21, 4 ; 25, 15 ...
[120] Jer. 7, 3. 21 ; 9, 15. 17 ; 16, 9 ; 19, 3. 5...
[121] Jer. 24, 5-7.
[122] Jer. 30, 2. 9 ; 31, 6. 18 ; 32, 36 ; 33, 4.
[123] Jer. 31, 21.

se disipa en todo el contexto de la profecía de restauración y recibe luz definitiva de otro pasaje de nuestro profeta.

Colocado proféticamente entre los malos pastores del presente y los pastores fieles del porvenir, anuncia Jeremías la destrucción de los primeros y el surgir de los segundos. Corona de este beneficioso cambio de pastores en Israel es la entrada de aquel vástago justo, rey y árbitro de toda la tierra, en la nueva economía que ha de iniciarse con la restauración del pueblo. Visión magnífica del Israel nuevo, que el profeta apoya en su solemne afirmación inicial : « Por eso así dice Yahveh Dios de Israel » [124].

También Baruc, ante la realidad del destierro y la esperanza de la restauración, se vuelve con honda nostalgia hacia el « Señor Dios nuestro » (repetido como con insistencia mecánica) [125], para acabar cara al « Señor Dios de Israel » en una plegaria de misericordia. Al fin, la luz de la restauración apunta en el horizonte, porque « conocerán que yo soy el Señor su Dios », eco en labios divinos de la cálida confesión del profeta : « Señor omnipotente, Dios de Israel...; tú, Señor, eres nuestro Dios » [126].

En el campo de las relaciones divinas con el Israel primitivo y el Israel restaurado, la profecía de Isaías, en su extenso apartado sobre el Siervo de Yahveh, ha dejado marcadas huellas de las más profundas. Es un despliegue lujoso de títulos divinos, con un enfoque innegable de omnipotencia en favor del pueblo de la promesa. Tal lo revela ya el primitivo « así dice Yahveh Dios de Israel ». Desde un principio se anuncia la llegada de Yahveh, fiel a su palabra y dominador absoluto, y desde Jerusalem se va transmitiendo al resto de las ciudades de Judá el grito de salvación : « He aquí nuestro Dios » [127].

Es grito que si, leído en todo el contexto del capítulo 40, ya da por sí solo la nota de restauración segura del pueblo en destierro, al contacto del hablar de Yahveh en los capítulos siguientes refuerza definitivamente su contenido. Arrancando del Dios omnipotente, en cuadros repetidos de

---

[124] Jer. 23, 2.

[125] Bar. 1, 10. 13. 15. 18. 19. 21. 22 ; 2, 5. 6 ...

[126] Bar. 2, 13. 31 ; 3, 1. 4. 6.

[127] Is. 40, 9. Véase « vuestro Dios » en el vers. 1, « nuestro Dios » en los vers. 3 y 8.

lírica descripción, resuena como prenuncio de victoria :
« Porque yo soy Yahveh tu Dios, el Santo de Israel que te
salva »[128]. El paralelismo entre el אֱלֹהֶיךָ y el מוֹשִׁיעֶךָ
acusa latente en el primero la idea proteccionista de la fórmula « yo soy Yahveh tu Dios », y lo confirma el contexto.

Yahveh, hablando a Jacob como « tu creador » (בֹּרַאֲךָ)
y a Israel como « tu fundador » (יֹצֶרְךָ), le dice : « No
temas, porque yo te redimo (גְּאַלְתִּיךָ), te llamo por tu
nombre, mío eres ... No temas, porque yo estoy contigo... »[129].

Es idea proteccionista en torno a la restauración del
pueblo, y sobre ella se van fijando diversos matices. Habla
el Dios de los patriarcas a « Israel mi siervo (עַבְדִּי), Jacob
a quien escogí (בְּחַרְתִּיךָ), descendencia de Abraham אֹהֲבִי :
Mi siervo eres tú, te elegí y no te he rechazado ; no temas
porque yo estoy contigo, no te amedrentes, porque yo
אֱלֹהֶיךָ... Porque yo soy יְהוָה אֱלֹהֶיךָ, el que agarra tu
diestra, el que te dice : No temas, yo te auxilio. No temas,
gusanillo de Jacob, oruga de Israel. Yo te auxilio, palabra
de Yahveh, y גֹּאֲלֵךְ es el santo de Israel »[130].

Con la intervención de este יְהוָה אֱלֹהֶיךָ, Israel victorioso se abrirá paso a través de todos los obstáculos
que se opongan a su restauración : « He aquí que yo te pongo como trillo agudo, nuevo dentado ; trillarás montañas
y las pulverizarás y las colinas pondrás como tamo. Las
aventarás y el viento se las llevará y el torbellino las dispersará. Y tú te regocijarás en Yahveh, en el Santo de Israel
te gloriarás ». En el camino hacia Palestina nada pesarán
ante el יְהוָה אֱלֹהֶיךָ oposición de naciones, o travesía de
desierto : « En cuanto a los pobres y menesterosos que
buscan agua y no la hay, su lengua se reseca con la sed, yo
Yahveh les responderé, Dios de Israel no les abandonaré ».
El desierto será un continuo oasis « para que vean y conozcan, y adviertan y entiendan que la mano de Yahveh ha
obrado esto y el Santo de Israel lo ha creado »[131].

---

[128] Is. 43, 3.
[129] Is. 43, 1. 5.
[130] Is. 41, 8-10. 13-14. En el vers. 14a se lee *rimmat* en vez del
m^etê del TM.
[131] Is. 41, 15-20.

Ante esta segunda liberación, paralela a la de Egipto,
pero con un horizonte de mesianismo más a la vista, podrá
el profeta salir fuera de sí ante la próxima llegada de Dios
a Sión y contagiar al pueblo con su entusiasmo : « Lanzad
voces de alegría y entonad a una cantos de júbilo, ruinas
de Jerusalem, porque Yahveh se ha apiadado de su pueblo,
ha redimido a Jerusalem. Ha desnudado Yahveh su brazo
santo a los ojos de todas las naciones y han visto todos los
confines de la tierra la salvación de nuestro Dios »[132].

A través de un perfecto paralelismo se ha realizado el
acercamiento del יְהוָה־אֱלֹהֵינוּ poderoso y salvador[133], que,
en virtud de idéntico paralelismo, quedará inmediatamente
transformado en el clásico יְהוָה אֱלֹהֵי יִשְׂרָאֵל al servicio de
la restauración del pueblo : « Porque no saldréis a la des-
bandada, ni partiréis de huída, sino que delante de vosotros
caminará Yahveh y cerrará vuestra marcha el Dios de
Israel »[134].

Garantizada por la presencia continua del אֱלֹהֵי יִשְׂרָאֵל,
del יְהוָה אֱלֹהֶיךָ[135] — cuyo nombre es יְהוָה צְבָאוֹת[136], — la
segunda liberación del pueblo repetirá la marcha segura
de la primera. En el llamamiento divino del nuevo libertador, como en el del libertador de Egipto, el « Yahveh
Dios de Israel » estará en primera línea. Habla a Ciro
asignándole su papel ante las naciones y ante su pueblo : « Yo iré delante de tí y allanaré las montañas,
quebraré puertas de bronce y destrozaré cerrojos de hierro.
Y te daré tesoros escondidos y riquezas de escondrijos, para
que conozcas que yo soy Yahveh, el que te ha llamado por
tu nombre Dios de Israel. A causa de mi siervo Jacob y de
Israel mi elegido te he llamado por tu nombre, te he dado
nombre glorioso aunque no me conocías »[137].

---

[132] Is. 52, 9-10.

[133] Véase también Is. 59, 13.

[134] Is. 52, 12.

[135] Is. 48, 3. 17 ; 51, 15. 21. 22 ; 55, 5 ; 60, 9.

[136] Is. 51, 15.

[137] Is. 45, 2-4. En el vers. 2a se puede en absoluto mantener con
la traducción dada el término *hadurîm* del TM., pero parece preferible
leer *hararîm*, como suponen sin duda los LXX y se lee en el manus-

Profundizando en el campo de la restauración tan marcadamente suyo, el « Yahveh Dios de Israel » hace su entrada en el N. Testamento. Una vez más es Zacarías el padre del Precursor, quien amplía direcciones marcadas en la literatura del A. Testamento. Su célebre canto ante el nacimiento del hijo no es un mero canto privado o de familia, sino un himno público de hondo alcance histórico-religioso. Frente a la doble realidad Precursor-Redentor, Zacarías más que padre se siente profeta y como profeta habla de un pueblo libertado y de un reino restituído, con tonos de mesianismo del todo espiritual. Con razón ha escrito Maldonado « Zachariam sic interpretari quidquid veteres Prophetae de judaeorum liberatione ex hostium potestate vaticinantur » [138].

De cara a esta liberación, próxima ya a ser lograda en toda su plenitud, inicia su profética acción de gracias con aquél « Benedictus Dominus Deus Israel » de raíces bíblicas muy antiguas. De él vimos ya antes partir a David y Salomón para dar gracias por la elección del pueblo y la seguridad con que se inicia el cumplimiento de la promesa de Natán. Convertido en fórmula clásica de profesión de fe y de sentido agradecimiento, el « Benedictus Yahveh Deus Israel » (original en el salmo que cierra el libro primero de los salmos) la tradición le hará servir de cierre a los libros segundo, tercero y cuarto [139]. Siempre en la línea de la restauración de Israel (a la que del mismo modo apunta en el final de los salmos 72, 69 y 108, mesiánicos abiertamente los primeros e implícitamente el último), el « Benedictus Yahveh Deus Israel » brotará espontáneo y con todo el peso de la tradición de labios de Esdras, en acción de gracias por el decreto de Artajerjes [140].

crito del libro de Isaías encontrado junto al Mar Muerto el año 1947 y publicado el 1950.

[138] J. MALDONADO, *In Evangelia* ..., pág. 263. Los pasajes de los profetas a que alude son : Is. 19, 20 ; 36, 15 ; 37, 22 ; Jer. 15, 20-25 ; 39, 17 ; Ez. 13, 21 ; 34, 22-23 ; Os. 13, 14 ; Miq. 6, 4.

[139] Salm. 41, 14 ; 72, 18 ; 89, 53 ; 106, 48. El salmo 69 completa en el vers. 36 la fórmula iniciada en el vers. 20. Es fórmula que, más abreviada y con las variantes que las diversas circunstancias exigen, aparece por ej. en Gén. 9, 26 ; 14, 20 ; 24, 27 ; Ex. 18, 10 ; Tob. 13, 18 ; Jud. 13, 17-18 ; 2 Mac. 1, 17.

[140] Esd. 7, 27.

Al amparo de « Yahveh Dios de Israel », sustituto del
אֵל שַׁדַּי ..., Dios de Abraham, de Isaac y de Jacob », inicia Israel su historia de pueblo escogido. En momentos
difíciles, y muchas veces decisivos, de esa historia, la presencia de ese « Yahveh Dios de Israel », al que pueblo, dirigentes y profetas llamarán « Dios nuestro ..., vuestro ... »,
salvará escollos y asegurará el porvenir de la gran descendencia prometida a los patriarcas con salida al universalismo mesiánico.

d). — Yahveh, Dios de los hebreos.

Apoyado en « Yahveh, Dios de Abraham, de Isaac y
de Jacob », entra Moisés en la historia como libertador del
pueblo. A lo largo de sus años de caudillaje político-religioso,
hará siempre partir de esa fórmula de familia, tradicionalmente mantenida a la letra o hecha muy de ordinario desembocar en el יְהֹוָה אֱלֹהֶיךָ, sus relaciones de cabeza en
el pueblo que Dios le ha confiado. Pero el mismo carácter,
aunque nacional, interno de la fórmula parecía exigir necesariamente su sustitución desde el momento que Moisés,
fuera del ambiente de su nación privilegiada, hubiese de entablar negociaciones con el rey de Egipto. El fenómeno,
que ya hemos visto insinuarse con la introducción del « Yahveh Dios de Israel », se revelará abiertamente por medio de
la fórmula « Yahveh Dios de los hebreos ».

Después de habérsele manifestado como אֶהְיֶה אֲשֶׁר
אֶהְיֶה, Dios le habla : « Así dirás a los hijos de Israel :
Yahveh, Dios de vuestros padres, Dios de Abraham, Dios
de Isaac y Dios de Jacob me ha enviado a vosotros ... Ve,
reune a los ancianos de Israel y díles : Yahveh, Dios de
vuestros padres se me ha aparecido, Dios de Abraham, de
Isaac y de Jacob, diciendo : Cierto que os tengo presentes
a vosotros y cuanto os hacen en Egipto y he dicho : Os haré
subir de la aflicción de Egipto a la tierra del cananeo ... Y
ellos oirán tu voz, y entrarás tú y los ancianos de Israel
al rey de Egipto y le diréis : Yahveh, Dios de los hebreos
nos ha salido al encuentro. Ahora, pues, deja que andemos

el camino de tres días en el desierto para que sacrifiquemos a Yahveh nuestro Dios »[141].

El « Yahveh, Dios de Abraham, de Isaac y de Jacob » que, extendiendo paso a paso su providencia protectora, ha rebasado definitivamente el círculo patriarcal hasta convertirse en el « Yahveh, nuestro Dios » del nuevo pueblo, da un paso al exterior a través del « Yahveh, Dios de los hebreos ». Frente a los dioses tutelares de Egipto, se alza Yahveh como Dios tutelar de los hebreos en una especie de reto decisivo para la salvación de Israel. Dios nacional frente a dioses nacionales, como tal ha de darse a conocer a Faraón el que ante la descendencia patriarcal quería ser conocido como « Yahveh, Dios de Abraham, de Isaac y de Jacob ».

Siguiendo las directivas divinas, Moisés y su hermano comunican a Faraón en su primera visita oficial : « Así ha dicho Yahveh, Dios de Israel : Deja marchar a mi pueblo para que me celebre una fiesta en el desierto ». Seguro de sí, responde despectivo Faraón : « ¿Quién es Yahveh para que yo haya de oír su voz dejando marchar a Israel ? Ni conozco a Yahveh, ni dejaré que Israel se marche ». Ante esta actitud, Moisés y Aarón habían de insistir en su papel de intermediarios : « El Dios de los hebreos nos ha salido al encuentro ; que podamos andar el camino de tres días en el desierto y sacrificar a Yahveh nuestro Dios para que no nos destruya con peste o con espada »[142].

En el círculo de los títulos divinos nos encontramos con un fenómeno paralelo al de la escena de la primera aparición divina a Moisés. Allí, a través del divino אֶהְיֶה אֲשֶׁר אֶהְיֶה , se llega a la íntima e inmediata unión del nombre esencial de Dios con los diversos títulos divinos de las fórmulas « Yahveh, Dios de vuestros padres, el Dios de Abraham, el Dios de Isaac y el Dios de Jacob » y « Yahveh, Dios de los hebreos » ; en la primera entrevista de Moisés y su hermano con el Faraón esta doble íntima unión vuelve a repetirse, inmediata en la fórmula « Yahveh, Dios de Israel », mediata entre « Yahveh » y « Dios de los hebreos ».

En el avance progresivo de la liberación del pueblo, esta

---

[141] Ex. 3, 14-18.
[142] Ex. 5, 1-3.

unión entre « Yahveh » y « Dios de los hebreos » se hará a
veces inmediata. Con frecuencia Yahveh encargará a su intermediario presentarse ante Faraón para recordarle su
deber de dejar libre al pueblo, y en algunas de estas ocasiones le fijará a modo de fórmula introductoria de protocolo :
« Le dirás : Así habla Yahveh, Dios de los hebreos » [143]. Y
Moisés la reflejará a la letra al amenazar con una de las
plagas [144].

Este acercamiento entre « Yahveh » y « Dios de los hebreos » hace que en el uso bíblico se vayan alternando el
« esto dice Yahveh » con el « esto dice Yahveh, el Dios de
los hebreos » [145], y que, a pesar de la intrínseca diferencia
entre el nombre proprio y esencial de Dios y su apelativo
en sus relaciones con el pueblo, « Yahveh » sustituya paralelamente a su inmediato « Yahveh Dios de los hebreos » [146].

No es difícil fijar el alcance de este título divino. Cuando
Moisés le emplea en su primer encuentro con Faraón, deja
resonando su eco en ambiente innegable de divino poder.
La resistencia de Faraón a la propuesta hecha por Moisés
en nombre de « Yahveh Dios de los hebreos » prepara la intervención eficaz del Dios, que bajo este título había anunciado : « Yo sé que no os concederá partir el rey de Egipto,
sino con mano fuerte. Pero extenderé mi mano y heriré a
Egipto con todos los prodigios que obraré en medio de él ;
y después os dejará salir » [147].

---

[143] Ex. 7, 16 ; 9, 1. 13.

[144] Ex. 10, 3.

[145] Compárese por ej. Ex. 7, 16 y 9, 1. 13 con Ex. 7, 26 y 8, 16.

[146] Véase por ej. Ex. 7, 16-17.

[147] Ex. 3, 18-20. En su traducción « nisi per manum validam »
sigue la Vulg. a los LXX que, en vez de *welo'* del TM., leyeron *'im
lo'*. Los que, siguiendo el TM., traducen « nec etiam per manum ... »,
refieren (como lo hace VACCARI, *La Sacra Bibbia* ..., p. 188) la expresión a las primeras nueve plagas a que resistió Faraón. « Pero (como
escribe S. DRIVER, *Exodus* ..., pág. 26) es extraño que fuese exceptuada
la décima plaga ». Defiende, por lo mismo (como más tarde se hace
en KITTEL, *Biblia* ...), la lectura de los LXX, apoyado sin duda en el
inmediato vers. 20. De hecho, con esta lectura parecen cuadrar mejor,
no sólo el tono general de Ex. 3, 20, sino también el sentido de otros
pasajes, en que, sola o acompañada de otra frase sinónima, aparece la
expresión « per manum validam ». En todos ellos la impresión es, que

De hecho la historia de la liberación del pueblo hará más tarde encontrarse frente a frente en torno a la fórmula « Yahveh, Dios de los hebreos », por una parte la pertinaz resistencia de Faraón y por otra las sucesivas y extraordinarias intervenciones divinas. Y así veremos caer sobre Egipto, tras la amenaza de « Yahveh, Dios de los hebreos », la primera, quinta, séptima y octava plaga [148].

De este ambiente de hechos extraordinarios, en que se mueve incontenible el « Dios de los hebreos », anulando el poder egipcio y abriendo paso al surgir de Israel como nación, se deduce que la fórmula apunta derecha hacia la omnipotencia del « Dios de los hebreos », victorioso en toda la línea sobre los dioses nacionales egipcios. Contra estos dioses, protectores de la casa real o de la nación entera, se alza el « Dios de los hebreos », fiel a la promesa de asegurar el porvenir como pueblo a la descendencia de Abraham הָעִבְרִי [149]. El אֵל שַׁדַּי de Abraham el hebreo y de los patriarcas concentra su actividad omnipotente en la fórmula, al exterior tan sin pretensiones, de « Dios de los hebreos ».

Los « prodigios y portentos », el « gran poder », la « mano fuerte » y el « brazo extendido », con que el « Dios de los hebreos » prepara a su pueblo la salida de Egipto, llegarán hasta el fondo del alma de Moisés. En ocasiones decisivas, de ellos hablará expresamente [150], o los dará comprimidos en el sencillo pero fecundo recuerdo dedicado a « Yahveh tu Dios que te rescató de Egipto » [151].

---

abarca cuanto en conjunto hizo Dios de extraordinario para sacar a su pueblo de Egipto, sin que indicio alguno obligue a separar por este concepto las nueve primeras de la décima plaga. Véase Ex. 6, 1. 6; 13, 3. 9 ; 32, 11. Dt. 5, 15 y sobre todo Dt. 4, 32-34.

[148] Ex. 7, 16 ; 9, 1. 13 ; 10, 3.

[149] Gén. 14, 13. Brevemente anota A. VACCARI, *La Sacra* ..., I, pág. 89 : « Abraham es llamado *hebreo*, o porque era descendiente de *Eber* (Gén. 10, 25), o mejor porque provenía del otro lado (en hebreo ʿeber) del Eufrates ». J. SKINNER, *Genesis*..., pág. 225, dice de este título que « no es *necesariamente* un anacronismo », como recientemente (sin razones nuevas) lo supone G. VON RAD, *Das erste* ..., pág. 150. Las diversas modernas tentativas para explicar el origen de « hebreo » dejan la cuestión por decidir, como, después de proponerlas, concluye W. ALBRIGHT, *From the* ..., pág. 182-183.

[150] Ex. 32, 11 ; Dt. 4, 31-34 ; 5, 15.

[151] Lev. 26, 11-13. 45 ; Núm. 15, 41 ; Dt. 15, 15 ; 24, 18 ;...

Buscar el fundamento de esta omnipotencia divina, con que el « Dios de los hebreos » liberó a Israel, es encontrarnos necesariamente con el nombre divino de *Yahveh* manifestado a Moisés como el esencial y propio del אֵל שַׁדַּי de los patriarcas. En contacto desde el primer momento, « Yahveh » y el « Dios de los hebreos » sonarán juntos en la primera entrevista de Moisés con Faraón. Cuando al mensaje de « Yahveh Dios de Israel » replica el rey de Egipto : « Y ¿quién es Yahveh para que yo haya de escuchar su voz, dejando marchar a Israel ? Ni conozco a Yahveh, ni dejaré marchar a Israel », insiste Moisés con el recuerdo del « Dios de los hebreos » [152].

Este entrecruzarse de « Yahveh » con el « Dios de los hebreos », ya en los primeros preparativos de la liberación del pueblo, se mantendrá inmutable en la misma realización. Si, tras la amenaza de « Yahveh Dios de los hebreos », caen sobre el Egipto la primera, quinta, séptima y octava plaga, el resto de ellas tiene su arranque en la palabra de « Yahveh » [153]. Es el cumplimiento de una palabra solemnemente empeñada ante la actitud reacia de Faraón. Previéndola, se había comprometido Yahveh a una intervención repetida y extraordinaria, anunciada a Moisés y Aarón en estos términos : « Y sabrán los egipcios que yo soy Yahveh, cuando extienda mi mano sobre Egipto y saque de en medio de ellos a los hijos de Israel » [154].

Triste prenuncio para un rey y su pueblo, que antes de la salida de Egipto y después de haber servido como de introducción a la primera plaga [155], se concentra vigorosamente en el escueto « Yo Yahveh », con que se anuncia la muerte de los primogénitos de Egipto [156]. Ya en marcha hacia la tierra prometida, sobre el acampamento israelita de Etam junto al mar Rojo, suena por dos veces el clásico « y sabrán los egipcios que yo soy Yahveh », cuyo eco da confianza y seguridad al caudillo del pueblo y corta el pri-

---

[152] Ex. 5, 3-5.
[153] Ex. 8, 1. 12. 20 ; 9, 8 ; 10, 12 ; 11, 1.
[154] Ex. 7, 5.
[155] Ex. 7, 17.
[156] Ex. 12, 12.

mero de los movimientos antiteocráticos del Israel del desierto [157].

No puede dudarse que, con su nombre propio y esencial de «Yahveh», entra el «Dios de vuestros padres», el «Dios de Israel», el «Dios de los hebreos», a realizar su programa de favor y de poder frente a la impotencia de los egipcios y de sus dioses. Es una nota constante en el proceso de la liberación del pueblo. La encontramos recogida como en fórmula de tradición en aquel repetido «para que sepas que no hay como Yahveh nuestro Dios ..., que no hay otro como yo en toda la tierra ..., que de Yahveh es la tierra», punto de partida para el comienzo o el cese de las plagas [158].

La fórmula encontrará acogida en el canto de Moisés tras el paso del mar Rojo. Partiendo de este prodigio, exclama de cara al pasado y de cara al porvenir del pueblo : «¿Quién como tú, oh Yahveh, entre los dioses ? ¿Quién como tú, magnífico en santidad, terrible por las obras gloriosas, obrador de prodigios ? Extendiste tu diestra y los tragó la tierra. Condujiste con tu gracia el pueblo que has redimido ; le guiaste con tu poder hacia tu morada santa »[159].

Fiel a la línea de la elección del pueblo, Yahveh no encuentra émulo en el despliegue de su omnipotencia al servicio de esa fidelidad, ni entre los dioses de Egipto, ni entre los dioses de nación alguna. Jetró lo proclamará tras oír en Rafidim de labios de su yerno el relato maravilloso de la liberación del pueblo : «Ahora conozco que Yahveh es más grande que todos los dioses » [160].

En labios de Moisés no son una fórmula vacía y de solas circunstancias las palabras con que en su canto celebra al Dios de la liberación, incomparable por su poder, bondad y fidelidad en sus relaciones con el pueblo escogido. Llenas de vida brotarán de nuevo de sus labios como apoyo a las ansias de entrar personalmente en la tierra prometida : « Porque ¿qué Dios hay en el cielo o en la tierra que pueda obrar según tus obras y según tus proezas ? » [161]. Y hablando al

---

[157] Ex. 14, 4. 18.
[158] Ex. 8, 6. 18 (LXX y Vg. 8, 10. 22) con 9, 14. 16. 29 ; 10, 2 ; 11, 7 ; 15, 11.
[159] Ex. 15, 11-13.
[160] Ex. 18, 11.
[161] Dt. 3, 24.

pueblo, le presentará como punto de partida para el triunfo
seguro sobre la nación cananea el hecho de que « Yahveh
tu Dios está en medio de tí como un Dios grande y terrible »[162], y le razonará su obligada correspondencia a las bondades divinas : « Porque Yahveh vuestro Dios es el Dios
de los dioses y el Señor de los señores, el Dios grande, poderoso y terrible »[163].

Dentro del cauce de la tradición nacional, el Dios incomparable de la fórmula mosaica, con toda su carga de poder, bondad y fidelidad hacia el pueblo de la descendencia
patriarcal, aparecerá en la oración de los salmos como objeto de admiración y como punto de mira en los agobios particulares o nacionales. El mosaico « ¿quién como tú ...? »
se irá repitiendo con más o menos variantes en la letra, pero
siempre con el mismo espíritu y como calco del modelo del
Exodo, en momentos decisivos de la vida de un pueblo. Es
el Dios excelso, que, llegado el momento de obrar en favor
de los suyos, opera al margen de los dioses que nada pueden
porque nada son[164]. Jeremías, en un momento crucial para
la existencia del pueblo, exclamará : « No hay como tú, oh
Yahveh ; grande eres tú y grande tu nombre en poderío »[165].
Es clamor de angustia ante las desviaciones antiteocráticas
del pueblo, voz que grita vuelta hacia el Dios incomparable
(único entre los dioses-nada) de la liberación y ante el cual
el pueblo había repetido el faraónico « no conozco a Yahveh ».

Esta blasfema respuesta de Faraón al primer mensaje
divino preparó la entrada a la intervención de Yahveh como
Dios de la promesa. A partir de la primera entrevista, la
opresión del pueblo se fué acentuando, y Yahveh hubo de
salir al paso a la queja de Moisés que constataba el hecho.
Ratificada su voluntad de intervenir con « mano fuerte »,
Yahveh revela los últimos toques de la liberación del pueblo
dentro del programa ya de antiguo manifestado a los patriarcas en sus líneas generales. Sus palabras brotan al contacto

---

[162] Dt. 7, 21.
[163] Dt. 10, 17.
[164] Véase Salm. 35, 10 ; 71, 19 ; 77, 14 ; 86, 8 ; 89, 9 ; 95, 3 ; 96,
4 ; 97, 9 ; 113, 4 ; 136, 2-3.
[165] Jer. 10, 6.

de la antigua promesa patriarcal y van alineando uno a uno sus principales elementos.

El pasaje se va escalonando con el significativo אֲנִי יְהוָֹה que asegura la fidelidad divina a los compromisos contraídos con los patriarcas, a pesar de la frialdad con que el pueblo recibirá de labios de Moisés esta ratificación [166]. Habla el Señor a Moisés : « Yo soy Yahveh. Yo me aparecí a Abraham, a Isaac y a Jacob בְּאֵל שַׁדַּי , pero con mi nombre Yahveh no me di a conocer a ellos. Y también establecí con ellos אֶת־בְּרִיתִי en modo de darles la tierra de Canaán, la tierra מְגֻרֵיהֶם , en la cual moraron como forasteros ».

La piedra angular de la liberación del pueblo está indefectiblemente asegurada y sobre ella se alzará el trazado de la nación con el entronque en los patriarcas. Sigue sin torcerse la línea de la fidelidad divina que, iniciada en el אֵל שַׁדַּי , pasa por el « Dios de Abraham ... », el « Dios de Israel » y el « Dios de los hebreos » hasta cristalizar en el « Yahveh vuestro Dios ». Continúa el mensaje : « Y yo he escuchado también el gemido de los hijos de Israel, a quienes esclavizan los egipcios, y he recordado אֶת־בְּרִיתִי . Por lo mismo dí a los hijos de Israel : Yo soy Yahveh y os sacaré de debajo de las cargas de los egipcios y os salvaré de su servidumbre y os redimiré con brazo extendido y con grandes juicios ».

Es el primer paso con que, en la dirección de la antigua promesa, el Yahveh del pueblo va llevando a término la obra iniciada por el אֵל שַׁדַּי de los patriarcas. Tras él, otros pasos más que coronarán la obra divina : « Y yo os tomaré לִי לְעָם y seré לָכֶם לֵאלֹהִים , y sabréis que yo soy Yahveh vuestro Dios, el que os sacó de debajo de las cargas de Egipto. Y os conduciré a la tierra que alcé mi mano en modo de darla a Abraham, a Isaac y a Jacob, y os la daré a vosotros como posesión (מוֹרָשָׁה). Yo Yahveh » [167].

En el horizonte de la liberación y de las jornadas del

---

[166] Ex. 6, 9.
[167] Ex. 6, 2-8.

desierto, un dibujarse lejano de la tierra prometida. En ella, Israel, la descendencia patriarcal, y, por parte de Yahveh, el acto de entrega de Canaán al hijo de la promesa. La tierra de peregrinación convertida en tierra de herencia y posesión estable. El *Yahveh* del pueblo ha consumado la obra del אֵל שַׁדַּי de los patriarcas, siempre en la línea de poder, fidelidad y bondad.

Capitulo cuarto

PRESENCIA DE YAHVEH

Hechos extraordinarios y de circunstancias, las teofanías patriarcales siguen después latentes en lo ordinario de la historia patriarcal de cada día. El circunstancial « Yahveh se apareció » de un momento solemne ha pasado, pero la luz de la teofanía quedó reflejada en el « Yo te seré escudo » (אָנֹכִי מָגֵן לָךְ), o en el « yo estoy contigo » (אֲנִי עִמָּךְ) del vivir cuotidiano. Dios, el אֵל שַׁדַּי, sigue presente, dinámico y eficaz, en la vida de los patriarcas. Es la presencia que mantiene en pie la promesa-pacto y hace de las teofanías realidad de cada momento. Arrancando de estas teofanías, hemos seguido sus huellas a través de lo que pudiera llamarse teofanía ordinaria. Por eso, no hemos entrado en los diversos problemas que en torno a la naturaleza, clases, fuentes ... de las teofanías se suscitan.

El camino queda trazado. Al seguir los pasos de la presencia de Dios en la historia de Israel, el método será el mismo. Es materia que tocan cuantas obras tratan de la religión de Israel y que más sistemáticamente proponen los tratados de Teología bíblica ; pero, en uno y otro caso, demasiado esquemáticamente y en general, bajo el enfoque exclusivo (o casi exclusivo) del alcance cultual que las diversas modalidades de la presencia de Yahveh encierran [1]. Este enfoque, recargado de recursos a hipótesis documentales,

---

[1] Véase por ej. B. Stade, *Biblische Theologie des A. Testaments.* Tübingen 1905, pág. 103-121 ; W. Eichrodt, *Theologie* ..., I, pág. 44-46 ; L. Koehler, *Theologie des A. Testaments,* Tübingen 1936, pág. 59-61 ; P. Heinisch, *Theologie des A. Testaments.* Bonn, 1940, pág. 49-52 ; F. Michaeli, *Dieu à l'immage de l'homme.* Neuchâtel 1950, pág. 57-62.

a lo extrabíblico ..., hace que se olvide fácilmente el aspecto teológico-social de esa presencia divina en medio de Israel, y que, por lo mismo, monografías sobre la materia le dejen intacto en gran parte [2].

Es el aspecto que directamente nos interesa ahora, y en él caben, con los « lugares » de culto, o « habitación » de Yahveh, otras modalidades de la presencia divina. Todo en la línea-eje : la línea proteccionista del pueblo de la promesa. El אֵל שַׁדַּי del אָנֹכִי מָגֵן לָךְ y del אֲנִי עִמָּךְ en la historia de los patriarcas, es el *Yahveh* que en la historia de Israel mantiene su presencia en la misma dirección.

a). — ABANDONO DE LA CIUDAD Y DEL TEMPLO.

De frente Jeremías, por una parte al avance devastador del enemigo que desde Dan se descuelga hacia el Sur hasta alcanzar con sus mordeduras de basilisco la ciudad de Jerusalem, y por otra al angustioso grito del pueblo en destierro, siente una llamada de dolor penetrante que le obliga a exclamar : « La tristeza sobre mí, mi corazón está enfermo. Es el eco del clamor de la hija de mi pueblo desde tierra lejana: ¿Acaso el Señor no está en Sión y en ella no está su Rey ? » [3].

---

[2] A. von GALL, *Altisraelitische Kultstätten.* (Beihefte z. Zeit. f. alt. Wiss. III 1898); G. WESTPHAL, *Jahwes Wohnstätten nach den Anschauungen der alten Hebräer.* (Beihefte z. Zeit. f. alt. Wiss. XV 1908) ; S. MONTAGNE, *Biblical Theophanies* (Zeit. f. Ass. u. verwand. Gebiete 1911, pág. 139-193 ; 1913, pág. 15-60 ; W. PHYTIAN-ADAMS, *The People and the presence.* Oxford 1942 ; H. BIETENHARD, *Die himmlische Welt im Urchristentum und Spätjudentum.* Tübingen 1951, pág. 53-100.

[3] Jer. 8, 18-19. El vers. 19, que directamente nos interesa, no ofrece dificultad alguna en su lectura ; no sucede lo mismo con el vers. 18 que, siempre en un ambiente de intenso dolor por parte de Jeremías, ofrece una serie de dificultades en cuanto a la lectura precisa de algunos de sus términos. La traducción adoptada supone no el *mabᵉlîgîtî* del TM., sino la frase probable *mibᵉlî gᵉhot*, a la que se hace formar sentido con el vers. 17. Otros cambios pueden verse en R. KITTEL, *Biblia* ... El dolor de Jeremías en este caso brota ante la

Es pregunta de intimidad : unos a otros se la dirigían extrañados los hijos de una nación, que con el prolcngarse del destierro se iban convenciendo del posible definitivo abandono de la ciudad santa y del pueblo escogido por parte de Yahveh. Con otra pregunta respondía Dios a la del pueblo judío, abriendo ante sus ojos el cuadro central de aquel horizonte de prevaricación, en que por su culpa se había encerrado : « ¿Por qué me han irritado con sus esculturas, con sus dioses extranjeros ? » [4].

Anota W. Rudolph : « Tal sería la respuesta de Yahveh a la precedente (¡solamente retórica!) pregunta ; pero una tal respuesta es imposible en la lamentación del profeta y haría superflua la pregunta de 22b : se trata de una adición según 7, 16-19 » [5]. Es posición de no pocos comentaristas modernos, brevemente reflejada en Kittel [6], pero que, producto de una lógica de ideas demasiado cerrada, intenta hacer pensar al profeta como nosotros pensaríamos. Los argumentos no son tales que necesariamente contrapesen la lectura del TM. y de los LXX.

Pero sin querer hablar, como de algo definitivo, de autenticidad o interpolación en esta respuesta de Yahveh, sí podemos decir que, en el primero de los casos, ella recogería, como motivo del abandono de la Jerusalem morada propia de Dios, el mismo que muy poco antes ha señalado el propio Jeremías en su discurso del templo. Decía en nombre del Señor : « Mejorad vuestro proceder y vuestras acciones, y habitaré con vosotros en este lugar. No os confiéis en palabras mentirosas con decir : Templo del Señor, Templo del Señor, Templo del Señor es éste » [7].

La recomendación es de importancia, y por eso vuelve inmediatamente a repetirse más concreta y detallada : « Porque si verdaderamente mejoráis vuestro proceder y

---

visión profética del destierro definitivo y total, más bien que ante la consideración del destierro parcial del 598-597.

[4] Jer. 8, 19.

[5] W. RUDOLPH, *Jeremia*. Tübingen 1947, pág. 54.

[6] R. KITTEL, *Biblia* ..., P. VOLZ, *Der Prophet Jeremia*. Leipzig 1928[2], pág. 109 ; J. W. ROTHSTEIN, *Jeremia*. Tübingen 1922[4]. F. NOETSCHER, *Das Buch Jeremias*. Bonn 1934, p. 93 ; A. PENNA, *Geremia*. Torino 1952, pág. 99.

[7] Jer. 7, 4.

vuestras acciones, si en realidad practicáis mutuamente la
justicia, si no oprimís al extranjero, al huérfano y a la viuda,
no derramáis en este lugar la sangre inocente y no seguís
para mal vuestro a otros dioses, yo habitaré con vosotros
en este lugar, en la tierra que de eternidad a eternidad dí
a vuestros padres » [8].

La respuesta divina, de cuyo puesto propio en el cap. 8
vimos dudarse antes, se afirma y detalla en los anteriores
versos del cap. 7. Entonces, a la pregunta del pueblo sobre
la ya no habitación en la ciudad santa por parte de Yahveh,
respondía el propio Yahveh objetando la prevaricación idolátrica de la nación ; ahora se condiciona la continuidad de
esa habitación en Jerusalem y en el templo al abandono de
la inmoralidad y de la idolatría por parte del pueblo. Sólo
así Yahveh continuará habitando en Jerusalem y en el templo con los suyos.

Es cierto que esta interpretación supone la lectura
וְשָׁכַנְתִּי אִתְּכֶם ... וְאֶשְׁכְּנָה seguida por la Vg., en vez de la
del TM. וְשִׁכַּנְתִּי אֶתְכֶם ... וַאֲשַׁכְּנָה ; pero el ambiente, en que se
encuentran dichas expresiones, que es de plena confianza
en el templo enclavado en Jerusalem (templo y ciudad tantas
veces ponderados como habitación del Señor) justifican
suficientemente el cambio a favor de la Vg.

Contra esa confianza en el templo, morada de Yahveh,
se alza el profeta por creerla excesiva e injustificada, desde
el momento en que no existe la mejora de costumbres antes
exigida. Por eso les arguye : « He aquí que vosotros confiáis
en palabras de mentira sin provecho. ¿Cómo ? ¿Robar, ma-
tar, adulterar, obrar con mentira, sacrificar a Baal, caminar
en pos de los dioses extranjeros que no conocéis, y (todavía)
venís y os presentáis delante de mí en esta casa, sobre la
cual ha sido invocado mi nombre, y decís : Ya estamos li-
bres para poder hacer todas estas abominaciones ?» El Dios
celoso se muestra en este punto intransigente : « ¿Es que

---

[8] Jer. 7, 5-7. No se ve razón suficiente para sin vacilación alguna
señalar como interpolación, bajo el influjo de Jer. 22, 3, el inciso « no
derramáis ... inocente », como lo hacen por ej. F. NOETSCHER, *Das
Buch* ..., pág. 83 ; W. RUDOLPH, *Jeremia* ..., pág. 44. Véase también
en R. KITTEL, *Biblia* ...

acaso se ha hecho a vuestros ojos una cueva de ladrones
esta casa, sobre la cual ha sido invocado mi nombre ? » ⁹.

S. Jerónimo en los dos pasajes que, según el TM., dicen
del templo : אֲשֶׁר נִקְרָא־שְׁמִי עָלָיו, ha traducido la partícula
עַל, no por *super*, sino por *in*. Es traducción que repetirá poco después en los versos 14 y 30, y más tarde
en un pasaje de Jeremías y en otro de Baruc, al encontrarse con nuestra expresión aplicada a Jerusalem o al templo ¹⁰.
Por el contrario nos encontraremos con *super* en vez de
in en la traducción de pasajes, donde la clásica expresión
viene aplicada al pueblo escogido ¹¹, a las naciones extran-
jeras ¹², a Jerusalem ¹³, al arca ¹⁴, al propio profeta Jeremías ¹⁵.

La facilidad de intercambio entre el *super* y el *in* como
traducciones de la partícula עַל en frases idénticamente
construídas, hace pensar con fundamento en una equivalencia entre ambas partículas latinas a favor de la primera de
ellas ¹⁶. En este caso, la fuerza del עַל-*in* junto al נִקְרָא־שְׁמִי
equivaldría a la del עַל-*in*, בְּ-*in*, o שָׁם-*ibi* junto a los fre-
cuentísimos שׂוּם שְׁמִי ... שָׁכֵן aplicados al pueblo escogido, a
Jerusalem, al templo y al altar ¹⁷. De este modo, la presencia directa de Dios en el templo, al parecer sólo como de
rechazo afirmada a través de la partícula *in*, queda expresamente testimoniada.

---

⁹ Jer. 7, 8-11.

¹⁰ Jer. 25, 29 ; Bar. 2, 26. En Jer. 34, 15 aparece el ʿal traducido
dos veces : una por *in* y otra por *super*.

¹¹ Dt. 28, 10 ; 2 Cr. 7, 14 ; Is. 63, 19 ; Jer. 14, 19.

¹² Am. 9, 12.

¹³ Dan. 9, 18-19.

¹⁴ 2 Sam. 6, 2.

¹⁵ Jer. 15, 16.

¹⁶ Véase FORCELLINI-CORRADINI-PERIN, *Lexicon totius latinitatis*,
II, pág. 757. Patavii 1940.

¹⁷ Véase por ej. Núm. 6, 27 ; Dt. 12, 5. 11 ; 16, 2 ; 26, 2 ; 1 Rey.
8, 29 ; 9, 3 ; 2 Rey. 21, 4. 7. R. CRIADO, que tiene preparado un estudio a fondo con el título *El nombre de Jahveh*, ha publicado hasta
ahora el capítulo *El valor dinámico del nombre divino en el A. T.* Gra-
nada 1950, y en *Estudios Eclesiásticos* 26 (1952) pág. 313-352 ; 435-452
parte de la *Introducción*.

8

Es lo que de hecho se deduce de la continuación del discurso de Jeremías. Prosigue el profeta hablando en nombre del Señor : « Id, pues, a mi morada en Silo, donde en los principios hice habitar mi nombre, y ved lo que la hice a causa de la maldad de mi pueblo Israel. Ahora bien, porque vosotros habéis hecho todas estas obras — palabra de Yahveh — y habiéndoos yo hablado sin cesar, vosotros no h béis oído, y habiéndoos llamado no habéis respondido, yo haré a esta casa sobre la que ha sido invocado mi nombre y en la que vosotros confiáis, y a la ciudad que dí a vosotros y a vuestros padres, lo que hice a Silo »[18].

La suerte parece definitivamente echada. Destruídos Jerusalem y el templo, Dios se alejará de un pueblo condenado al luto. Exhorta Jeremías : « Corta tu cabellera y arrójala, y alza el lamento en las alturas, porque Yahveh ha arrojado y desechado la generación de su ira. Pues hicieron los hijos de Judá lo que es malo en mis ojos — palabra de Yahveh —: han puesto sus ídolos en la casa, sobre la que ha sido invocado mi nombre, para contaminarla, y han edificado los altos de Tofet, que está en el valle de Ben Hinnon, para quemar en el fuego a sus hijos y a sus hijas, cosa que no les mandé ni me vino jamás a la mente[19].

Conclusión lógica de una tal prevaricación idolátrica por parte del pueblo y del consiguiente abandono de su habitación en Jerusalem y en el templo por parte de Yahveh, es la pregunta angustiosa del pueblo sin Dios y sin altar. Conclusión lógica también la respuesta de Dios, que justifica su alejamiento del pueblo, en medio del cual hasta entonces había habitado : « ¿Acaso el Señor no está en Sión y en ella no está su Rey ? ... ¿Por qué me han irritado con sus esculturas, con sus dioses extranjeros ? ».

En uno de los salmos, que es a la vez exposición de los divinos beneficios y de las prevaricaciones del pueblo a lo largo del primer período de la historia de Israel, escribe Asaf : « Con sus altos le provocaron a ira, y con sus esculturas excitaron su emulación. Oyó Dios y ardió en furor y violentamente desechó a Israel. Y abandonó la morada de Sión, el tabernáculo donde habitó entre los hombres »[20]. Y conse-

---

[18] Jer. 7, 12-14.
[19] Jer. 7, 29-31.
[20] Salm. 78, 58-60.

cuencia de este abandono por parte de Yahveh de su primera morada estable, de Silo, que con su tabernáculo de la reunión fué algún tiempo el centro de la vida religioso-política
del pueblo [21], se echa encima inevitablemente toda esa ava-
lancha de destrucción que el salmista describe en los siguientes versos.

Paralela a la destrucción de Silo, recordada por Jeremías
y llorada por Asaf, se nos presenta repetidas veces en el libro primero de los Macabeos la destrucción de Jerusalem
y la desolación como de desierto de su santuario. Su vista
conmueve el corazón de los jefes del pueblo, y hay grandes
llantos y vestiduras rasgadas y ceniza sobre las cabezas ... [22].
Jeremías habla también de destrucción y de desolación como
de desierto en torno a Jerusalem y su templo, como un día
lo había hecho Miqueas en tiempo de Ezequías en los siguientes términos : « Por esto, por causa vuestra, Sión será ara-
da como un campo y Jerusalem se convertirá en ruinas y
el monte del templo en altos de selva » [23]. Pero los tiempos
habían cambiado, y, lejos de mover a penitencia como las
de Miqueas, sus palabras sonaron a blasfemia en los oídos
de rey Joakin. A punto estuvo por ello de correr la misma
suerte que su contemporáneo el profeta Urías, asesinado por
sus predicciones contra Jerusalem y Palestina [24].

Esta violenta reacción por parte del elemento judío
ante el anuncio de la posible destrucción de Jerusalem y de
su templo, nos habla de lo esencial que para ellos eran ciu-
da l y santuario. Su desaparición implicaba el alejamiento
de Yahveh, y este alejamiento, este abandono por parte
de Dios llevaba consigo la desaparición del pueblo como tal.
Por eso Jesús Ben Sirac hará subir al cielo insistente y an-
gustiada su plegaria por el Israel oprimido : « Compadécete
del pueblo llamado con tu nombre, de Israel a quien consti-
tuíste primogénito. Compadécete de tu ciudad santa, de Jerusalem lugar de tu morada. Llena a Sión con tu majestad
y a tu santuario con tu gloria » [25].

---

[21] Jos. 18, 1. 8. 10 ; 19, 51 ; Juec. 21, 19 ; 1 Sam. 1, 3 ; 4, 3-4.
[22] 1 Mac. 1, 35-36. 40-41 ; 3, 41-51 ; 4, 38.
[23] Miq. 3, 12.
[24] Jer. 26, 6-24.
[25] Ecli. 36, 14-16.

Pero sonará al fin la hora de la desaparición del pueblo escogido como tal, y, ya casi en contacto con esta desaparición, Cristo hablará de ruina total en torno a Jerusalem y su templo [26]. Había llegado la nueva economía y con ella la hora, en que Garizim y Jerusalem ya no podrían disputarse la prerrogativa de ser el centro único del culto del Dios verdadero [27].

b). — Dios en medio de Israel.

Habla Moisés en su segundo discurso exhortando al amor de Yahveh, Dios único, mediante la observancia de la Ley que acaba de exponer al pueblo : « Temerás al Señor tu Dios y a El servirás, y en su nombre jurarás. No vayas en pos de otros dioses de entre los dioses de los pueblos que te rodean ; porque es Dios celoso el Señor tu Dios que *está en medio de tí* (בְּקִרְבֶּךָ), no sea que la cólera del Señor tu Dios se encienda contra tí y te extermine de sobre la haz de la tierra » [28].

Dos ideas resaltan de modo especial en la fórmula בְּקִרְבֶּךָ , enlace, en boca de Moisés, entre Dios y su pueblo. Primera, la de una presencia de Yahveh toda propia y peculiar, que es necesariamente la mano de Dios tendida al pueblo fuerte y protectora ; es la segunda, la correspondencia exigida al pueblo por esa presencia de Yahveh, Dios único que no admite junto a sí otros dioses. Supuesta la primera, sobre esta segunda idea se apoya nuestro texto : la presencia del Dios celoso en medio de su pueblo exige de éste pureza de culto, reverencia y respeto.

Relacionadas con este absoluto respeto debido a Yahveh, encontramos en vigor algunas leyes durante la vida nómada de Israel en el desierto. Dice una de ellas : « Y habló el Señor a Moisés diciéndole : Manda a los hijos de Israel que arrojen del campamento a todos los leprosos, a todos los enfermos de genorrea y a todos los contaminados por (contacto de) un cadáver. Desde el hombre a la mujer arrojadlos

---

[26] Mat. 24, 1-2 ; Marc. 13, 1-2 ; Luc. 19, 44 ; 21, 5-6.
[27] Juan 4, 21-24.
[28] Dt. 6, 13-15.

fuera del campamento, arrojadlos para que no contaminen los campamentos de aquéllos en medio de los cuales yo habito (אֲשֶׁר אֲנִי שֹׁכֵן בְּתוֹכָם) »[29].

Es una ley, que en el libro de los Números refleja el espíritu de lo expuesto con más amplitud en la legislación del Levítico sobre pureza legal e interna. Si en nuestro texto pudiera parecer que directamente se trata de medidas de higiene en favor de los campamentos israelitas y sólo indirectamente de medidas de respeto para con Dios ; por el contrario, en el Levítico ese respeto debido a Dios aparece en primera línea, motivando la abstención en la comida de animales impuros y la santidad de los sacerdotes y las víctimas. Leemos : «Por ser yo vuestro Dios, debéis santificaros y ser santos, porque santo soy yo ... Por ser yo el Señor que os hizo subir de la tierra de Egipto para ser vuestro Dios, vosotros debéis ser santos, porque santo soy yo ... No profanaréis mi santo nombre, sino que debo ser tratado como santo בְּתוֹךְ de los hijos de Israel. Yo el Señor, que os santifico, que os hice salir de la tierra de Egipto para ser vuestro Dios ... »[30].

Esa falta de respeto al Señor, que, santo en sí, como santo debe ser tratado en medio de los hijos de Israel, entre quienes habita, hará que Dios urja, con amenaza de baja en el pueblo escogido, la honestidad individual de costumbres en Israel[31], y avise, después de haber fijado normas para la pureza sexual : «Advertid a los hijos de Israel de sus impurezas, no sea que mueran por ellas al contaminar mi tabernáculo que está בְּתוֹכָם »[32].

Es pues la presencia del tabernáculo (y con el tabernáculo la presencia de Dios) en medio de las tiendas del pue-

---

[29] Núm. 5, 1-3.

[30] Lev. 11, 44-45 ; 22, 32-33. Breve y atinadamente anota A. VACCARI, *La Sacra Bibbia*. Firenze 1943, I, pág. 296 nota 2 : « Las leyes que siguen sobre la comida de los animales tenían por principal motivo la educación civil y moral del pueblo hebreo ; eran sin embargo al mismo tiempo del todo conformes con la higiene de los países orientales. Con la abstención de todo lo que era declarado inmundo o impuro, se imprimía en el ánimo de los hebreos el sentimiento de ser un pueblo consagrado al servicio de su Dios con toda pureza y santidad de vida ».

[31] Lev. 18, 24-30.

[32] Lev. 15, 31.

blo, la que aun a leyes de matiz higiénico da un alcance religioso. La reverencia hacia un Dios presente en medio de
Israel inspira aquella ley : « Y tendrás un lugar fuera del
campamento y saldrás allá fuera (para tus necesidades na-
turales), y entre tus utensilios tendrás una estaca, y cuando
vayas a sentarte fuera, cavarás con ella, te acuclillarás y
taparás después tus excrementos ; porque el Señor tu Dios
camina בְּקֶרֶב מַחֲנֶךָ para librarte y para dejar tus enemigos a tu arbitrio. Tu campamento, pues, ha de ser santo
para que El no vea en tí inconveniente alguno y se
retire de tí » [33].

Este alcance religioso, apuntado aun a través de normas
meramente de higiene, conquista relieve de primera línea
cuando entra de por medio el elemento moral. Entonces
la reverencia exigida por la presencia de Yahveh en medio
de su pueblo surge incontenible, como en aquella orden con
que se intenta independizar la justicia del dinero : « Y no
contaminéis la tierra donde estáis ; porque la sangre conta-
mina la tierra y no puede la tierra ser purificada de la sangre que fué derramada en ella sino con la sangre del que la
derramó. Y no profanéis la tierra en que habitais, אֲשֶׁר אֲנִי
שֹׁכֵן בְּתוֹכָם , porque yo soy el Señor שֹׁכֵן בְּתוֹךְ de los hijos
de Israel » [34].

Ultimo grado en la profanación de la tierra lo consti-
tuiría el abandono del monoteísmo [35]. Apuntando a él, Dios
hablará desde antiguo del abandono en que un día dejará
al pueblo idólatra. Entonces clamará Israel pesando a conciencia el alcance del divino בְּקִרְבְּךָ; « ¿No será porque mi Dios no está בְּקִרְבִּי » ? La respuesta divina es
categórica : « Pero yo aquel día ocultaré en absoluto mi
rostro por todo el mal que ha de hacer, porque se volvió
a dioses extraños » [36].

Es el בְּקִרְבְּךָ divino, en su doble dirección de correspondencia por parte del pueblo y de tutela por parte de
Yahveh. Enfocado unilateralmente, los amotinados del de-

---

[33] Dt. 23, 13-15.
[34] Núm. 35, 33-34.
[35] Véase por ej. Jer. 2, 7-13 ; 3, 1-9 ...
[36] Dt. 31, 17-18.

sierto, al mando de Coré, Datán y Abirón, apoyaron sobre él su movimiento revolucionario. Se encararon con Moisés y Aarón : « Toda la comunidad, todos ellos son santos y Yahveh בְּתוֹכָם . Pues ¿por qué os levantáis sobre la congregación de Yahveh »?[37]. El castigo divino puso en claro la interpretación partidista de su presencia en medio del pueblo.

A pesar de esta presencia de Yahveh, Israel comenzó a sentir muy pronto las inevitables incomodidades de unas jornadas de desierto, que arrancaron frecuentemente de sus labios amargas quejas contra Moisés y contra Dios mismo. En una de estas ocasiones, el recuerdo de la comida de Egipto les hizo sentir hastío del maná y añorar la carne que en el destierro comían. Moisés desorientado recibió de Dios normas para el caso, y entre ellas las siguientes : « Y dirás al pueblo : Santificáos para mañana y comeréis carne, porque vuestros lamentos (están) en los oídos del Señor al decir : ¿Quién nos diese a comer carne ? ¡Qué bien estábamos en Egipto ! Por eso el Señor os dará carne y comeréis. No un día comeréis, ni dos, ni cinco, ni diez, ni veinte, sino hasta un mes, hasta que salga de vuestras narices y os cause nausea, porque habéis rechazado al Señor que está בְּקִרְבְּכֶם , y habéis llorado delante de El diciendo : ¿Por qué salimos de Egipto ? »[38].

Mitad castigo, mitad condescendencia, la promesa divina apunta ya en nuestro בְּקִרְבְּכֶם , lazo de unión entre Yahveh y el pueblo, un cierto matiz de asistencia eficaz en favor de Israel. Resumiendo las jornadas históricas del Sinaí a Cadés, Moisés recordará al pueblo su derrota en Seír. Viva queda en este recuerdo la eficacia encerrada en el divino בְּקִרְבְּכֶם . La tardía reacción del pueblo por penetrar en Palestina, después de su intento sedicioso por volver a Egipto, no pudo ser cortada por Moisés. La derrota de Israel fué catastrófica, y su Caudillo se la había anunciado en nombre del Señor : « No subáis, no combatáis, porque yo no estoy בְּקִרְבְּכֶם , de modo que no seáis derrotados delante de vuestros enemigos »[39].

---

[37] Núm. 16, 3.
[38] Núm. 11, 18-20.
[39] Núm. 14, 41 ; Dt. 1, 42.

Es ausencia del divino בְּקִרְבְּכֶם , que, traducida
en derrota, revela en su presencia el matiz positivo de ayuda
y de victoria. Ya antes, junto al campamento de Refidim,
la carencia de agua había provocado en el pueblo otra sedición. No se creían protegidos por Yahveh y atribuían el hecho a la ausencia del בְּקִרְבְּכֶם divino. Es interpretación
bíblica. Tras arrancar Moisés el agua de la roca, se explica el nombre de Massá y Meribá dado a aquel paraje:
« Porque habían tentado a Yahveh diciendo: ¿Está Yahveh בְּקִרְבֵּנוּ , o no ? » [40].

Matiz proteccionista de una fórmula (continuadora del
עִמְּךָ patriarcal) que apunta decidido en los momentos difíciles de la sedición provocada por los exploradores de la
tierra de Canaán. En vano Moisés y Aarón, en su intento
de calmar el pueblo, concluyen: « Sólo no os reveléis contra el Señor y no tengáis miedo de la gente de esta tierra,
porque son pan para nosotros, su protección se ha apartado
de ellos y el Señor אִתָּנוּ , no los temáis ». La intervención
directa de Dios se hará necesaria, si ha de cortarse la sedición, y Dios interviene hablando a Moisés: « ¿Hasta cuándo me ultrajará este pueblo? ¿ Hasta cuándo no ha de
creerme con todos los milagros que he obrado בְּקִרְבּוֹ ? Le
heriré de peste y le destruiré, y a tí te pondré a la cabeza
de un pueblo grande y más fuerte que ellos ».

La decisión era grave y parecía torcer los planes divinos. Moisés así lo vió y por lo mismo arguye a Yahveh:
« Pero lo oirán los egipcios, de en medio de los cuales con tu
poder has sacado al pueblo. Y también todos los habitantes
de esta tierra han oído, Señor, que estás בְּקֶרֶב de este
pueblo, que te dejas ver cara a cara y que tu nube está
sobre ellos y que tú de día marchas delante de ellos en columna de nube y de noche en columna de fuego. Si, pues, destruyes este pueblo como a un solo hombre, dirán las gentes
que han oído tu nombre: Por no haber podido Yahveh
conducir este pueblo a la tierra, que les había jurado, les ha
destruído en el desierto » [41].

---

[40] Ex. 17, 7.
[41] Núm. 14, 9-16.

El ambiente de favor en que se mueve Yahveh, presente en medio del pueblo, es indudable : en torno al בְּקֶרֶב
y a su paralelo אִתָּנוּ se agrupan las divinas teofanías,
la columna de nube que guía y da sombra durante el día,
la columna de fuego que orienta y alumbra durante la noche. Es ambiente de favor, en el que la vista ·ie Yahveh
cara a cara pone una nota de intimidad, y la presencia de
la columna-nube o fuego habla de defensa y protección ante los elementos hostiles de la naturaleza inanimada.

Pero dejando atrás los límites de lo inanimado, la presencia de Dios en medio de su pueblo penetrará decidida
con aire de defensa, de protección y de victoria en el campo
más complejo del hombre y de las naciones. Moisés es explícito en este punto al hablar a Israel sobre los pueblos a
quienes ha de sustituír en Palestina. Dice : « No te atemori-
ces ante ellos, porque el Señor tu Dios, que está בְּקִרְבֶּךָ ,
es Dios grande y terrible. El Señor tu Dios arrojará poco
a poco de delante de tí a estas naciones, las pondrá a merced tuya y las turbará con gran tuɪbación hasta que sean
exterminadas ». Y después de insistir en este exterminio
de las naciones, acaba Dios exigiendo a Israel la destrucción total de los ídolos de esas naciones, incluídos el oro
y la plata de que están forrados, « porque es una abominación para el Señor tu Dios »[42]. De este modo, junto al elemento favor hace surgir el elemento respeto : el primero está
directamente afirmado en nuestro בְּקִרְבֶּךָ , al segundo
se le supone necesariamente implícito en él.

Midiendo el alcance a vida o muerte de esta dinámica
presencia divina, hacia ella exclusivamente apuntará Moisés
en su papel de intermediario. Pronto de nuevo Yahveh a
renovar la alianza con el pueblo, después de la primera solemne prevaricación popular, hacia El sube la oración del
Caudillo : « Señor, si he hallado gracia en tus ojos, quiera
el Señor andar בְּקִרְבֵּנוּ . Cierto que es éste un pueblo
duro de cerviz, pero perdona nuestra culpa y nuestro pecado,
y haznos propiedad tuya »[43].

La respuesta de Yahveh constituye la exegesis del
בְּקִרְבֵּנוּ invocado por Moisés. Hay en él promesa de pro-

---

[42] Dt. 7, 21-25.
[43] Ex. 34, 9.

tección y de victoria, y exigencia de monoteísmo. Es el
doble elemento de otras ocasiones y sobre el que Josué insiste más tarde, al dirigirse al pueblo. Habla, dándole las
últimas disposiciones para el paso del Jordán : « Santificáos
porque mañana hará el Señor maravillas בְּקִרְבְּכֶם . Acercáos
acá y oiréis las palabras del Señor vuestro Dios ... En esto
conoceréis que hay un Dios vivo בְּקִרְבְּכֶם que decidicamente arrojará de delante de vosotros al Cananeo, al Heteo, al Heveo, al Fereceo, al Gergueseo, al Amorreo y al
Jebuseo » [44].

La idea religiosa traducida en una purificación, símbolo
de la pureza interior, con que se presenta al primer בְּקִרְבְּכֶם
en labios de Josué, deja después paso a la idea de favor
y protección del Dios בְּקִרְבְּכֶם , del Dios cuya presencia
en medio de Israel lleva consigo la victoria sobre pueblos
numerosos y aguerridos. La idea adquiere una tonalidad
más vigorosa al contacto del « Dios vivo » (אֵל חַי) con toda
la carga de actividad omnipotente que tal título divino
supone.

De cara a las maravillas, con que surge el nuevo pueblo
de la restauración nacional-mesiánica, el profeta Isaías
cerrará el himno de acción de gracias a Yahveh salvador :
« Entonad salmos a Yahveh que ha hecho cosas soberbias,
sean conocidas en toda la tierra. Salta de gozo y lanza gritos
de júbilo, moradora de Sión, porque grande es בְּקִרְבֵּךְ el
Santo de Israel » [45].

También el profeta Oseas, apuntando a la restauración
de un pueblo, entonces bajo la amenaza y el castigo, hace
hablar a Yahveh : « No llevaré a efecto el ardor de mi cólera, no volveré a aniquilar a Efraim. Cierto soy Dios y no
hombre, el Santo בְּקִרְבְּךָ » [46]. De esta presencia de Yahveh, incontenible en su dinamismo, arranca Jeremías, in-

---

[44] Jos. 3, 5. 9-10.

[45] Is. 12, 5-6. Suele hoy considerarse este capítulo-salmo como
posterior a Isaías. Directamente es una cuestión que aquí no interesa ; pero ha de confesarse que las razones aducidas no son tales que
decidan la cuestión. En 5b el nuevo manuscrito del libro de Isaías
lee *môda'ôt* en vez del *môda'at* del TM.

[46] Os. 11, 9.

termediario del pueblo ante Dios. Es grito de angustia ante
la pertinaz sequía, que intenta ver deshecha al contacto del
בְּקִרְבֵּנוּ divino. ¿ «Por qué vas a ser como hombre cons-
ternado, como héroe que no puede salvar? Pero tú,
Yahveh, בְּקִרְבֵּנוּ y tu nombre ha sido invocado sobre
nosotros, no nos desampares » [47].

Es confesión agitada de la omnipotencia divina. Dulce
y tranquila, como de quien descansa al amparo del Dios de
los ejércitos, brota de los labios del salmista. Celebrando quizás la liberación de Jerusalem tras la derrota del Senaquerib,
los hijos de Coré hacen volver los ojos del pueblo hacia el
Yahveh S^eba'ôt y hacia la clave de la victoria : « Dios está
בְּקִרְבָּהּ , no vacilará; Dios la auxiliará al apuntar la
aurora » [48].

Anotando brevemente este pasaje, escribe Teodoreto :
« Esto lo prometió también el Señor en sus Santos Evangelios : *Ecce ego vobiscum sum usque ad consummationem sae-
culi*, y : *Donde dos o tres están congregados en mi nombre, allí
estoy yo en medio de ellos* » [49]. De este modo, a través del evangélico ἐγὼ μεθ' ὑμῶν-εἰμι ἐν μέσῳ αὐτῶν, se establece contacto directo entre el בְּקִרְבְּךָ del pueblo y el עִמְּךָ patriarcal.
Corona de este עִמְּךָ el apostólico μεθ' ὑμῶν, y en el final de
la línea de nuestro בְּקִרְבְּךָ el evangélico ἐν μέσῳ αὐτῶν.

No nos interesa ahora el alcance del primero. Sobre el
segundo, presupuesto que no debe entenderse el ἐν μέσῳ αὐτῶν « quasi nihil aliud sit, quam in illis per gratiam habita-
re », concluye Maldonado : « Alii interpretantur ... pro illis
petere, pro illis orare. Ego non solum auxilium, sed etiam
auctoritatem significari arbitror, quasi dicat : Ego in medio
eorum, tamquam supremus iudex, sedeo, eorum sententiam
confirmans, quam in meo nomine pronunciant». Es el divino
בְּקִרְבְּךָ del Dios del A. Testamento, que, en la línea proteccionista, Cristo completa y hace suyo. El Señor lo había

---

[47] Jer. 14, 9. Véase en Ag. 2, 5 el alcance proteccionista del « espíritu de Yahveh presente (el espíritu) *en medio de vosotros* ».

[48] Salm. 46, 6. El salmo se refiere directamente a Jerusalem,
indirectamente a sus habitantes.

[49] MG. 80, 1204. Véase Mt. 28, 20 y 18, 20.

profetizado por Ezequiel, al señalar el surgir del nuevo Israel en ambiente de paz imperturbable : « Y mi siervo David príncipe (será) בְּתוֹכָם » [50]

c). — Delante, en la nube y en el arca.

En un resumen histórico de lo acaecido desde la salida
de Horeb, dice Moisés al pueblo, a propósito de su sedición
por las noticias traídas de Canaán : « Y entonces os dije :
No atemorizaros y no tener miedo de ellos. El Señor vuestro
Dios camina delante de vosotros (הַהֹלֵךְ לִפְנֵיכֶם). El gue-
rreará en favor vuestro, según aquello que en vuestros
ojos ha hecho con vosotros en Egipto, y en el desierto, donde has visto que el Señor tu Dios te ha llevado, como un
hombre lleva a su hijo, por todo el camino que habéis andado hasta llegar a este lugar. Pero, aun con esto, vosotros no
confiásteis en el Señor vuestro Dios הַהֹלֵךְ לִפְנֵיכֶם para
buscaros un lugar donde acampáseis, de noche en fuego para mostraros el camino que debíais andar, y de día en
nube » [51].

Es una nueva faceta del Dios בְּקִרְבְּכֶם. En ella
se pone de relieve el doble elemento de un Dios-Padre, guía
y protector decidido del pueblo de la promesa. A esta presencia de Dios en medio del pueblo, simbólica y eficaz a la
vez, se alude ya desde la salida de Egipto. Se dice entonces :
« Ahora bien, cuando Faraón mandó fuera al pueblo, no le
condujo Dios camino de la tierra de los filisteos, aunque estaba próxima ; porque se decía Dios : No sea que el pueblo se
arrepienta al ver la guerra y se vuelva a Egipto. Por eso, Dios
hizo rodear al pueblo camino del desierto hacia el Mar Rojo.
Y subieron en orden los hijos de Israel de la tierra de Egipto ... Y partidos de Sucot acamparon en Etam, en el confín
del desierto. Y Yahveh הַהֹלֵךְ לִפְנֵיהֶם, de día en columna
de nube para guiarles por el camino, y de noche
en columna de fuego para alumbrarles, de modo que cami-
nasen día y noche. La columna de nube durante el día y la

---

[50] J. Maldonado, *In quattuor ...*, II, pág. 42. Véase Ez. 34, 24.
[51] Dt. 1, 29-32.

columna de fuego durante la noche no se retiraba de delante del pueblo » [52].

Es el primer elemento, el del Dios-guía, al que muy pronto veremos unirse el segundo, el del Dios-guerrero protector. Ante la proximidad del ejército egipcio en avance contra Israel, « se movió el Angel del Señor הַהֹלֵךְ לִפְנֵי de las huestes de Israel y se colocó detrás de ellos ; y se movió la columna de nube de delante de ellos y se puso detrás de ellos y vino (así) entre el campamento de Egipto y el campamento de Israel. Se hizo nube y oscuridad y pasó la noche sin que aquéllos se acercasen a éstos en toda la noche ».

Así iniciaba el Señor su obra salvadora, que había de coronarse con un intenso sabor guerrero. En persecución del pueblo israelita, que se le iba de las manos, el ejército egipcio se lanza al cauce abierto en medio del Mar Rojo ; « y sobre la vigilia de la mañana, el Señor, en columna de fuego y de nube, lanzó una mirada sobre el ejército egipcio y lo conturbó ; y frenó las ruedas de sus carros haciéndolas avanzar pesadamente. Entonces dijeron los egipcios : Huyamos de delante de Israel porque el Señor combate a favor de ellos contra los egipcios ». Resolución tardía : la catástrofe se produjo, y « así aquel día salvó a Israel de manos de los egipcios el Señor », de quien inspirado cantará Moisés : « En tu bondad acaudillaste al pueblo por tí redimido, y en tu poder le guiaste hasta tu santa morada » [53].

Como ha podido verse, el Dios בְּקִרְבְּכֶם del anterior apartado y el actual Dios הֹלֵךְ לִפְנֵיכֶם se encuentran en el campo de la protección y ayuda del pueblo. Es un contacto, que, aun materialmente, salta a la vista en un pasaje del libro de los Números ya antes citado. Ante la sedición del pueblo por las noticias de los exploradores, Dios habla de un pueblo a quien quiere destruír, porque no acaba de fiarse de El, a pesar de los milagros obrados בְּקִרְבּוֹ , y Moisés arguye por su parte : « Pero lo oirán los egipcios, de en medio de los cuales con tu poder has sacado al pueblo.

---

[52] Ex. 13, 17-18. 20-22.
[53] Ex. 14, 19-20. 24-25. 30 ; 15,13. Para la lectura del TM. *we-hahošek* ... en 14, 20 véase la traducción de los LXX.

Y también todos los habitantes de esta tierra han oído, Señor, que estás בְּקֶרֶב de este pueblo, que te dejas ver cara
a cara y que tu nube está sobre ellos y que tú de día הֹלֵךְ
לִפְנֵיהֶם en columna de nube y de noche en columna de
fuego » [54].

Al amparo de esta nube, símbolo de la eficaz presencia
de Dios en medio del pueblo, realizó Israel sus difíciles jornadas de desierto. He aquí cómo se nos describe su salida
del Sinaí : « Partieron, pues, del monte del Señor (haciendo)
camino de tres días, y el arca de la alianza del Señor נֹסֵעַ
לִפְנֵיהֶם por tres días para buscarles lugar de descanso.
Y la nube del Señor sobre ellos durante el día en el momento
que partían del campo ».

Junto a la nube protectora surge en nuestro texto el
arca santa, trono de la gloria de Dios. Su recuerdo arranca
de labios de Moisés aquel cántico que celebra el poder de
Dios presente en un pueblo, a cuya historia se ha ligado in-
disolublemente. Concluye el capítulo: « Y sucedía que, cuando se movía el arca, decía Moisés : Levántate, Señor, y tus
enemigos sean dispersados y huyan de delante de tí los que
te odian. Y cuando se paraba, decía : Descansa, Señor,
entre las miriadas de familias de Israel » [55]. El canto en sus
dos partes entró en la tradición, y el salmista, aunque quizás bajo la forma no de una súplica sino más bien de una
afirmación segura y confiada, nos ha transmitido la letra
de su primera parte y el espíritu de ambas : « Se levanta el
Señor, sus enemigos son dispersados y huyen de delante de
El los que le odian. Como se esfuma el humo, ellos se esfuman,
como ante el fuego la cera se disuelve, así ante Dios perecen
los malvados. Pero los justos se alegran, delante de Dios se
regocijan y con alegría se deleitan » [56].

---

[54] Núm. 14, 11. 13-14.

[55] Núm. 10, 33-36. En el vers. 36, en vez del *šûbah* del TM., se ha
leído *šebah*.

[56] Salm. 68, 2-4. La traducción es la adoptada en el *Liber Psalmo-*
rum. Eco de este canto tradicional lo encontramos en aquél : « Levántate, Señor, para el lugar de tu descanso, tú y el arca de tu majestad ... » del salm. 132, 8-10, con que en 2 Cr. 6, 41-42 Salomón cierra
también su oración sacerdotal.

El salmista no nombra el arca, pero en su espíritu está
presente, y ella sin duda alguna es la que inspira sus versos.
Asiento de la presencia de Dios en medio de su pueblo, se
nos presentará también como el Dios הֹלֵךְ לִפְנֵיהֶם de
la nube, estableciendo contacto con el Dios בְּקִרְבְּכֶם en
el campo de la protección y ayuda del pueblo. Habla Moisés
al pueblo ya casi en despedida. Sus palabras se sobreponen
al dejo triste de quien se siente excluído de la tierra prometida, para dejar paso a una tensa exhortación a confiar
sin doblegarse : « Yahveh, tu Dios, él mismo הֹעֹבֵר לְפָנֶיךָ;
él destruirá a tus enemigos... No temáis..., porque Yahveh,
tu Dios, él mismo הַהֹלֵךְ עִמָּךְ ; no te dejará, ni te abandonará » [57].

Es el tono tenso, con que a continuación se dirije a
Josué su sucesor en el mando. Seguro de que ha de introducir al pueblo en la tierra prometida a los patriarcas, nada
tiene por qué temer, ya que « Yahveh, él mismo הַהֹלֵךְ,
לְפָנֶיךָ, él mismo estará עִמָּךְ ; no te dejará, ni te abandonará » [58]. Muerto Moisés, de labios del Señor recogerá
Josué casi idénticas palabras de aliento y de promesa [59].
Apoyado en ellas, da, a la llegada al Jordán, las últimas órdenes : « Cuando veáis el arca de la alianza del Señor Dios
vuestro, y a los sacerdotes y levitas que la llevan, vosotros
también ponéos en movimiento desde vuestros puestos y
caminad detrás de ella, pero que haya entre vosotros y ella
la distancia de dos mil codos ; no os acerquéis a ella, de modo
que conozcáis el camino que debéis andar, porque antes de
ahora no habéis pasado por este camino ».

Dios, presente a su pueblo en el arca, ha iniciado en
tono suave su papel de guía : pero las aguas del Jordán
harán que apunte muy pronto la tonalidad del brazo fuerte.
Prosigue la narración : « Josué dijo al pueblo : Santificáos,
porque mañana hará el Señor maravillas בְּקִרְבְּכֶם . Y a
los sacerdotes dijo : Cargad el arca de la alianza y pa-

---

[57] Dt. 31, 3 (leyendo con los LXX *ha'ober* en vez de *'ober* del TM.)
y 6.
[58] Dt. 31, 7-8.
[59] Jos. 1, 1-9.

sad delante del pueblo ». Obedecieron sacerdotes y pueblo, y
ya en la misma orilla del Jordán sonaron solemnes las últimas palabras de Josué : « En esto conoceréis que hay un
Dios vivo בְּקִרְבְּכֶם , que decidicamente arrojará de delante
de vosotros al Cananeo, al Hetoo ... : he aquí que el arca
del Señor de toda la tierra עֹבֵר לִפְנֵיכֶם por el Jordán.
Ahora bien, tomáos doce hombres de las tribus de Israel
uno por cada tribu, y cuando los pies de los sacerdotes que llevan el arca de Dios, Señor de toda la tierra,
estarán sobre las aguas del Jordán, las aguas del Jordán
se dividirán ; las aguas que descienden de lo alto se pararán
en un montón ». El éxito coronó las esperanzas, y el Dios
hizo acto de presencia en el arca de la alianza llevada por
los sacerdotes לִפְנֵי הָעָם » [60].

La permanencia del arca-guía que, después de haber
caminado por tanto tiempo junto a la nube-guía, queda sola
como escabel del Señor presente en medio de su pueblo,
nos habla, como de algo ya pasado, de la economía de la
nube del Señor. Hemos asistido al desarrollo de esta economía, cuya marcha quedó determinada en aquel pasaje, con
que se cierra la erección del tabernáculo : « Entonces la
nube cubrió el pabellón de la reunión y la gloria del Señor
llenó el tabernáculo. Y no podía Moisés entrar en el pabellón de la reunión, porque sobre él posaba la nube y la gloria del Señor llenaba el tabernáculo. Y cuando la nube se
alzaba de sobre el tabernáculo, se movían los hijos de Israel
en todas sus marchas. Y si la nube no se alzaba, tampoco
ellos se movían hasta el día en que ella se alzaba ; ya que
la nube del Señor estaba sobre el tabernáculo durante el día,
mas durante la noche había en ella fuego a los ojos de toda
la casa de Israel en todas sus jornadas » [61].

El libro de los Números nos recordará este hecho maravilloso, por medio del cual Dios manifestaba su toma de
posesión del tabernáculo, como de morada propia en medio
de su pueblo. La narración es más detallada y pone más de

---

[60] Jos. 3, 3-6. 9-14. Véanse repetidas las mismas ideas en el cap.
4, cuando se da la orden de transmitir a los venideros este hecho
maravilloso.

[61] Ex. 40, 34-38.

relieve el papel de guía seguro y necesario de aquella nube
prodigiosa, símbolo de protección divina en aquellos difíciles años de desierto [62].

Complemento de este papel de guía, es aquel otro de
un matiz más íntimo, que, rotas las primeras tablas de piedra, el libro del Exodo nos describe en los siguientes términos : « Y sucedía que, entrando Moisés en el pabellón (de
la reunión), descendía la columna de la nube, se paraba a
la puerta del pabellón y hablaba con Moisés. Y viendo
todo el pueblo que la columna de la nube estaba a la puerta del pabellón, se alzaba todo el pueblo y cada uno se pos-
traba a la puerta de su tienda. Y hablaba el Señor a Moisés
cara a cara, como uno habla a su compañero » [63].

La presencia de Dios en la nube intensifica su acción :
guía seguro, pero silencioso, para todo el pueblo, el Dios de
la nube entra en intimidades con el Caudillo del pueblo hablando con él. María y Aarón, aludiendo un día a este trato
de favor, dirán con amargura : « ¿Acaso sólo con Moisés
habló el Señor ? ¿No ha hablado también con nosotros ? ».
Oyó el Señor la queja y ordenando a los tres que se llegasen
al pabellón de la reunión, « descendió en la columna de la
nube y se paró a la puerta del pabellón y llamó a Aarón y
a María. Se adelantaron los dos y dijo (el Señor) : Oíd mi palabra : Si entre vosotros uno llegase a ser profeta, yo me re-
velaría a él en visión, le hablaría en sueño. No así mi siervo
Moisés, que en toda mi casa es el hombre fiel. Yo le hablo
a él cara a cara, claramente y no por enigmas, y él contempla la figura del Señor. Pues ¿ cómo no habéis temido el hablar contra mi siervo, contra Moisés ? » [64].

El recuerdo de esta intimidad de trato de Dios con Moisés se conservará vivo en tiempo de Josué, y estará presente
en el pensamiento de S. Pablo cuando por encima de Moisés
ponga a Cristo [65]. Al habla ordinaria con el Caudillo del
pueblo, el Dios de la nube se le comunicará también en aquel
momento de duda, cuando, reunidos por orden suya en torno
al pabellón setenta ancianos del pueblo, « bajó el Señor en

---

[62] Núm. 9, 15-23.
[63] Ex. 33, 9.
[64] Núm. 12, 2. 5-8.
[65] Dt. 34, 9-12 ; Heb. 3, 1-6.

la nube y le habló ; y habiendo tomado del espíritu que sobre él (estaba), lo puso sobre los setenta ancianos. Y sucedió que, apenas se posó sobre ellos el espíritu, profetizaron ; pero no lo volvieron a hacer » [66].

El salmista, eco de la tradición de este comunicarse de Dios con Moisés, dice en uno de los salmos que celebra al Dios santo, Rey de Sión y de todos los pueblos : « Moisés y Aarón (están) entre sus sacerdotes y Samuel entre los que invocan su nombre. Cuando invocaban al Señor, El les respondía. En la columna de nube les hablaba : guardaban sus mandatos y el estatuto que les había dado » [67]. La alusión es doble : se tiene en vista, por una parte, el poder de la intercesión sacerdotal en favor del pueblo por medio de Moisés, Aarón y Samuel ; por otra, la comunicación del Señor con el pueblo por medio de Moisés, a quien hablaba el Dios de la nube [68].

No es el único testimonio de la tradición judía sobre el Dios de la nube. Pueblo y salmista le tenían también presente cuando, en aquel otro salmo-himno de acción de gracias, cantaban recordando los beneficios del desierto : « Oh Dios, cuando salías לִפְנֵי עַמֶּךָ, cuando caminabas por el desierto, la tierra se conmovió y los cielos destilaron delante de Dios, tembló el Sinaí delante de Dios, del Dios de Israel. Lluvia abundante derramaste, oh Dios, sobre tu herencia, y desfallecida tú la reanimaste. Tu grey tomó asiento en ella ; en tu bondad, oh Dios, la habías preparado para el indigente » [69].

No es arbitrario ver en nuestro texto al Dios de la nube, guía y protector a lo largo del desierto, de que abiertamente nos hablan otros dos salmos que recogen la historia

---

[66] Núm. 11, 25.
[67] Salm. 99, 6-7.
[68] Sobre la intercesión sacerdotal ante Dios por parte de Moisés, véase Ex. 17, 10-13 ; 32, 30-35 ; 33, 11 ; Núm. 14, 13. 25 ; por parte de Aarón, Núm. 17, 11-13 ; por parte de Samuel, 1 Sam. 7, 8-9 ; 12, 16-25 ; Ecli. 46, 16.
[69] Salm. 68, 8-11. El TM. le atribuye a David, pero el argumento interno que, por otra parte, en modo alguno nos convence se trate de un salmo macabaico, ofrece algunas dificultades que algunos con probabilidad resuelven afirmando se trata de una composición davídica con adaptaciones posteriores de autores inspirados.

israelítica. He aquí cómo señalan este beneficio divino : « Y durante el día los guió en la nube y por toda la noche en la luz del fuego ... Para cubrir extendió la nube y por la noche para alumbrar el fuego » [70].

Bajo esta doble faceta de guía y protector frente a la naturaleza inanimada, Esdrás verá, y celebrará ante el pueblo, al Dios de la nube del desierto : « Tú durante el día les condujiste en columna de nube y en columna de fuego por la noche para alumbrarlos el camino por donde debían caminar ... Y Tú en tu gran misericordia no les abandonaste en el desierto ; la columna de nube no se apartó de ellos durante el día para guiarlos en el camino, ni la columna de fuego durante la noche para alumbrarlos el camino por donde debían caminar » [71]. Es la misma doble faceta de favor divino recogida en el libro de la Sabiduría : « Y les fué defensa del día y luz de astros por la noche ... A los tuyos, por el contrario, proporcionaste llameante columna, guía del desconocido camino, y sol inofensivo del glorioso peregrinaje » [72].

S. Pablo en su primera carta a los corintios tendrá un recuerdo, profundo en su sencillez, para esta nube bajo la cual caminaron los israelitas [73] ; y el profeta Isaías, al trazar con líneas mesiánicas la gloria de la nueva Sión, escribirá incorporando el Dios de la nube a la nueva economía : « Y creará el Señor sobre toda habitación del monte Sión y sobre sus asambleas una nube de día y humo y resplandor de fuego llameante de noche, porque sobre todo la gloria del Señor será protección y abrigo ; (servirá) de sombra contra el calor durante el día, y de amparo y refugio contra la tormenta y la lluvia » [74].

En las últimas palabras del verso 5 y en las primeras del 8 no es fácil fijar definitivamente el texto original. Sin embargo el contexto inmediato anterior y posterior de los versos citados, de clarísima lectura, y el paralelismo con pasajes del Exodo y del libro de los Números, revelan claramente el sentido del pasaje isaiano : providente y protector,

---

[70] Salm. 78, 14 ; 105, 39.
[71] Neh. 9, 12. 19.
[72] Sab. 10, 17 ; 18, 3.
[73] 1 Cor. 10, 1.
[74] Is. 4, 5-6.

el Dios de la nube del desierto continuará presente en medio de la nueva Sión gloriosamente restaurada.

Atinadamente cierra Sánchez su comentario al citado pasaje de Isaías : « In illo ergo tabernaculo Deus populum iam iterum ab exilio vocatum obumbrabit ; defendet a turbine, a pluvia et ab aliis coeli terraeque periculis : ibi secum propitius abscondet, quos a se prius alienatos in varias regiones antea disperserat. Quibus sane officiis atque blanditiis nihil magis tenerum ac molle gratus animus optare aut excogitare poterat » [75].

d). — En el templo.

Al pie del Sinaí, Moisés recibe del Señor la orden de subir al monte : allí se le han de entregar las tablas de la Ley. Obedeció Moisés « y la nube cubrió el monte. Y la gloria del Señor se posó (יִשְׁכֹּן) sobre el monte Sinaí y le cubrió la nube por seis días, y al séptimo llamó a Moisés de en medio de la nube. Y (era) la figura de la gloria del Señor como fuego devorador en la cima del monte a los ojos de los hijos de Israel. Y entró Moisés en medio de la nube y subió al monte y en el monte estuvo cuarenta días y cuarenta noches » [76].

Estudios competentes dispensan en nuestro caso de entrar en detalles (ajenos además al presente estudio) sobre la *gloria de Yahveh* [77]. Sólo ha de tenerse en cuenta que el כְּבוֹד יְהוָה en nuestro pasaje, como en textos que le preceden o siguen [78], habla del Señor que, presente en medio de su pueblo, se apresta a vivir momentos de trato íntimo con los suyos. La estrecha unión del כְּבוֹד יְהוָה con la nube, que es para el Señor trono y cátedra al mismo tiempo, evoca aquellas jornadas de la salida de Egipto y de la travesía del desierto, en que el כְּבוֹד יְהוָה y la nube protegían y apoyaban las difíciles marchas.

---

[75] G. Sanchez, *In Isaiam Prophetam commentarii cum paraphrasi.* Lugduni 1615, pág. 59.

[76] Ex. 24, 15-18.

[77] Véase B. Stein, *Der Begriff Kebod Jahveh und seine Bedeutung für die atl. Gotteserkenntnis.* Emsdetten 1939.

[78] Ex. 16, 7. 10 ; Lev. 9, 23 ; Núm. 14, 10 ; 16, 19 ; 17, 7.

De este modo, el Señor, presente en el Sinaí, prolonga
esa presencia en medio de su pueblo. Es, en nuestro hablar,
la obsesión divina. Moisés la ha reflejado ya en su canto de
triunfo por el paso del mar Rojo. Cierre de ese canto es aquella estrofa, en que de antemano recoge los primeros aires de
felicidad de Israel en Palestina : « Tú le conduces y le plantas en el monte de tu herencia, en el lugar que para morada
tuya has preparado, Señor ; en el santuario, Señor, que tus
manos han fundado. El Señor reina para siempre jamás »[79].

Este evocar ante Yahveh la Palestina como herencia
del Señor, como su lugar de asiento y como santuario, descubre en el fondo el edificio dedicado al culto divino (tabernáculo o templo), el lugar de especialísima presencia del
Señor en medio de su pueblo. Es voluntad expresa de Dios.
Hablando un día a Moisés de la generosidad con que el pueblo debía contribuír al establecimiento esplendoroso del
culto divino en su primera fase, cierra la primera serie de
normas con las siguientes palabras : « Y me hagan un santuario ». Y señalando el alcance de este santuario : « Y ha-
habitaré en medio de ellos (וְשָׁכַנְתִּי בְּתוֹכָם)» [80].

Expresión sencilla, pero a través de la cual se filtra un
doble hilo de luz : la presencia esplendorosa de Dios en medio de su pueblo y el encuentro mutuo del Señor que favorece y de Israel que no olvida. Es doble hilo de luz que rompe
incontenible en aquel pasaje, anillo de cierre de las promesas hechas a los que guarden la ley : « Y pondré mi habitación (מִשְׁכָּנִי) בְּתוֹכְכֶם, y mi alma no os aborrecerá. Me mo-
veré בְּתוֹכְכֶם y os seré Dios y vosotros me seréis pueblo.
Yo el Señor vuestro Dios, que os hice subir de la tierra
de Egipto, de serles esclavos, y rompí las coyundas de vuestro yugo y os he hecho caminar alta la frente » [81].

El hilo de luz de la presencia de Dios en medio de su
pueblo mediante el tabernáculo, penetra como torrente en
la vida de Israel. Envuelto en ella, Israel se siente el pueblo
de un Dios, hecho vecino suyo para hacerle el bien. El es
quien dice : « Yo santificaré el pabellón de la reunión y el
altar ; santificaré también a Aarón y a sus hijos para que

_____

[79] Ex. 15, 17-18.
[80] Ex. 25, 8.
[81] Lev. 26, 11-13.

me sean sacerdotes. וְשָׁכַנְתִּי בְּתוֹךְ de los hijos de Israel, y les seré Dios. Y conocerán que yo el Señor soy su Dios que les hice salir de la tierra de Egipto לְשָׁכְנִי בְתוֹכָם . Yo el Señor su Dios » [82].

El paso del Jordán no señala el fin de esta presencia de Dios en medio de su pueblo mediante el tabernáculo. Al otro lado del histórico río, en la tierra tantas veces prometida, Dios sigue en medio de Israel, y su tabernáculo del desierto, llevado y traído, o fijo más o menos establemente en diversas ciudades (principalmente en Silo), señalará al pueblo el lugar de la presencia de su Dios. Doble peregrinaje el del tabernáculo, en el desierto el primero y en la Palestina el segundo, con él se prepara el templo como definitiva morada de Yahveh y de él se acordará más tarde el mismo Señor como con un dejo de añoranza. Es el recuerdo de una época de intimidad con su pueblo y de favores a manos llenas [83].

El autor del libro segundo de Samuel nos lo ha transmitido, entremezclado con la gran promesa davídico-mesiánica, en los siguientes términos : « Y cuando el rey se hubo asentado en su casa y el Señor le dió reposo de cuantos enemigos le rodeaban, dijo el rey al profeta Natán : Mira bien que yo habito en casa de cedro, mientras el arca de Dios está en medio de lona. Y Natán dijo al rey : Cuanto hay en tu cabeza, ve, hazlo, que el Señor está contigo ». Fué consejo un tanto prematuro, porque « aquella misma noche así habló el Señor a Natán : Ve y habla a mi siervo David : Así habla el Señor : ¿ Tú vas a edificarme una casa para morada mía (לְשִׁבְתִּי) ? Porque yo לֹא יָשַׁבְתִּי en casa desde el día en que hice subir de Egipto a los hijos de Israel hasta este día, sino que he andado en tienda y pabellón. Por doquiera he andado entre todos los hijos de Israel ¿acaso he dicho palabra a uno de los jueces que yo puse a gobernar mi pueblo Israel, en este tenor : Por qué no me construís casa de cedro ? ».

El autor del libro primero de las Crónicas nos ha trans-

---

[82] Ex. 29, 44-46.
[83] Sobre el tabernáculo y el arca, su estancia en Silo y otras ciudades etc.. véase por ej. F. NOETSCHER , *Biblische Altertumskunde*. Bonn 1940, pág. 270-279.

mitido también, con ligeras variantes, esta comunicación
divina. Satisfecho de haber corrido la suerte de su pueblo
en sus largos años de desierto y de definitiva acomodación
en Palestina, Dios no se apresura a exigir morada estable.
Presente en medio de Israel, prorroga aún el plazo para la
construcción de su casa de piedra y cedro. Dice a David :
« Cuando tus días se habrán cumplido y tu yacerás con tus
padres, yo suscitaré tu descendencia después de tí, aquél
que saldrá de tus entrañas, y haré firme su reino. El edificará una casa a mi nombre y yo aseguraré el trono de su
reino para siempre » [84].

Este binomio, casa de Dios-trono eterno, nos habla suficientemente claro de la transcendencia de la morada estable, que algún día había de edificársele al Señor. Expresamente ponen de relieve esta enorme transcendencia de la
nueva casa de Dios, aquellas palabras que Yahveh mismo
dirige a Salomón, empeñado ya en la edificación del templo : « Por este templo que tú estás construyendo, como andes según mis preceptos y practiques mis mandamientos y
observes todas mis leyes de modo que camines según ellas,
yo mantendré contigo la palabra que dí a David tu padre
וְשָׁכַנְתִּי בְּתוֹךְ de los hijos de Israel y jamás abandonaré mi
pueblo » [85].

Salomón, fiel testigo de la comunicación divina por medio de Natán y de la transcendencia dada por el Señor a la
edificación de su templo, se ha hecho eco de ambas ideas.
Cuando al trasladar el arca al nuevo santuario, vió que « la
gloria del Señor había llenado el templo, entonces exclamó
Salomón : Dijo Yahveh que habitaría en niebla. Yo te he
construído una casa de morada (בֵּית זְבֻל), un lugar para
tu habitación eterna (לְשִׁבְתְּךָ עוֹלָמִים) ». Y vuelto al pueblo
allí reunido, recuerda con cariño el empeño, con que
su padre quiso edificar el templo, para concluír, satisfecho de su respuesta a la fidelidad divina : « Y yo he edificado esta casa al nombre del Señor Dios de Israel y he fijado
en ella un lugar para el arca en la que se encuentra la alianza

---

[84] 2 Sam. 7, 1-7. 12-13 ; 1 Cr. 17, 1-6. 11-12.
[85] 1 Rey. 6, 12-13.

del Señor, que El pactó con nuestros padres cuando les hizo
salir de la tierra de Egipto » [86].

Es el gran día de la dedicación del templo, y Salomón
va como perdiendo de vista el horizonte terreno hasta hacer
penetrar su mirada en el infinito. Brota entonces su oración
sacerdotal con aquel comienzo: « Yahveh, Dios de Israel,
no hay dios semejante a tí, ni en lo alto del cielo ni en lo
bajo de la tierra ». Es grito de un corazón agradecido a la
promesa davídico-mesiánica, promesa de bondad y de favores. Su recuerdo le toca el corazón en las fibras más hon-
das y le hace exclamar : « Pero ¿ es que es verdad que Dios
יֵשֵׁב sobre la tierra ? He aquí que los cielos y los cielos
de los cielos no pueden contenerte ; ¡cuánto menos esta casa
que yo te he construído ! Con todo, vuélvete, Señor Dios
mío, a la oración de tu siervo y a su súplica, de modo que
oigas su clamor y la oración que él hoy eleva a tí, teniendo
noche y día abiertos tus ojos sobre esta casa, sobre este lugar
del que dijiste : Allí estará mi nombre, escuchando la oración que tu siervo eleva (vuelto) hacia este lugar. Oye, pues,
la oración que tu siervo y tu pueblo Israel elevarán (vueltos)
hacia este lugar : oye tú en el lugar שִׁבְתֶּךָ, en el cielo ;
oye y perdona » [87].

La presencia de Dios en medio de su pueblo, a través
del nuevo templo, adquiere un tono de especial elevación,
evocada a canto de la presencia de Dios en aquel otro su
lugar de demora, el cielo. El Dios del templo es el Dios del
cielo, y su presencia en el santuario es como una prolongación de su presencia en el cielo. No es necesario introducir
atenuaciones posteriores de la habitación de Yahveh en el
templo [88]. Es campo donde el matiz material y espiritualis-

---

[86] 1 Rey. 8, 10-13. 20-21 ; 2 Cr. 6, 2. 10-11.

[87] 1 Rey. 8, 23. 27-30 ; 2 Cr. 6, 14. 18-21. Véase en 2 Mac. 14,
35-36 la oración que los sacerdotes elevan al cielo ante la amenaza
de Nicanor de destruir santuario y altar para edificar allí mismo un
templo magnífico a Baco : « Tú, Señor de todas las cosas, que de nada
necesitas, has tenido a bien ναὸν τῆς σῆς σκηνώσεως ἐν ἡμῖν.
Conserva, pues, Señor santo de toda santidad, limpia por siempre de
toda mancha esta casa recientemente purificada.

[88] F. MICHAELI, Dieu..., pág. 61 ha escrito : « La localización
demasiado material de Yahveh en su residencia ha sido en consecuencia atenuada, ya que Dios estaba en el cielo, y sólo su gloria, o su nom-

ta se tocan. Por eso, cuando en el cuerpo de su oración sacerdotal Salomón hace recuento de los posibles agobios materiales y desviaciones morales del pueblo en el futuro, evoca juntos repetidas veces templo y cielo. Su insistencia en pedir al Señor que quien ora en el templo sea oído en el cielo, señala la íntima unión existente entre el templo y el cielo, como lugares de la divina habitación y de la eficaz presencia de Dios en medio de su pueblo [89].

Esta presencia de Dios por medio del templo la prevé Salomón rompiendo los límites nacionales : también para el extranjero que se acerque a orar a la casa de Dios por él edificada, y para los israelitas que desde el destierro oren vueltos hacia Jerusalem y su templo, pide Salomón : « Oye desde el cielo lugar de tu morada ». Dentro de Palestina y de la ciudad santa será el templo el lugar, desde donde la presencia de un Dios rico en poder y en bondad se haga sentir sobre Israel. De aquí aquel final de la oración salomónica : « Ahora, mi Dios, que tus ojos estén abiertos y tensos tus oídos a la oración hecha en este lugar ». Y, evocando algunos versos, con que un día el pueblo celebró el traslado definitivo del arca de Cariat-yearim a Jerusalem, exclama : « Ahora, pues, levántate, Señor Dios, para el lugar donde reposes (לְנוּחֶךָ), tú y el arca de tu poderío. Tus sacerdotes, Señor Dios, se revistan de salud y tus devotos se alegren en el favor » [90].

Lugar de asiento definitivo y fijo, donde la presencia de Dios, al servicio de su poder, será portadora de salvación y de favores, el templo de Jerusalem abre una especie de etapa decisiva en la historia político-religiosa de Israel. Así lo revela aquel solemne prólogo, con que se abre el relato de su construcción : « El año 460 de la salida de los israelitas de Egipto, cuarto año del reino de Salomón sobre Israel, en el segundo mes, que era el mes de Ziv, se comenzó a construír el templo del Señor » [91].

---

bre, residían en el Templo ». Cita a este propósito Dt. 12, 5 y 1 Rey. 3, 1-3 ; pero basta tener delante los textos que hemos aducido en las dos anteriores notas para ver el ningún estudio con que allí se pasa de la *habitación de Yahveh* a la *presencia de su nombre* o *de su gloria*.

[89] 1 Rey. 8, 31-51 ; 2 Cr. 6, 22-39.
[90] 2 Cr. 6, 40-41.
[91] 1 Rey. 6, 1.

Como reflejo directo de la presencia en el cielo de un Dios omnipotente al servicio de su pueblo, el templo de Jerusalem venía a realizar definitivamente el insistente בְּקִרְבְּכֶם de los días de desierto. Hacia ese templo, lugar de la presencia y del poder de su Dios, correrá cada mañana el salmista a derramar sus inquietudes [92]; el recuerdo del templo le empujará a una vida pura que le abra sus puertas [93] y levantará en su alma, junto con un incendio de deseos por habitar en él, una envidia santa de los que en él habitan [94]; su lejanía le hará cierva sedienta y le arrancará lágrimas que sólo han de secarse cuando un día pueda exclamar : « Manda tu luz y tu fidelidad : que ellas me guíen y me conduzcan hasta tu santo monte, hasta tus tabernáculos. Y yo entraré hasta el altar del Señor, hasta el Dios de mi alegría y de mi júbilo » [95].

En los largos años de destierro babilónico el elemento fiel del pueblo judío vivía también con ansias de su monte Sión y de su ciudad santa. Eco potente y concentrado de estas ansias populares, es aquel final de la oración de Daniel : « Ahora pues, oye, oh Dios nuestro, la oración de tu siervo y sus súplicas, y haz lucir tu rostro sobre tu santuario (עַל־מִקְדָּשְׁךָ) por causa tuya, Señor ... Abre tus ojos y ve nuestra desolación y la ciudad sobre la que fué invocado tu nombre ... Oye, Señor ... por causa tuya, Dios mío, porque tu nombre fué invocado sobre tu ciudad y sobre tu pueblo » [96].

El decreto de Ciro abrió el camino a la redificación del templo. Surgieron graves dificultades, y el pueblo interrumpió las obras comenzadas. Sonó entonces la voz de Dios en los oídos de sus profetas Zacarías y Ageo. Clamó este último : « ¿Os es acaso tiempo a propósito para que vosotros habitéis en vuestras casas artesonadas, mientras la casa aquella está asolada ? ... Subid al monte, traed madera y edificad la casa, y me complaceré en ella y seré honrado,

[92] Salm. 5, 3. 8. Véase también Salm. 138, 2.
[93] Salm. 15, 1.
[94] Salm. 74, 2-8.
[95] Salm. 42, 2-5 ; 43, 3-4.
[96] Dan. 9, 17-19. Véase también Salm. 137, 1-6 ; Ez. 33, 21-23 ; Tob. 13, 10-17.

dice el Señor». Urge el mandato, ya que todo el cúmulo de desgracias colectivas que pesan sobre el pueblo se debe a que « mi casa está en ruinas y vosotros os apresuráis cada uno por vuestra casa ». Ante la insistente predicación de Ageo, pueblo y autoridades « acometieron la obra en la casa del Señor de los ejércitos, su Dios », en aquella casa cuya grandeza proyecta el propio Señor en el horizonte mesiánico : « Y llenaré esta casa de gloria ... Mayor que la primera será la gloria postrera de esta casa ..., y en este lugar daré paz »[97].

Entraba en camino de pleno cumplimiento la antigua promesa divina que un día, oprimido por la aflicción del pueblo, recordará Nehemías en su oración al cielo : « Recuerda, por favor, la palabra que intimaste a Moisés tu siervo al decirle : Si delinquís, yo os dispersaré entre los pueblos ; mas cuando os convirtáis a mí y observéis mis preceptos y los cumpláis, aunque vuestros expulsos estuvieron en el extremo de los cielos, yo les traeré al lugar que escogí לְשַׁכֵּן שָׁם mi nombre »[98].

En su visión del nuevo templo, el profeta Ezequiel oyó que le hablaban mientras él veía כְּבוֹד יְהֹוָה henchir la casa : « Hijo del hombre, éste es el lugar de mi trono y el lugar de las plantas de mis pies, donde yo he de habitar en medio de los hijos de Israel para siempre. Ahora, pues, ha de alejar de mí sus fornicaciones y los cadáveres de sus reyes וְשָׁכַנְתִּי בְתוֹכָם לְעוֹלָם »[99].

Es un pasaje que nos brinda con aquella doble faceta de bondad y favores por parte de Dios y de respeto por parte del pueblo, bajo la cual ya desde un principio se nos presentaba la presencia del Señor en medio de Israel. El profeta Zacarías al final de la visión, en que el recinto de Jerusalem, misteriosamente medida, se ensancha para dar cabida a todos los dispersos que, protegidos por el Ṣeñor, vuelven de Babilonia, exclama : « Salta de gozo y alégrate, hija de Sión, porque he aquí que yo estoy para llegar וְשָׁכַנְתִּי בְתוֹכֵךְ, dice el Señor. Y en aquel día se unirán muchas gentes al Señor y me serán pueblo וְשָׁכַנְתִּי בְתוֹכֵךְ, y co-

---

[97] Ag. 1, 2-4. 8-9. 14 ; 2, 3. 7-9. Véase Esd. 1-6.
[98] Neh. 1, 8-9.
[99] Ez. 43, 6-7. 9.

nocerás que el Señor de los ejércitos me ha enviado a tí.
Y poseerá el Señor a Judá, su porción sobre la tierra santa,
y escogerá todavía a Jerusalem. Calle toda carne delante
del Señor porque se ha despertado de su santa morada » [100].

En su perfil mesiánico, la presencia de Dios en medio
de su pueblo, pueblo nuevo judío-gentil, es para Zacarías
actitud de condescendencia y de favores por parte del Señor, actitud de respeto y santidad por parte del pueblo. Es
la doble faceta del primitivo בְּקִרְבְּכֶם ; pero en el actual
וְשָׁכַנְתִּי בְתוֹכֵךְ, lo mismo que en el בְּקִרְבְּכֶם primitivo, es
más luminosa y más de primera línea la faceta de la
bondad del Señor. Así lo ha puesto de relieve el mismo
profeta Zacarías cuando, al comienzo de uno de sus oráculos mesiánicos, escribe : « Así dice el Señor de los ejércitos : Un gran celo he sentido por Sión, una gran pasión he
sentido por ella ... Volveré a Sión וְשָׁכַנְתִּי בְתוֹךְ de Jerusalem,
y Jerusalem será llamada ciudad fiel y el monte del Señor de
los ejércitos monte santo » [101].

De nuevo presente en Jerusalem y en su monte santo,
el Señor dejará caer sobre su pueblo una bendición generosa
y fecunda, símbolo y prototipo de las mayores bendiciones,
como propia de un Dios que se complace en afirmar : « Y
los conduciré y habitarán en medio de Jerusalem y me serán
pueblo y yo les seré Dios en verdad y en justicia ». Cohabitación de Dios con su nuevo pueblo, con el nuevo Israel judío-gentil, cuya entrada torrencial en Jerusalem, en busca
de Yahveh, describe el profeta al final de su oráculo [102].

e). — En Sion.

Edificado en Jerusalem el templo, como lugar permanente de la presencia del Señor en medio de su pueblo, había
de ir necesaria e íntimamente unido a la ciudad santa y al
monte Sión. Ya antes se ha podido comprobar en algunos
textos : el בְּקִרְבְּכֶם del desierto, que de la nube pasa

---

[100] Zac. 2, 14-17.
[101] Zac. 8, 2-3.
[102] Zac. 8, 8. 13. 22-23.

al tabernáculo y de éste al templo, se proyecta también desde el templo sobre Sión y la ciudad santa. Así lo insinúa el salmista en aquel himno que celebra a Yahveh, como a solo verdadero Dios vivo, dueño del mundo y bienhechor de Israel. Su comienzo : « Alabad el nombre del Señor ; alabad los siervos del Señor, los que estáis presentes en la casa del Señor, en los atrios de la casa de nuestro Dios », vuelve después en otros términos como conclusión del salmo : « Casa de Israel, bendecid al Señor ..., los que teméis al Señor, bendecid al Señor. Bendito el Señor desde Sión, שֹׁכֵן en Jerusalem » [103].

La casa, los atrios de la casa del Señor, con cuyo recuerdo se abre el salmo, son sustituídos al final, como por algo equivalente, por Sión, por Jerusalem, donde el Señor habita en virtud de su presencia en el templo. El recuento que se hace de los grandes beneficios nacionales da a esa presencia del Señor en medio de Israel un tono de bondad y protección, al que salmista y pueblo se sienten obligados a corresponder. De nuevo la doble faceta del clásico בְּקֶרֶב que, centrado en Jerusalem y en Sión, Asaf ha recogido en el comienzo de su oda triunfal a Yahveh, vencedor de enemigos y juez de príncipes y reyes : « Dios se ha hecho conocer en Judá, en Israel grande es su nombre. Su tabernáculo está en Salem y su habitación el Sión. Allí quebró los rayos del arco, el escudo, la espada y las armas » [104].

Protección y favores por parte del Señor, respeto y servicio por parte de Israel, he aquí el doble desarrollo de la presencia de Dios en medio de su pueblo. David, en uno de sus himnos de acción de gracias por las victorias obtenidas, lanza una invitación a la común alegría en los siguientes términos : « Salmodiad al Señor que habita en Sión, anunciad entre los pueblos sus proezas, porque vengador de sangre se ha acordado de ellos, no echó en olvido el clamor del pobre » [105].

---

[103] Salm. 135, 1-2. 19-21. Véase también esta unión en Jer. 30, 17-18.

[104] Salm. 76, 2-4. Con tono guerrero, pero muy suavizado por las presentes circunstancias de angustia, habla David, en el Salm. 3, 4-9, de la ayuda encontrada en Sión.

[105] Salm. 9, 12-13. El TM. y las versiones atribuyen el salmo a David. En contra de este testimonio, se ha llegado a hablar de un

Esa presencia especial de Dios en Sión, y el consiguiente papel proteccionista y de favores, no surgió al azar, sino que fué el fruto maduro de un plan divino. En uno de los salmos asáficos, en que se hace el recuento de los beneficios divinos y de la ingratitud nacional de Israel a lo largo de su primera historia, escribe el salmista, refiriéndose a las victorias concedidas por el Señor al pueblo en sus guerras contra los filisteos : « Y se despertó él como de un sueño, como un guerrero vencido por el vino. E hirió por la espalda a sus enemigos, les infligió ignominia eterna. Y repudió el tabernáculo de José y no escogió la tribu de Efraim. Sino que escogió la tribú de Judá, el monte de Sión al que El amó. Y construyó como el cielo מִקְדָּשׁ, como la tierra que para siempre fundamentó » [106].

La designación de Sión para lugar de la presencia divina en medio de Israel es, por lo tanto, fruto de elección amorosa, con raíz en los patriarcas, por parte del Señor. Por los pecados del pueblo se produjeron las victorias del ejército filisteo, y Dios « abandonó מִשְׁכַּן de Silo, el tabernáculo en que שָׁכֵן entre los hombres » [107]. Esto sin embargo no suponía abandono del antiguo בְּקִרְבְּכֶם, sino sustitución y complemento, paso de su lugar o de su morada de la tribu de Efraim a la de Judá, de Silo a Sión. Meta definitiva, a la que con toda propiedad pueden aplicarse aquellas palabras, que hablan de irradiación de favores al contacto de la presencia de Dios en medio de su pueblo, por medio del templo, o desde su palacio celeste : « Padre de los huérfanos y tutor de las viudas, Dios está בִּמְעוֹן קָדְשׁוֹ » [108].

Pero, para llegar a esta meta definitiva, hubieron de pasar largos años de vaivenes y dificultades. Durante ellos,

autor de la época del destierro y aun macabea : no hay razones de fuerza para ello. Tampoco las hay positivas que hagan decididamente dudar de la paternidad davídica del salmo. Sobre Sión, como punto de partida de las divinas bendiciones, véase también Salm. 133, 3 ; 134, 4.

[106] Salm. 78, 65-69. Se sigue la traducción del *Liber Psalmorum*, aun en algún punto de no tan fácil lectura.

[107] Salm. 78, 60. Se lee *šakan* con los LXX, Peš, Targ. ..., en vez de *šikken* con el TM.

[108] Salm. 68, 6.

sin embargo, la mirada de Yahveh, siempre fija en un mismo punto, eligió complacida la cumbre de un monte sin querer detenerse en cumbres más altas. Gráficamente lo ha cantado el salmista, poniendo de relieve la complacencia con que el Señor quiere fijar en Sión su morada entre los suyos: « Los montes de Basán son montes altos, los montes de Basán son montes encumbrados. ¿ Por qué envidiáis, oh montes encumbrados, el monte en que Dios quiso con agrado לְשִׁבְתּוֹ, es más, en el que el Señor יֵשֵׁב לָנֶצַח »?[109].

Habitación de asiento y escogida a gusto, como de quien se goza de vivir en medio de los suyos para mejor poderles hacer el bien. Es la respuesta del Señor a aquellas palabras del salmista y de su pueblo: « Levántate, Señor, לִמְנוּחָתֶךָ, tú y el arca de tu poder ... Porque el Señor eligió a Sión y para sí la deseó לְמוֹשָׁב ». El Señor responde: « Este es el lugar מְנוּחָתִי para siempre, aquí אֵשֵׁב, porque le he deseado ». E irradiación de esta presencia gustosa y definitiva de Dios en Sión, el sembrar manirroto con desenlace mesiánico de los siguientes versos: « Con bendición generosa bendeciré sus provisiones, a sus pobres saciaré de pan, vestiré a sus sacerdotes de salud y alborozados gozarán sus santos. Allí haré germinar su poder a David, prepararé una antorcha a mi ungido. Vestiré de confusión a sus enemigos y sobre él brillará mi diadema »[110].

A través de Sión apunta el mesianismo como prueba suprema de la fecunda y eterna presencia de Dios en medio de su pueblo. Isaías lo ha esculpido en aquellos versos de oro: « Y sucederá en los últimos días que estará afianzado el monte de la casa del Señor en la cumbre de los montes y se alzará sobre los collados, y al él afluirán todas las naciones, e irán muchos pueblos y dirán: Venid, subamos al monte del Señor, a la casa del Dios de Jacob, y nos instruirá en sus caminos y andaremos por sus sendas, pues saldrá la enseñanza de Sión y de Jerusalem la palabra del Señor »[111].

Profundizar en este papel mesiánico de Sión llevaría

---

[109] Salm. 68, 16-17. Véase también el salmo 87.
[110] Salm. 132, 8. 13-18.
[111] Is. 2, 1-3. Sobre este punto véase también, por ej. Is. 1, 27; 4, 3; Miq. 4, 1-2. 8. 11; Zac. 8,2-3. 20-23; Salm. 2, 6; 110, 2.

demasiado lejos del tema que en estas páginas se desarrolla :
el contacto entre las dos ideas existe, pero indirecto. Por
el contrario, el propio Isaías le ha señalado directo en aquel
pasaje, donde al hacer la presentación de sus hijos-símbolos,
dice : «Heme aquí a mí y a los hijos que el Señor me ha dado
como señales y signos en Israel, de parte del Señor de los
ejercitos שֹׁכֵן en el monte Sión » [112].

Como Isaías, también el profeta Joel hace de Sión centro del universalismo mesiánico. Su anuncio profético del
día grande del Señor suena reforzado por el eco de aquel su
doble grito de mando : « Tocad la trompeta en Sión y tocad a rebato en mi monte santo ... Tocad la trompeta en
Sión, proclamad ayuno, congregad asamblea ». De Sión,
monte santo de Dios, sale la voz de alerta y la invitación al
bien, y a Sión correrán todos con ansia de salvación : « Y
sucederá que todo el que invocare el nombre del Señor
será librado ; porque en el monte de Sión y en Jerusalem
estarán los supervivientes, como dijo el Señor, y entre los
evadidos, aquellos a quienes el Señor llamare » [113].

Esta llamada la hará el Señor desde Sión, y desde allí,
como de centro de su benéfica presencia en medio del pueblo, derramará bienes y protección a manos llenas. Joel
lo ha visto como el sello inconfundible de Dios presente en
Israel, cuando ha escrito : « Y conoceréis que בְּקֶרֶב de
Israel estoy yo, y que yo el Señor soy vuestro Dios y no
hay otro, y que mi pueblo no será confundido para siempre ». Es idea, sobre la que el profeta volverá cuando, al
fin de su libro, haciendo de la presencia de Dios en Sión punto de arranque de la definitiva victoria de Israel y de la derrota de sus enemigos, escriba : « Y Yahveh ruge desde Sión
y desde Jerusalem lanza su voz, y se conmueven cielos y tierra. Pero Yahveh es refugio para su pueblo y fortaleza para
los hijos de Israel. Y sabréis que yo el Señor soy vuestro Dios,
שֹׁכֵן en Sión mi santo monte, y santa será Jerusalem, y
extranjeros no pasarán más por ella ... Judá será siempre
habitada y Jerusalem de generación en generación..., y Yahveh שֹׁכֵן en Sión » [114].

---

[112] Is. 8, 18.
[113] Joel. 2, 1. 15 ; 3, 5.
[114] Joel 2, 27 ; 4, 16-17. 20-21. Véase también Is. 66, 6 ; Am. 1, 2.

Joel señala la contraofensiva victoriosa y definitiva, con que el Señor, en un profundo adentrarse en el mesianismo, responde al reto de quienes le habían destruído su santuario. El salmista se le había quejado amargamente al comienzo de aquel salmo asáfico : «¿Por qué, oh Dios, rechazaste para siempre, se enciende tu ira contra el rebaño de tu pastizal ? Acuérdate de tu comunidad que de antiguo fundaste, de la tribu que para herencia tuya rescataste, del monte de Sión donde שָׁכַנְתָּ . Dirige tus pasos a las ruinas sin fin : todo lo devastó el enemigo en el santuario ... Entregaron al fuego tu santuario, profanaron por tierra מִשְׁכַּן־שְׁמֶךָ » [115].

Triunfo pasajero del enemigo, que sólo servirá para que apunte más pujante y fecunda la presencia de Dios en Sión. A la invitación angustiosa con que el salmista cierra el salmo : « Levanta, oh Dios, defiende tu causa ... No eches en olvido las voces de tus contrarios » [116], responde el Señor con el anuncio de sus profetas que garantizan al nuevo Israel judío-gentil la divina presencia gustosa y eterna en medio de ese pueblo. La vista de Sión seca las lágrimas y llena el alma de alegría desbordante. Parece un sueño, pero es la realidad : el Señor, abriendo cauce a la restauración mesiánica, de nuevo está en Sión en medio de su pueblo. Judíos y gentiles están de acuerdo en que Dios una vez más ha obrado a lo grande [117].

f). — DIOS EN EL CIELO.

En su oración sacerdotal el día de la dedicación del templo, Salomón quiso hablarnos de acercamiento entre cielo y santuario. Su insistencia porque el eco de las oraciones elevadas en el templo al Señor, presente en él, resonase ante el mismo Señor presente en el cielo, hacen del Dios presente en el cielo una especie de prolongación del Dios בְּקִרְבְּכֶם en el desierto y en Palestina. De aquí, que hablar de Dios presente en el cielo es hablar de Dios pre-

---

[115] Salm. 74, 1-3. 7.
[116] Salm. 74, 22-23.
[117] Salm. 126, 1-3.

sente en medio de su pueblo con la huella más honda de
protección y de favores.

El autor del libro segundo de las Crónicas ha recalcado
este matiz cuando, describiendo la celebración de la Pascua
en la reforma del rey Ezequías, concluye : « Hubo, pues,
grande alegría en Jerusalem, ya que desde los días de Salomón hijo de David, rey de Israel, no había sucedido en Jerusalem cosa como ésta. Y se levantaron los sacerdotes y
levitas y bendijeron al pueblo : y su voz fué oída, y su oración llegó a su morada santa (לִמְעוֹן קָדְשׁוֹ), a los
cielos » [118].

Es la realización del deseo con tanta insistencia expresado por Salomón en la festividad del templo y que ya Moisés había claramente manifestado. Cuando al final de su
segundo discurso se dirige al pueblo, a quien supone fiel
cumplidor de las órdenes divinas, le exhorta a dirigirse al
Señor con la siguiente súplica : « Vuelve tu mirada מִמְּעוֹן
קָדְשְׁךָ, desde los cielos, y bendice a tu pueblo Israel y
a la tierra que nos diste, como habías jurado a nuestros padres, tierra que mana leche y miel » [119].

Reflejo de la presencia de Dios en los cielos, es la presencia de Dios en medio de su pueblo. Su luz llega a Israel
a través de un prisma de bondad y de favores. Así lo ha
concebido el salmista, cuando identifica al Dios del cielo
con el Dios bondadoso. Después de haber invitado a alabar
a Yahveh, continúa : « Excelso sobre todas las naciones
es el Señor, sobre los cielos está su gloria. ¿Quién como el
Señor nuestro Dios, que tiene en lo alto su morada y que se
abaja a mirar cielo y tierra ? Levanta del polvo al miserable
y alza al menesteroso del estiercol para hacerle sentar con
los príncipes, con los príncipes de su pueblo. Hace habitar
a la estéril de la casa (como) gozosa madre de los hijos » [120].

---

[118] 2 Cr. 30, 26-27.
[119] Dt. 26, 15.
[120] Salm. 113, 4-9. El mismo estilo misericordista es el reflejado
en aquel pasaje del salm. 102, 20-21 : « Porque el Señor miró desde
su excelso santuario (*mimmᵉrôm qodᵉšô*), desde los cielos (*miššamayîm*)
miró a la tierra, para atender al gemido del cautivo, para librar a los
condenados a muerte ».

Presente en el cielo, Dios proyecta esa presencia sobre
la tierra en un esplendoroso cuadro de bondad y de favores.
Magníficamente lo ha significado Isaías en un mensaje de
consuelo, con que suaviza anteriores amenazas : « Y se dirá :
Allanad, allanad, despejad el camino, quitad los tropiezos
del camino de mi pueblo. Pues así habla el Alto y el Excelso, שֹׁכֵן eternamente y cuyo nombre es santo. En lo alto
y (como) santo אֶשְׁכֹּן , pero estoy con el abatido y humilde de espíritu para vivificar el espíritu de los humildes y
para vivificar el corazón de los abatidos » [121].

En el ánimo del pueblo escogido obraba incontenible
un íntimo sentimiento de este papel misericordista por parte
del Señor, que desde su trono en el cielo asiste presente a
la marcha del mundo. Lo ha reflejado delicadísimamente
por boca del salmista en aquel salmo, donde confiadamente
derrama ante el Señor del cielo los sentimientos de un corazón humilde y despreciado : « A tí alzo mis ojos הַיֹּשְׁבִי
en los cielos. He aquí que como los ojos de los siervos a las
manos de sus señores, como los ojos de la esclava a las manos de su señora, así nuestros ojos al Señor nuestro Dios
hasta que se compadezca de nosotros » [122].

También en Isaías se ha recogido este sentimiento popular, vaciado en expresiones de más vigor. Es una plegaria,
que casi al final de su libro pone el profeta en boca de Israel.
El recuerdo de antiguos beneficios le da ánimos para exclamar : « Mira desde el cielo y observa desde tu santa y glo-
riosa morada. ¿Dónde está tu celo y tu poder, la conmoción
de tus entrañas y tu compasión ? No te contengas. Porque
tú eres nuestro padre. Cierto que Abraham no nos conoce,
ni nos reconoce Israel. Tú, oh Señor, eres nuestro padre,
nuestro redentor desde la antigüedad es tu nombre » [123].

Frente a esta actitud proteccionista del Señor, presente
a la historia de Israel a través de su morada en los cielos,
surge en ocasiones una actitud divina de amenaza y de
castigo. Es la reflejada por Jeremías en su vaticinio contra

---

[121] Is. 57, 14-15.

[122] Salm. 123, 1-2.

[123] Is. 63, 15-16. Para la traducción del final del vers. 15, en vez
de 'elay hite'ppaqû, léase 'al-na' tite'ppaq, teniendo en cuenta los
LXX y 64, 11.

las gentes : « El Señor ruge desde lo alto (מִמָּרוֹם) y desde su santa morada lanza su voz. Desde su habitación ruge con fuerza. Lanza gritos de júbilo como los que pisan el lagar. A todos los habitantes de la tierra llega su amenaza, desde los confines de la tierra, porque hay querella del Señor contra las naciones, tiene juicio sobre toda carne, a los impíos entregó a la espada, palabra del Señor. Así dice el Señor de los ejércitos : He aquí que la calamidad pasa de nación a nación y desde los confines de la tierra se alza una fuerte tempestad » [124].

Es la idea de juicio definitivo y de victoria por parte del Señor que, frecuente en los profetas, Jeremías ha consignado partiendo del Dios presente en los cielos. David, al celebrar al Mesías-Rey de todas las gentes, ha opuesto al grito de revuelta de reyes y naciones la actitud de dominio de quien todo lo tiene en su mano. Son rasgos breves, pero de fuerte trazado : « El que habita en los cielos se sonríe, el Señor se mofa de ellos » [125]. Gesto del que tiene el triunfo seguro y que, presente en el cielo, hace sentir los efectos de esa presencia a los rebeldes de la tierra.

Como puede verse, hay entre todos estos pasajes algunos que difícilmente dejan paso a la teoría de quienes suponen tardía la concepción del Dios con morada en el cielo. F. Michaeli, que frecuentemente reacciona contra posiciones críticas extremas, ha escrito : « La residencia de Dios en el cielo es una noción reciente que se la encuentra sobre todo en los documentos postexílicos, cuando el pensamiento judío tomaba cuerpo y se oponía a localizar a Dios sobre la tierra. Sin embargo se debe notar que esta noción de una habitación celeste no está excluída de las viejas tradiciones... Se debería, por lo tanto, decir con verisimilitud, que Yahveh ha sido siempre, más o menos, un Dios del cielo que tenía su morada por encima de la tierra » [126].

Al hablar así, Michaeli tiene delante « a Yahveh que baja a examinar la torre de Babel, o se comunica con la

---

[124] Jer. 25, 30-32.
[125] Salm. 2, 4.
[126] F. MICHAELI, *Dieu* ..., pág. 57. W. PHYTIAN-ADAMS, en la primera parte de su obra *The People* ..., mantiene ese dualismo de la presencia de Dios. Los textos, como queda indicado, no siempre favorecen esa posición de sistema.

tierra por la escala de que se trata en el sueño de Jacob». Podría añadirse que todas las teofanías patriarcales y del Exodo presuponen esta concepción y que, en este caso, sólo sistemáticas postdataciones (aplicadas también a una serie de salmos) conseguirían retardar hasta el período postexílico la concepción de un «Dios del cielo».

En esta concepción, con que se proyecta en la tierra al Dios presente en el cielo, hay a veces entrecruce de la doble faceta, misericordista y punitiva. Así David, cuando, de cara al tabernáculo y al cielo, invita a todos los reyes de la tierra a dar gracias con él por los beneficios recibidos : « Te alabarán, Señor, todos los reyes de la tierra cuando oigan las palabras de tu boca. Y celebrarán los caminos del Señor ; que es grande la gloria del Señor. Que es excelso el Señor y al bajo mira, pero conoce de lejos al soberbio ». Y sigue, en una aplicación de este principio general a su vida propia : « Si ando en medio de la angustia, me conservas en vida, tu mano extiendes en contra de la ira de mis enemigos y tu diestra me salva » [127].

Cargando más los colores de la faceta de castigo, pero sin descuidar del todo la faceta misericordista, David hablaba a sus compañeros de desgracia, que en día de horizonte cerrado le gritaban al oído : « Huye como los pájaros al monte ». Su reacción es enérgica : « Al Señor me acojo ... el Señor está en su templo santo (בְּהֵיכַל קָדְשׁוֹ), el Señor (tiene) su trono (כִּסְאוֹ) en los cielos. Sus ojos miran, sus párpados escrutan a los hijos de los hombres. El Señor escruta al justo y al impío, y odia su alma al que ama violencia. Hará llover sobre el impío carbones encendidos y azufre, y será vendaval de tempestades la porción de su caliz. Porque, justo el Señor, ama justicia, verán su faz los rectos » [128].

El contacto entre הֵיכַל y שָׁמַיִם del verso 4 establece a primera vista una relación directa entre el Señor

---

[127] Salm. 138, 4-7. Sobre la paternidad davídica del salmo que, afirmada por el TM. nada decisivo ha hallado en contra, véase J. CALÈS, *Le livre des Psaumes*, II, p. 544. Paris 1936.

[128] Salm. 11, 1. 4-7. Es la traducción del *Liber Psalmorum* que en algunos puntos de los vers. 1, 6 y 7 se aparta del TM.

presente en el cielo y presente en su tabernáculo. Este contacto, que sólo se rompería en el caso que היכל fuese al
presente sinónimo de שָׁמַיִם [129], es el que el profeta Zacarías establece en aquel pasaje, donde, hablando de restauración mesiánica, concluye : « Y el Señor poseerá a Judá
como porción propia sobre la tierra santa y aún escogerá
a Jerusalem. Calle toda carne delante del Señor porque se
ha despertado de su santa morada (מִמְּעוֹן קָדְשׁוֹ) » [130],
y de ella, del cielo, sale para hacerse otra vez presente en
su nuevo templo.

Más explícito se nos presenta este contacto en el final
del movido episodio de Heliodoro en el templo de Jerusalem,
tal como lo narra el segundo libro de los Macabeos. Libre
queda Heliodoro de la muerte gracias a que por él invoca
τὸν Ὕψιστον el sumo sacerdote Onías. Vuelto a su patria,
así habló al rey, al preguntarle éste sobre quién sería el
más apto para enviarle de nuevo en busca de las riquezas
atesoradas en el gazofilacio de Jerusalem : « Si tienes algún
enemigo o adversario de tu gobierno, envíalo allá y, si es
que sale salvo, le recibirás azotado, porque verdaderamente
hay en torno a aquel lugar un cierto poder divino ; pues
el mismo que tiene τὴν κατοικίαν ἐπουράνιον, vela sobre
aquel lugar y le protege y hiere de muerte a los que para
mal se acercan » [131].

No puede negarse que en este último texto, como en
otros anteriormente alegados, la proyección en Israel del
Dios presente en el cielo se hace a la luz de la venganza y
el castigo. Pero no es esta luz un simple resplandor siniestro
de rayo que deslumbra : es resplandor que en el fondo de
ese primer plano de venganza descubre el horizonte de
bondad, en que Dios se mueve protegiendo a su pueblo. Es
la presencia del Señor que con el castigo da entrada al bien.

---

[129] Así A. KIRPATRICK, *The book of Psalms*. Cambridge 1921,
p. 381. Escribe a propósito del Salm. 68, 6 : « No el templo, sino el
cielo ... Para la expresión véase Jer. 25, 30 ; Zac. 2, 13 ; 2 Cr. 30, 27.
En Is. 63, 15 se emplea una palabra hebrea diversa ».

[130] Zac. 2, 16-17.

[131] 2 Mac. 3, 31. 36. 38-40.

g). — AVANCE Y META.

De graves consecuencias era el desenfoque doctrinal y práctico de los escribas y fariseos de frente a la ley. Contra él se alza Cristo con toda aquella serie de « Ay de vosotros » recogidos por S. Mateo y de los cuales ahora nos interesa el siguiente : « Ay de vosotros, guías ciegos que decís : Si uno jurare por el templo, no es nada ; pero si uno jurare por el oro del templo, queda obligado ... Y : Si uno jurare por el altar, no es nada ; pero si uno jurare por la ofrenda que está sobre el altar, queda obligado ». De frente a este confusionismo, la línea recta y luminosa por parte de Cristo con la siguiente conclusión : « Luego quien juró por el altar, jura por él y por todo lo que sobre él hay ; y quien juró ἐν τῷ ναῷ, jura por él y ἐν τῷ κατοικοῦντι αὐτόν ; y el que juró por el cielo, jura ἐν τῷ θρόνῳ de Dios y ἐν τῷ καθημένῳ en él » [132].

Eco de la tradición judía, el texto señala a Dios presente en su doble morada : templo y cielo. Sobre la primera no insistirán los evangelistas. Es verdad que Cristo saldrá por el honor del templo, de la casa de Dios ; pero su anuncio sobre la total destrucción y sobre la proximidad de la hora, en que ni en Garizim ni en Jerusalem se adorará al Padre [133], hacen suponer que la época del templo ha acabado. Así lo anunciará S. Esteban en su discurso ante el Sanedrín: « Pero Salomón (y no David) le edificó casa. Mas no habita el Altísimo en obra hecha de manos, como dice el profeta : El cielo es trono para mí, y la tierra escabel de mis pies. ¿Qué casa me edificaréis, dice el Señor, o cuál el lugar τῆς καταπαύσεώς μου ? ¿No hizo mi mano todo esto » ? [134].

Es un pasaje tomado del libro de Isaías. Sobre las huellas del profeta, que fija el alcance espiritualista del templo y de los sacrificios dentro de la nueva economía [135], el protomártir Esteban ha recalcado la línea : fin de la presencia

---

[132] Mat. 23, 16-22.

[133] Mat. 21, 12-13 y paral. ; Juan 2, 13-18 ; Mat. 23, 38 ; 24, 1-2 y paral. ; Juan 4, 21-24.

[134] Hech. 7, 47-50.

[135] Is. 66, 1-4.

de Dios en su templo material de Jerusalem y prolongación eterna de esa presencia divina en su templo celeste. Aludiendo a él dirá Cristo : « Pero yo os digo que no juréis en absoluto : ni por el cielo, pues es trono de Dios ; ni por la tierra, pues es escabel de sus pies ; ni por Jerusalem, pues es la ciudad del gran rey ... »[136].

Es la proyección en la tierra del Dios presente en el cielo, que exige de los hombres la debida reverencia. Sin perder del todo de vista este aspecto, Cristo ha insistido más en el papel proteccionista de esa proyección, cuando, exponiendo el principio general sobre la rectitud de intención, exhortaba : « Mirad no obréis vuestra justicia delante de los hombres para ser vistos de ellos, de lo contrario no merecéis recompensa de parte de vuestro Padre τῷ ἐν τοῖς οὐρανοῖς »[137].

Apunta en las últimas palabras una fórmula clásica sobre la que el cristiano ha encontrado volcada la asistencia proteccionista por parte de un Dios-Padre que está en los cielos. Cristo insistirá sobre esta idea a lo largo del sermón de la montaña : el « Padre vuestro ὁ οὐράνιος » que perdona, que alimenta las aves del cielo, que conoce las necesidades de los hombres[138], se va en sus labios alternando con el « Padre vuestro ὁ ἐν τοῖς αὐρανοῖς », que hace salir el sol sobre buenos y malos, que sabe dar bienes a quien se lo pide[139]. Son rayos desprendidos de aquel foco de luz, puesto por Cristo como faro para todo el que ora : « Padre nuestro ὁ ἐν τοῖς οὐρανοῖς »[140].

En este Dios-Señor de los hombres ὁ ἐν τοῖς οὐρανοῖς el aspecto de reverencia y servicio de Dios por parte del hombre y el aspecto de bondad y favor del hombre por parte de Dios se encuentran íntimamente unidos. Es al mismo tiempo el Dios-Padre ὁ ἐν τοῖς οὐρανοῖς, que Cristo quería ver glorificado con las obras de los suyos, con la sujección a la voluntad divina, con la profesión heroica de la fe[141], y el Dios-Padre que da y perdona.

---

[136] Mat. 5, 34-35.
[137] Mat. 6, 1.
[138] Mat. 6, 14. 26. 32.
[139] Mat. 5, 45 ; 7, 11.
[140] Mat. 6, 9.
[141] Mat. 5, 16 ; 7, 21 ; 10, 32-33.

El punto de mira para la solución de los problemas difíciles queda sin sombra de duda determinado : es Dios, Señor y Padre, ὁ ἐν τοῖς οὐρανοῖς. Maravillosamente lo ha expresado S. Pablo en dos textos, en que sintetiza su sentir sobre el deber de los amos para con los siervos, y que recogen preferentemente el aspecto de reverencia y sujección debida a Dios ὁ ἐν τοῖς οὐρανοῖς. Dice el primero : « Y los amos haced lo mismo con relación a ellos (los siervos), evitando las amenazas, sabedores de que el Señor de ellos y vuestro *está en los cielos* y no hay en El aceptación de personas ». Más conciso el segundo : « Dad los amos a los siervos lo que es justo y equitativo, sabedores de que también vosotros tenéis Señor *en el cielo* » [142].

Es indudable la proyección en la tierra del Dios presente en los cielos. Destruído el templo judío, lugar de la presencia de Dios entre los hombres, el cielo se acerca más a la tierra. Es enseñanza categórica del Maestro que quiso poner los hechos al servicio de su doctrina. Proveniente del cielo, « el Verbo se hizo carne καὶ ἐσκήνοσεν ἐν ἡμῖν », y, hecha patente la eficacia de su presencia, entre los hombres, al cielo volvió ante las miradas de sus apóstoles [143].

Presente en el cielo al lado del Padre, lejos de disminuír, crece la eficacia de la presencia de Cristo en medio de sus redimidos. Al clamor de alabanza : « La salud a nuestro Dios que está sentado en el trono, y al Cordero », en que prorrumpe aquella innumerable multitud de todas las naciones, y tribus, y pueblos, y lenguas de pie ante el trono y ante el Cordero, responde generosamente trotectora la actitud del Cordero-Redentor. Habla a Juan uno de los ancianos, mientras señala a los vestidos de ropas blancas : « Estos son los que vienen de la gran tribulación y lavaron sus vestiduras y las blanquearon en la sangre del Cordero. Por esto están ante el trono de Dios y le adoran día y noche en su templo, y el que está sentado en el trono σκηνώσει ἐπ᾿ αὐτούς. Ya no tendrán hambre, ni tendrán sed, ni caerá sobre ellos el sol ni ardor alguno, porque el Cordero τὸ ἀνὰ μέσον τοῦ θρόνου los regirá y los conducirá a las fuentes

---

[142] Ef. 6, 9 ; Col. 4, 1.
[143] Juan 1, 14 ; Hech. 1, 9-11.

de las aguas de la vida ; y enjugará Dios toda lágrima de sus ojos » [144].

La eficacia de la presencia divina en medio del nuevo y definitivo Israel ha alcanzado su más intenso matiz de respeto por parte del hombre, de bondad por parte de Dios. Juan insistirá sobre ello cuando, describiendo al final de su libro la Jerusalem celeste, se haga eco de « una gran voz venida del trono que decía : He aquí ἡ σκηνὴ de Dios con los hombres, καὶ σκηνώσει con ellos, y ellos le serán pueblo y el mismo Dios estará con ellos, y enjugará toda lágrima de sus ojos, y ya no existirá la muerte, ni habrá duelo, ni grito, ni trabajo ; porque lo primero pasó » [145].

Es el alcance negativo : Dios, presente en medio de los suyos, alejará de ellos todo mal. He aquí el alcance positivo : « Y no ví templo en ella, porque el Señor Dios omnipotente es su templo como también el Cordero. Y la ciudad no necesita de sol, ni de luna que luzcan en ella ; porque la luz de Dios la ilumina y su antorcha es el Cordero ... Y estará en ella el trono de Dios y del Cordero, y sus siervos le adorarán ... Y no tienen necesidad de luz de antorcha, ni de luz de sol, porque el Señor Dios irradiará su luz sobre ellos, y reinarán por los siglos de los siglos » [146].

La presencia temporal de Dios entre el primitivo Israel en la nube peregrina del desierto, en su tabernáculo de nómada, en su Jerusalem, en su Sión y en su templo ha dado paso a una presencia eterna. Esta, como aquélla, concentra su doble matiz de respeto y protección en aquel divino « Yo seré vuestro Dios y vosotros seréis mi pueblo ». Pasajero, pero apuntando a lo eterno en el primer caso, ha alcanzado en el segundo ese vislumbre de eternidad.

Siguiendo la dirección marcada a lo largo del A. Testamento, el Nuevo ha hecho avanzar hasta el fondo la presencia de Dios entre los hombres. Pero a canto a ésta, que pudiéramos llamar presencia social, el N. Testamento ha descubierto las huellas de la presencia individual y en ella ha ahondado. Puede decirse que se trata de algo propio y característico de los escritos neotestamentarios, aunque esto

---

[144] Apoc. 7, 9-11. 14-17.
[145] Apoc. 21, 3-4.
[146] Apoc. 21, 22-23 ; 22, 3-5.

no signifique que en las páginas del A. Testamento no haya algunas señales de ello. Son unos pasajes del libro de la Sabiduría los que pueden brindarnos con este fenómeno.

Sin prólogo alguno, comienza el autor del libro sapiencial : « Amad la justicia los que gobernáis la tierra, pensad bien del Señor y buscadle con corazón sencillo. Porque se deja hallar de los que no le tientan, se manifiesta a los que no desconfían de El. Pues los pensamientos torcidos apartan de Dios, y puesto a prueba, el Poder confunde a los insensatos. Porque en alma maliciosa no entra la sabiduría, οὐδὲ κατοικήσει en cuerpo esclavo del pecado. El santo espíritu de buena crianza huye de la ficción y se aleja de pensamientos insensatos, y al sobrevenir la injusticia se retira » [147].

Un estudio comparativo de los tres últimos versos, que, en contraposición con el segundo, son al mismo tiempo su explicación, nos ofrece un doble grupo de elementos generales paralelos entre sí. De una parte, Dios con su Poder, la sabiduría y el santo espíritu de honestidad ; de otra, pensamientos torcidos y hombres insensatos, alma maliciosa y cuerpo esclavo del pecado, ficción, pensamientos insensatos e injusticia. Entre ambos grupos de elementos el abismo de una separación expresada con diversas fórmulas, en el fondo de idéntico alcance. De aquí que, aun prescindiendo del vislumbre trinitario, pueda decirse que, igualmente que de la sabiduría, se afirma de Dios con su Poder y del santo espíritu de honestidad la no entrada en alma maliciosa y la no morada en cuerpo esclavo del pecado.

La fórmula es negativa : su reverso positivo nos lo dan otros textos. Se lee en aquel pasaje, en que la Sabiduría personificada es descrita como accesible a todos los que la buscan : « Brilla sin oscurecerse la Sabiduría, y con facilidad se deja ver de los que la aman y se deja encontrar de los que la buscan. Se adelanta en darse a conocer a los que la codician. Quien por ella madruga, no se cansará, pues a las puertas la encontrará sentada. Porque el pensar en ella es de prudencia consumada y el que por ella vela pronto, se verá sin cuidados. Porque buscando a los dignos de sí, ella da vueltas y en los caminos se les muestra de buen ánimo y en todos sus pensamientos les sale al paso » [148].

[147] Sab. 1, 1-5.
[148] Sab. 6, 12-16.

Este reverso positivo, que habla en general de hombres dignos como asiento de la Sabiduría, completa el anverso negativo del texto anterior, pero a su vez es completado en un pasaje posterior. Al proponer las excelencias de la Sabiduría, escribe el autor después de haber descrito su procedencia como exhalación del poder de Dios, como efluvio de su gloria, como irradiación de la eterna luz, como espejo sin mancha de su actividad, como imagen de su bondad : « Y con ser una, todo lo puede, y permaneciendo en sí, todo lo renueva, y a través de los siglos transfundiéndose en las almas santas, forma amigos de Dios y profetas. Porque nada ama Dios sino τὸν συνοικοῦντα con la Sabiduría » [149].

En oposición al paso atrás de la sabiduría ante las almas maliciosas y los cuerpos esclavos del pecado, se da ese paso adelante hacia la unión íntima, hacia la cohabitación con las almas santas. Dios que « nada ama sino al que cohabita con la Sabiduría », y la Sabiduría que sólo « se transfunde en las almas santas », tienen en su trato con los hombres las mismas exigencias. La Sabiduría, divino precursor, prepara el camino : trabajo intenso para la posesión completa de las almas santas hasta transformarlas, tras las huellas de Abraham y de Moisés, en amigos de Dios y en profetas, en amados de Dios. De El reciben para los hombres los mensajes de la revelación y a El hacen llegar las exigencias de los hombres [150].

Esta íntima relación de Dios y de la Sabiduría con las almas santas suscita espontáneamente el recuerdo de aquel pasaje del sermón de la Cena, en que Cristo dice a sus apóstoles : « No os dejaré huérfanos ; vuelvo a vosotros. Todavía un poco y el mundo ya no me ve más ; pero vosotros me veis, porque yo vivo y vosotros viviréis. En aquel día vosotros conoceréis que estoy en mi Padre, y vosotros en mí y yo en vosotros. Quien tiene mis mandamientos y los guarda,

---

[149] Sab. 7, 27-28.

[150] El autor acaso se refiera de un modo especial a Abraham y Moisés admitidos por Dios a un trato de mayor familiaridad (Gén. 18, 18 ; Ex. 33, 11) y encargados, no sólo de transmitir los mensajes de Dios a los hombres, sino también de hablar a Dios en nombre de los hombres (Gén. 20, 7 ; Ex. 5, 22-23 ; 32, 32). Sobre Abraham « amibo de Dios » véase 2 Cr. 20, 7 ; Jud. 8, 22 ; Is. 41, 8 ; Dan. 3, 35 ; Sant. 2, 23 : son pasajes que ya quedan expuestos.

ése es el que me ama ; y el que me ama, será amado de mi
Padre y yo le amaré y me manifestaré a él».

Es el Hijo-Sabiduría que entra en las almas santas, y
el Dios-Padre que las ama. Los apóstoles no han penetrado
hasta el fondo de la doctrina y Judas Tadeo se adelanta a
pedir luz sobre la última de las afirmaciones del Maestro :
« Señor, ¿y qué ha pasado que vas a manifestarte a nosotros
y no al mundo ? ». La respuesta de Jesús derrama luz sobre
todo el cuerpo de doctrina últimamente expuesta : « Si alguno me amare, guardará mi palabra y mi Padre lo amará
y a él vendremos y en él haremos μονὴν » [151].

Inmediatamente antes de esta promesa de Cristo, donde
el Hijo y el Padre toman a una posesión de las almas santas, S. Juan ha recogido otra de labios de Jesús. Es la promesa de otro Consolador : « Si me amáis, guardad mis mandamientos ; y yo rogaré al Padre y os dará otro Abogado
para que esté para siempre con vosotros : el Espíritu de la
verdad que el mundo no puede recibir, porque ni le ve, ni
le conoce. Vosotros le conocéis, pues παρ᾽ ὑμῖν μένει καὶ
ἐν ὑμῖν ἔσται » [152]. De este modo, en paralelismo con el
Dios, la Sabiduría y el Santo Espíritu, que en el libro de
la Sabiduría exigían para la convivencia con los hombres
santidad de alma, surgen en el evangelio de S. Juan el Padre, el Hijo y el Espíritu Santo, que sólo pueden habitar en
las almas de quienes no son del mundo y aman de verdad
a Cristo.

La línea dibujada en el A. Testamento va adquiriendo
un definitivo relieve de grandeza, que S. Pablo recalcará
con mano de maestro. Escribe al contraponer la ley del
espíritu y la ley de la carne : « Pero vosotros no estáis en
la carne sino en el Espíritu, si es que el Espíritu de Dios
οἰκεῖ ἐν ὑμῖν. Que si alguno no tiene el Espíritu de Cristo, ese tal no es de El. Y si Cristo está ἐν ὑμῖν, el cuerpo
está muerto a causa del pecado, pero el Espíritu es vida a
causa de la justicia. Y si el Espíritu del que resucitó a Jesús
de entre los muertos οἰκεῖ ἐν ὑμῖν, el que resucitó a Cristo Jesús de entre los muertos, vivificará también vuestros

---

[151] Juan 14, 18-23.
[152] Juan 14, 15-17.

cuerpos mortales a causa de su Espíritu τοῦ ἐνοικοῦντος
ἐν ὑμῖν » [153].

La sustitución de lo nacional y social por lo individual
y personal sigue la línea marcada en el libro de la Sabiduría.
Sólo el alma santa puede ser morada del Espíritu de Dios.
Esta presencia arrancaba de labios de S. Pablo un consejo
a su discípulo Timoteo : « Guarta el precioso depósito por
el Espíritu Santo τοῦ ἐνοικοῦντος ἐν ὑμῖν » [154].

Con una alusión al Dios celoso de la promulgación del
Decálogo, insiste el Apóstol Santiago en la habitación del
Espíritu Santo entre los hombres, como distintivo de la amis-
tad con Dios. Escribe contraponiendo el amor del mundo y
el amor de Dios : « Adúlteras : ¿ no sabéis que el amor del
mundo es enemistad de Dios ? Quien quisiere, por lo tanto,
ser amigo del mundo, se constituye enemigo de Dios. ¿ O
pensáis que en vano dice la Escritura : Hasta el celo desea
el Espíritu ὃ κατῴκισεν ἐν ὑμῖν » ? [155].

Alma de la vida interior, el Espíritu Santo está presente a la unión del Padre y de Cristo con los hombres. Así
lo propone S. Pablo cuando, al hablar de la unión de gentiles y judíos en Cristo, escribe : « En el cual (en Cristo Jesús)
también vosotros sois coedificados εἰς κατοικητήριον de
Dios en el Espíritu ..... Por lo cual doblo mis rodillas al Padre ... para que os conceda, según la riqueza de su gloria,
que seáis firmemente corroborados por la acción de su Espíritu en el hombre interior, que Cristo κατοικῆσαι por la
fe en vuestros corazones, enraízados y cimentados en la
caridad ... » [156].

El deseo de S. Pablo de « que Cristo habite por la fe
en vuestros corazones », ofrece en este caso un horizonte
apostólicamente ambicioso. Es deseo de que sus fieles entiendan en toda su extensión el misterio expuesto, conozcan
el incomprensible amor de Cristo y sean colmados de una
plenitud espiritual, cuyo límite es la misma plenitud de
Dios [157]. Exhortando a los colosenses a la práctica de las

---

[153] Rom. 8, 9-11.
[154] 2 Tim. 1, 14.
[155] Sant. 4, 4-5.
[156] Ef. 2, 22 ; 3, 14-17.
[157] Ef. 3, 18-19.

virtudes, el deseo de S. Pablo se esconde detrás de otra
fórmula al parecer más modesta, pero que en el fondo es
tan amplia como la anterior. Escribe : « La palabra de Cristo ἐνοιϰείτω en vosotros opulentamente, en toda sabiduría, enseñando y amonestándoos con salmos, himnos, cán-
ticos espirituales, cantando con hacimiento de gracias en
vuestros corazones a Dios » [158].

Este habitar Dios en el alma de sus fieles pasa del Antiguo al N. Testamento, a través de la pluma de S. Pablo,
bajo la gráfica figura del templo de Dios. Como cierre magnífico de la presentación de su obra de sabio arquitecto en
el edificio cimentado sobre Cristo, escribe : « ¿No sabéis
que sois ναὸς de Dios y que el Espíritu de Dios οἰϰεῖ en
vosotros ? Si alguno destruye el templo de Dios, Dios le
destruirá a él ; porque santo es el templo de Dios que sois
vosotros » [159].

Al hablar así, S. Pablo tiene delante no sólo el cuerpo
social de la Iglesia de que ha venido hablando, sino también
cada uno de sus miembros. En este aspecto individual ha
de insistir más tarde cuando, en su apología de la pureza
cristiana, escriba, calcando casi la misma forma estilística
y lógica : « ¿O no sabéis que vuestro cuerpo es ναὸς del
Espíritu Santo que está ἐν ὑμῖν, el cual tenéis (recibido)
de Dios y nos sois vuestros ? Porque fuísteis comprados a
costa de precio. Glorificad, pues, a Dios en vuestro cuerpo » [160].

Este aspecto individual de nuevo ha de entrecruzarse
con el social de la Iglesia en aquel pasaje donde el Apóstol,
saturada su mente de A. Testamento, vuelca reminiscencias
bíblicas de diversos libros en apoyo de su tesis, enunciada
en la primera proposición. « No os juntéis a los infieles llevando yugo distinto. Porque ¿qué participación entre la
justicia y la iniquidad, o que comunicación de la luz con
las tinieblas? ¿ Qué armonía de Cristo con Belial, o qué
parte del creyente con el infiel ? ¿Qué acuerdo entre el templo de Dios y los ídolos ? Porque nosotros somos ναὸς
de Dios vivo, como dijo Dios : Ἐνοιϰήσω entre ellos

---

[158] Col. 3, 16.
[159] 1 Cor. 3, 16-17.
[160] 1 Cor. 6, 19-20.

y en medio de ellos ἐμπεριπατῆσω, y seré su Dios y ellos
serán mi pueblo. Por lo cual, salid de en medio de ellos y
apartáos, dice el Señor, y no toquéis cosa impura ; y yo os
acogeré y os seré padre y vosotros me seréis hijos e hijas,
dice el Señor omnipotente » [161].

Una vez más la economía del N. Testamento profundiza en la línea iniciada y seguida en la economía del Antiguo. El Israel primitivo de la elección divina, aislado de los
otros pueblos y sin contacto con ellos en su vida social y
religiosa, separado como cosa santa y consagrado al Señor,
vió caminar y vivir a su lado al Dios que, en los patriarcas,
tantas veces le había escogido por hijo y tantas se le había
ofrecido como padre. El nuevo Israel en su organización social y en sus miembros espiritualiza aún más ese sentido de
aislamiento, de consagración a Dios, y siente más íntima la
presencia divina. A su vez, Dios-Padre, en medio de su pue-
blo-hijo, prenuncia con su presencia en el alma de los fieles
la cohabitación de los hijos con el Padre en el pueblo definitivo de Dios.

----

[161] 2 Cor. 6, 14-18. Los textos bíblicos del A. Testamento, a cuyas
palabras o sentido se alude, son, entre otros, Ex. 20, 34. 41 ; Lev. 26,
12 ; 2 Sam. 7, 14 ; Is. 43, 5 ; 52, 11 ; Jer. 31, 9 ; 32, 38 ; 51, 45 ; Ez.
37, 27 ; Os. 1, 10.

Capitulo quinto

YAHVEH, LA TIERRA Y EL PUEBLO

Un pueblo solo y una región sola : doble faceta de un único objetivo en la elección divina. En él se concentra la promesa abrahamítica desde su fase inicial y paralela a él se desarrolla. Dueño universal y absoluto, el Dios de la promesa se fija en un pueblo y en una región, y los proclama peculiarmente suyos. Desde este momento pueblo y región merecen algo más que simples estudios de historia y geografía profanas. Estos podrán y deberán ser puntos de partida, pero nunca fin : son estudios del elemento de fuera al servicio de lo esencial de dentro.

Israel, el pueblo de la descendencia patriarcal, es el pueblo de Dios. Aspecto básico, necesariamente ha tenido que ser estudiado con detención e interés ; pero, muy de ordinario en roce con teorías y enfoques a que ya se ha aludido, su posición resulta no pocas veces de segundo plano. Como, por otra parte, el campo de por sí es amplísimo, no es fácil en un trabajo de conjunto dar cabida al estudio detallado de facetas particulares que ahora nos interesan. De todos modos, existen estudios ricos en datos y en puntos de vista, aceptables unas veces, discutibles otras [1].

---

[1] Fuera de los tratados de *Teología Bíblica* ya citados (a ellos puede añadirse A. B. Davidson, *The Theology of the Old Testament*. Edinburgh 1925, pág. 235-289), pueden verse W. Caspari, *Beweggründe der Erwählung nach dem A. T.* (Neue kirchl. Zeits. 32, 1921, pág. 202-215) ; G. von Rad, *Das Gottesvolk in Deuteronomium* (Beitr. z. Wiss. v. Alt. u. Neu. Testam., 3 Folge, Heft 11, 1929) principalmente en las pág. 9-10 ; 20-26 ; 43-49 ; Id., *Das Geschichtsbild des chronistischen Werkes* (Ib. 4 Folge, Heft 3, 1930) ; A. Weiser, *Glaube und Geschichte im A. T.* (Ib. 4 Folge, Heft 4, 1931) ; G. Bertram, Ἔθνος (Theol. Wörterb. z. N. Testam. II, 1935, pág. 362-366 ; W. Staerk, *Zum alt. Er-*

Otro aspecto paralelo, igualmente básico, es el suscitado por la presencia de una región concreta y limitada, lugar de asiento para el pueblo escogido. Es al mismo tiempo tierra-peculiar de Dios y herencia del pueblo. Tierra con su geografía y con su historia, al estilo de los demás territorios nacionales, ha sido cuidadosamente estudiada bajo este punto de vista, que desde los días de la promesa patriarcal, la narración bíblica ha tenido en cuenta. Quizás este mismo estudio escrupuloso y de detalle de lo puramente geográfico e histórico haya hecho perder de vista el carácter primario de una tierra, posesión al mismo tiempo de Yahveh y del pueblo escogido como tal[2].

Un tercer aspecto igualmente básico, pero a primera vista menos saliente, es el universalismo. El Dios que, con pleno dominio y sin oposición alguna, escoge a su arbitrio un pueblo y una región, se revela por lo mismo dueño de toda tierra y de todos los pueblos. El pueblo-descendencia patriarcal, proclamado desde un principio eje de todas las familias, de todas las naciones de la tierra, es sin duda pueblo nacional, pero con tentáculos de universalismo, interprétese en sentido activo, pasivo, o reflexivo-recíproco el repetido Ni-Hitp. de la bendición patriarcal. En todo caso se inicia ya entonces aquel encuentro de Israel con las naciones, que los profetas frecuentemente han de subrayar[3].

---

wählungsglauben (Zeits. f. die alttest. Wiss., Neu. Folg. 14, 1937) principalmente en las pág. 2. 8. 10 ; L. Rost, *Israel bei den Propheten* (Beitr. z. Wiss. v. Alt. u. Neu. Testam. 4 Folge, Heft 19, 1938) ; G. Quell, *Die Erwählung im A. T.* (Theol. Wörterb. z. N. Testam. IV, 1943, pág. 148-173) principalmente en las pág. 148-156 ; 163-173 ; J. Botterweck, *Gott* ..., pág. 33-42. En estos dos últimos autores pueden verse reseñados algunos otros trabajos sobre la materia.

[2] No nos interesan aquí, por lo mismo, estudios de este tipo. Pueden verse por el contrario G. Westphal, *Jahwes*..., pág. 91-95 (sobre la Tierra de Yahveh) ; L. Rost, *Die Bezeichnungen für Land und Volk in A. T.* (Festschr. für O. Procksch, 1934, pág. 125-148) ; J. Hermann, *Nahalah und nahal in A. T.* (Theolog. Wörterb. z. N. Testam. III, 1938, pág. 768-775); G. von Rad, *Verheissenes Land und Jahwes Land in Hexateuch* (Zeits. des Deutsch. Palästina-Vereins 66, 1943, pág. 191-204).

[3] Pueden verse por ej. M. Peisker, *Die Beziehungen der Nichtisraeliten zu Jahwe* (Beiheft. z. Zeits. f. die alt. Wiss. 12, 1912) ; H.

De nuevo, esta vez tras las huellas del Israel נַחֲלָה, עַם ... de Dios, se podrá seguir la continuidad de una línea divina de fidelidad y predilección, iniciada en los patriarcas. Con ella será también posible avanzar hasta los confines del nuevo Israel.

a). — « MIA ES LA TIERRA »

Fijo el pensamiento en el día aún lejano en que Israel, victorioso de los reyes que quieran cortarle el paso, se asentará definitivamente en Palestina, cierra Moisés su canto de triunfo por el feliz paso del mar Rojo : « Pavor y terror caen sobre ellos, por el poder de tu brazo enmudecen como piedra, hasta que ha pasado tu pueblo, Señor, hasta que ha pasado el pueblo que adquiriste. Le conduces y le plantas en el monte de tu herencia, en el lugar que para tu morada has preparado ... »[4].

Hay en las palabras de Moisés dos ideas, cuyo pleno desarrollo nos interesa seguir : la idea de Israel, pueblo y posesión de Dios, y la idea de Palestina, tierra y posesión del mismo Dios. La primera, presentada ya antes bajo otros puntos de vista, aparecerá ahora con contornos más fijos, tras la exposición de una nueva faceta ; la segunda no ha sido tocada, sino quizás como de rechazo, y su exposición será, por lo mismo, nueva por completo. Comenzamos por ella.

Entre las normas, con que en el Levítico se regula la celebración del año jubilar, se lee la siguiente : « Y el terreno no se venderá definitivamente, porque mía es la tierra (לִי הָאָרֶץ) y vosotros sois a mi lado inmigrantes e

SCHMOEKEL, *Jahwe und die Fremdvölker* (Bresl. Stud. z. Theol. u. Religionsgesch. 1, 1934) ; G. BERTRAM, *Volk und Völker in der heilig. Schrift.* (Kirche im Angriff, 11, 1935, pág. 19-30) ; H. BUECKERS, *Des Propheten Isaias messianische Erwantungen für die Heidenvölker* (Theol. prakt. Quartals. 1938, pág. 16-23. 222-234) ; H. ROWLEY, *Israel's Mission to the World.* London 1939.

[4] Ex. 15, 16-17. Sobre la idea de Israel *plantado* por Dios en Palestina, después de intenso trabajo de preparación, véase Salm. 44, 3-4 ; 80, 9-16. Es idea que recogerá Jeremías 32, 41 al hablar del Israel restaurado.

inquilinos ; sino que en toda la tierra de vuestra posesión
concederéis al terreno derecho de rescate ». Y expuesto el
cómo ha de llevarse a la práctica este derecho de rescate
(גְּאֻלָּה), o por medio del גֹּאֵל , o, a falta de éste, por
los propios medios, legisla para el caso en que también esto
último sea imposible : « Pero, si no halla lo bastante para
poder pagarle, quede lo vendido en mano del comprador
hasta el año del jubileo : mas se presentará en el año jubilar y volverá a su posesión » [5].

Era una ley humanitaria, base al mismo tiempo de equilibrio económico y social, que se presentaba inconmovible
como la afirmación divina que la servía de apoyo : « Porque לִי הָאָרֶץ ». Esta proclamación de derechos sobre
una región limitada, por parte de un Dios, que repetidamente se proclama Señor absoluto de toda la tierra [6], habla por
sí sola del alcance fecundo del divino « porque לִי הָאָרֶץ ».
Dos pasajes del Pentateuco subrayan con trazos firmes este
alcance.

Acampado frente al monte Sinaí, Israel oyó de labios
de Moisés las siguientes declaraciones divinas : « Vosotros
habéis visto lo que he hecho a los egipcios y que a vosotros
os he llevado sobre alas de águilas y os he traído a mí. Ahora, pues, si atentamente oís mi voz y guardáis mi pacto, seréis para mí popriedad (סְגֻלָּה) de entre todos los pueblos, porque לִי כָּל־הָאָרֶץ , y vosotros seréis para mí reino
de sacerdotes y gente santa » [7].

Frente al divino « porque לִי הָאָרֶץ » de alcance
limitado, surge el también divino « porque לִי כָּל־הָאָרֶץ »
de tono universalista. Pero no es un enfrentarse de oposición, sino de mano tendida ; porque el primero no es sino
una consecuencia, un fluír del segundo. Con razón escribe
Bonfrère : « *Mea est enim omnis terra. Quasi dicat : Etsi
enim omnis terra pari iure mea sit, attamen vobis peculia-
riter hoc beneficium praestare volo* » [8]. Es decir, que si el

[5] Lev. 25, 23-28.
[6] Ex. 9, 29 ; Job 41, 3 ; Salm. 24, 1 ; 50, 12.
[7] Ex. 19, 4-6.
[8] J. Bonfrère, *Pentateuchus*. Antuerpiae 1625, pág. 445.

Señor elige a Israel por su סְגֻלָּה entre todos los pueblos
y en consecuencia le entrega Palestina « porque לִי הָאָרֶץ »,
es en virtud de su dominio absoluto del mundo, de su « porque לִי כָל־הָאָרֶץ ».

Es idea sobre la que vuelve Moisés, cuando, en su intento de fijar definitivamente al pueblo en el camino de la
ley divina, le arguye : « He aquí que del Señor tu Dios son
los cielos y los cielos de los cielos, הָאָרֶץ y cuanto en
ella existe. Y solamente a tus padres se apegó amándolos,
y después de ellos escogió su descendencia, a vosotros, de
entre todos los pueblos como (aparece) el día de hoy » [9].

Son dos textos, que ponen en primera línea la figura
de un Dios que, si por una parte es dueño absoluto del
mundo, aparece por otra encariñado con un pueblo. Paralela a este amor de predilección por Israel, surge, concen-
trada en el « porque לִי הָאָרֶץ », la potente carga de
amor hacia la tierra de Palestina. Puede decirse que es un
solo acto de la divina predilección con aquellas dos mismas
facetas siempre tan en relieve y siempre tan unidas en la
promesa de Abraham. Bajo el mismo signo los hijos de
Coré, en su urgir a Dios porque alivie los amargos días de
los israelitas, a raíz de su vuelta del destierro a la patria,
comenzarán recordando favores divinos : « Has favorecido,
Señor אַרְצֶךְ , has cambiado la suerte de *Jacob*. Has
perdonado la culpa עַמֶּךְ , has cubierto todos sus pecados.
Has reprimido toda tu cólera, has desistido del furor de tu
ira » [10].

Este encontrarse y superponerse de « *tu tierra* » con « *Jacob* », con « *tu pueblo* », hace caer sobre el divino « porque
לִי הָאָרֶץ » todo el peso de la predilección divina concen-
trada en el Israel סְגֻלָּה de Dios. De aquí, que la pérdida
de este privilegio vaya necesariamente unida a la expulsión
del pueblo de la tierra palestinense. Es idea de los días del
desierto : Moisés partirá de ella en su deseo de asegurar el
cumplimento de la ley divina [11], y Salomón, testigo de la

[9] Dt. 10, 14-15.
[10] Salm. 85, 2-4.
[11] Lev. 26, 32-33 ; Dt. 4, 26-27 ; 28, 64.

tradición judía, la pondrá de relieve en una ocasión solemne del comienzo de su reinado.

Habían acabado las fiestas de la dedicación del templo, y habló Dios una noche al hijo de David de promesas y de amenazas. Unas y otras giran al rededor del cumplimiento o no cumplimiento de la ley. Las amenazas : « Mas si vosotros os volvéis atrás y abandonáis mis leyes y mis preceptos que os he puesto delante, y os vais a servir a otros dioses y a adorarles, yo os arrancaré de sobre mi tierra (אַדְמָתִי) que os he dado, y esta casa que he consagrado a mi nombre la arrojaré de delante de mí y la pondré como objeto de burla y de risa entre todos los pueblos » [12].

El profeta Oseas presiente el acercarce de esos días de desgracia, y grita al reino de Israel, esposa prostituta para con el Señor su fiel esposo : « No te goces Israel, no te recocijes como los pueblos, porque has fornicado lejos de tu Dios, amaste la paga de prostituta en todas las eras de trigo. La era y el lagar no les conocerán y el mosto les engañará. No quedarán בְּאֶרֶץ יְהֹוָה , sino que Efraim volverá a Egipto y en Asiria han de comer manjares impuros. No libarán vino al Señor, ni le agradarán sus víctimas. Como pan de duelo será su pan ; se contaminarán todos cuantos le coman. Porque su pan será para ellos mismos, no entrará en la casa del Señor » [13].

Como Oseas frente al reino de Israel, el profeta Jeremías se alzará frente al de Judá. Prostituta también como su hermana Israel, como ella ha de sufrir que la echen en cara sus infidelidades de esposa : « Alza los ojos a los collados y mira : ¿dónde no has sido deshonrada ? En los caminos les estabas

---

[12] 2 Cr. 7, 19-20. En el lugar paralelo de 1 Rey. 9, 7 se lee 'adamah en vez de 'ad^ematî. En Lev. 26, 32 se habla de 'eres y de 'ar^es^ekem ; en Dt. 28, 63 de ha'adamah ; en Dt. 29, 21. 23 de ha'ares ; en Dt. 29, 26-27 de ha'ares y 'ad^ematam. Todos ellos son pasajes en que se adelanta la predicción hecha más tarde a Salomón.

[13] Os. 9, 1-4. Se lee, en los vers. 1 y 2, con los LXX 'al-tagel en vez de 'el-gîl, y lo' y^eda^cam en vez de lo' yir^e'em; y se cambia, en el vers. 4, lahem en lah^emam. A esta destrucción, poéticamente propuesta por Oseas, se refieren también las palabras del profeta Ahía cuando, en 1 Rey. 14, 14-16, predice la desaparición de la casa de Jeroboam y la expulsión de Israel « de esta fértil ha'adamah que (Dios) había dado a sus padres ».

en espera, como árabe en el desierto. Y has contaminado אֶרֶץ con tus fornicaciones y con tu maldad »[14].

Así hablaba Jeremías profeta del Señor, a aquel pueblo, a quien poco antes había recordado los días en que « Israel era para el Señor קֹדֶשׁ , primicia de sus frutos », de modo que « todos los que de él comiesen debían expiar ; sobre ellos venía el infortunio ». Eran los días de la salida de Egipto, días idílicos de los primeros amores del Dios-esposo para con Israel-esposa, que éste ha olvidado. El Señor por Jeremías se lo recuerda con amargura : « Y os introduje en tierra feraz para que disfrutáseis sus frutos y sus bienes ; pero entrásteis y habéis contaminado אַרְצִי y mi heredad (נַחֲלָתִי) habéis convertido en abominación »[15].

Casi en los mismos términos, pero acentuando más la nota de esas contaminaciones y de esa abominación de su tierra y de su herencia, volverá a hablar el Señor por Jeremías. Es un nuevo anuncio del inminente castigo por el que Israel, desterrado en tierra extraña, ha de convertirse en « esclavo y presa » : « He aquí que yo enviaré muchos pescadores, palabra del Señor, y los pescarán ; y después de esto enviaré muchos cazadores y los cazarán de todo monte y de todo collado y de las hendiduras de las rocas. Porque mis ojos sobre todos sus caminos. No se me ocultan, ni su culpa se escapa a mis ojos. Así lo primero pagaré al doble su culpa y su pecado por haber ellos profanado אַרְצִי con la carroña de sus ídolos y de sus abominaciones que llenan נַחֲלָתִי »[16].

Israel como nación va a perder sus privilegios de pueblo escogido. Un pueblo extraño, instrumento de la ira divina, le arrancará de Palestina. Ya no es tierra o herencia de Dios, ya no es cosa santa : el pueblo la ha profanado y, con la práctica de una idolatría desenfrenada, ha dado posesión de ella a los ídolos. Como a tal la tratará el ejército

---

[14] Jer. 3, 2.
[15] Jer. 2, 3. 7. Sobre si también, o exclusivamente, se trata del amor del Israel-esposa hacia el Dios-esposo en los días del desierto, véase *Misericordia* ..., pág. 138-140.
[16] Jer. 16, 16-18. Véase también Jer. 2, 14.

caldeo convirtiéndola en ruinas y desierto. Pero un día, al clamor penitente de Israel, la mirada de Dios volverá de nuevo a posarse sobre su pueblo y sobre su tierra. Babilonia ha pecado contra el Señor, y el Señor la anunciará su destrucción, como pesaroso de la misión que años antes la había confiado : « Sí, gozáos, saltad de júbilo, los que saqueásteis נַחֲלָתִי ; sí, saltad como becerros en el herrén y relinchad como caballos. La vergüenza de vuestra madre será completa, será confundida la que os dió a luz. He aquí que será la última de las naciones, desierto, aridez y estepa » [17].

Es como un sentimiento de nostalgia por su tierra y por su pueblo. El profeta Joel había adivinado la transcendencia de esta actitud del Señor. Así nos lo revela aquel pasaje suyo, diálogo de intimidad entre Dios y sus sacerdotes. Reunido todo el pueblo en Sión, al son de trompeta, se dirige Joel a los sacerdotes : « Entre el atrio y el altar lloren los sacerdotes, los ministros del Señor y digan : Mira con piedad, Señor, עַמֶּךָ y no entregues al oprobio נַחֲלָתְךָ para que las naciones se burlen de ellos. ¿ Por qué se ha de decir entre los pueblos : Dónde está su Dios ? ».

El profeta ha tocado el resorte de un argumento, que su uso en la tradición revela poderoso [18], y la reacción divina no se hace esperar : « Y el Señor ha sentido celo לְאַרְצוֹ y ha perdonado עַמּוֹ . El Señor respondió y dijo a su pueblo : He aquí que yo os enviaré grano, mosto y aceite, y os saciaré de ello. Y no os pondré más como ludibrio entre las naciones. Y al norteño alejaré de entre vosotros y le expulsaré a una tierra árida y desolada ; hacia el mar oriental su vanguardia y hacia el mar occidental su retaguardia. Y subirá su hedor y subirá su fetidez, porque fué altivo en obrar » [19].

Hay en Joel seguridad de vidente ; de aquí su inmediato arranque de júbilo de cara a la tierra del Señor : « No temas, אֲדָמָה , regocíjate y alégrate, porque el Señor se ha mos-

---

[17] Jer. 50, 11-12. En el vers. 11, en vez del $k^{e'}eg^elah$ $dašah$ del TM., se lee con los LXX y la Vg. $k^{e'}eg^elê$ $badeše'$.

[18] Véase por ej. Ex. 32, 12 ; Salm. 42, 4. 11 ; 79, 10 ; 115, 2.

[19] Joel 2, 17-20.

trado grande en sus obras »[20]. Y, desarrollado a continuación ese grandioso intervenir divino en favor de su tierra y de su pueblo, concluye haciendo entrar de nuevo en escena el celo del Señor : « Porque he aquí que en aquellos días y en aquel tiempo, en que cambiaré la suerte de Judá y Jerusalem, congregaré a todas las gentes y las haré bajar al valle de Josafat y allí entraré en juicio con ellos por causa de Israel, עַמִּי וְנַחֲלָתִי, a quien dispersaron entre las gentes repartiéndose אַרְצִי. Y sobre mi pueblo echaron suerte y entregaron el muchacho a la prostituta y vendieron la muchacha por vino para beber »[21].

Inseparablemente unidos, pueblo y tierra ven salir en su defensa el celo del Señor. No es difícil distinguir, a través de este íntimo caminar juntos en prosperidad y en desgracia de Israel-pueblo y de Palestina-tierra de Dios, la presencia del término נַחֲלָה, como punto de encuentro entre ese pueblo y esa tierra. Si en otras ocasiones, como veremos, se limita a una de las dos facetas con exclusión de la otra, en los textos aducidos Israel-pueblo y Palestina-tierra se confunden dentro del contenido de נַחֲלָה. Es fenómeno que vemos repetido en algunos pasajes del libro de Samuel.

En su diálogo con Saúl, después que por segunda vez ha respetado la vida del rey, exclama David el fugitivo del desierto de Zif : « ¿Por qué, señor, andas persiguiendo a tu siervo ? ¿Qué es lo que he hecho y qué mal hay en mis acciones ? Escuche, pues, mi señor el rey las palabras de su siervo. Si el Señor te instiga contra mí, sea agradable mi sacrificio ; pero si son hombres, malditos sean delante del Señor porque me expulsan hoy de la comunión בְּנַחֲלַת del Señor diciendo : Ve, sirve a dioses extraños »[22].

Atinadamente anota Vaccari : « Las palabras de malvados enemigos y de consejeros impíos : *Ve, sirve a otras divinidades* (o, a otro dios), parten del presupuesto, de mar-

---

[20] Joel 2, 21.

[21] Joel 4, 1-3. En Joel 1, 6-7 anuncia el Señor por el profeta que un pueblo fuerte innumerable (de langostas o de guerreros) ha subido contra *mi tierra*, ha devastado *mi viñedo*.

[22] 1 Sam. 26, 18-19.

ca politeísta, de que toda nación tiene su particular divinidad y que, con cambiar nación, se había de cambiar religión. Aconsejando a David a que huya al extranjero, le empujan al mismo tiempo a la idolatría. David protesta enérgicamente en sentido contrario : no quiere romper *toda comunicación con la herencia del Señor*, es decir con la tierra de Israel y con su culto » [23].

En circunstancias muy diversas, apunta de nuevo esta idea en la historia de David. Joab oportuno se prepara a explotar la nostalgia del rey por Absalón, al cabo de tres años de la muerte de Amnón. Llama a una mujer sagaz de Tecoa que, fingiendo ser viuda y con dos hijos, habla al rey sobre uno de ellos como muerto a manos de su hermano, y sobre el superviviente buscado para la muerte. Cuando David se ha pronunciado a favor del hijo vivo, dice la mujer descubriéndole la estratagema : « Si, pues, he venido a expresar al rey mi señor esta historia, es porque el pueblo me atemorizó. Se dijo, pues, tu sierva : Quiero hablar al rey ; quizás haga el rey la propuesta de su sierva ; porque el rey seguramente consentirá en librar a su sierva de las manos del hombre que de un golpe quisiera extirparme a mí y a mi hijo מִנַּחֲלַת del Señor » [24].

En la parábola de la mujer de Tecoa hay ansias de perpetuar su familia como parte de un pueblo-herencia del Señor. En las palabras de la mujer sagaz de Abel de Bet Maaca hay deseos de que su ciudad, libre de la destrucción, siga formando parte de la tierra-heredad del Señor. He aquí cómo habla a Joab, dispuesto ya al asalto para apoderarse del fugitivo Seba : « Yo soy de las pacíficas, fieles (ciudades) de Israel. ¿Tú andas buscando destruír una ciudad y una madre en Israel ? ¿Por qué quieres destruír נַחֲלַת del Señor ? » [25].

El recuerdo de la tierra-heredad del Señor en labios de la mujer de Abel Bet de Maaca no pudo menos de hacer impresión en el ánimo de Joab, como lo había hecho en el

---

[23] A. Vaccari, *La Sacra* ..., II, pág. 234. Véase S. Driver, *Book of Samuel*. Oxford 1913 [2], pág. 208 ; A. Weiser, *Die Propheten* ..., pág. 57 ; M. Rehm, *Samuel-und Königsbücher*. Wurzburg 1949, pág. 62.
[24] 2 Sam. 14, 15-16.
[25] 2 Sam. 20, 19.

ánimo de David el recuerdo del pueblo-heredad del Señor
en labios de la mujer de Tecoa. En ambos casos el contenido
es el mismo : la tierra-heredad del Señor no tenía sentido
sin su pueblo-heredad. Con todo, la mujer de Tecoa directamente apunta al pueblo-heredad, y así lo hace también David cuando, dirigiéndose a los gabaonitas, molestos por la
traición de Saúl al pacto antiguo entre Gabaón e Israel, les
pregunta : «¿Qué puedo haceros y en qué daros satisfac-
ción de modo que vosotros bendigáis נַחֲלַת del Señor ? »[26].

En uno de los salmos más solemnes y deslumbrantes
de todo el salterio, cuya paternidad davídica, testimoniada
en el título, no ha podido hasta ahora ser cancelada, David
tiene un recuerdo para la heredad del Señor. Cierra así el
ciclo de los favores divinos antes de la ocupación de Palestina : « Generosa lluvia derramaste, oh Dios, a la lánguida
נַחֲלָתְךָ tú la reanimaste. Tu grey habitó en ella ; con
tus bienes, oh Dios, proveíste al miserable »[27].

Ni el contexto inmediato y mediato del salmo, ni los
textos paralelos o similares de otros libros de la Escritura,
pueden definitivamente decidir en favor, o del pueblo-heredad, o de la tierra-heredad de nuestro נַחֲלָתְךָ . En el
primer caso, se trataría del maná y demás beneficios que el
Señor hizo llover sobre su pueblo-heredad a lo largo del desierto[28] ; en el segundo, de la abundancia de lluvias con que
Dios había de proveer a su tierra-heredad, en ocasiones tan
azotada por la sequía[29].

Este carácter indeterminado existe acaso también en
aquel נַחֲלָתְךָ del comienzo de uno de los salmos asá-

[26] 2 Sam. 21, 3.
[27] Salm. 68, 10-11.
[28] Así por ej. D. KINHHI, *In Psalmos Davidis.* Parisiis 1666, pág.
289 ; E. F. RONSENMUELLER, *Scholia ...,* partis 4, vol. 3, pág. 1269-
1270 ; F. NOETSCHER, *Die Psalmen.* Würzburg 1947, pág. 130 (con
alusión a Ex. 16, 4 y Salm. 78, 23. 27) ; A. VACCARI, *La Sacra ...* 1949,
IV, pág. 201.
[29] Véase por ej. G. GENEBRARDO, *Psalmi Davidis.* Venetiis 1606,
pág. 246 ; F. KIRKPATRICK, *The Book of Psalms.* Cambridge 1921,
pág. 383 con alusión a Dt. 11, 10-12 y Salm. 65, 9) ; H. SCHMIDT, *Die
Psalmen ...,* pág. 125-126, que así lo supone en sus correcciones del
TM. ; A. WEISER, *Die Psalmen ...,* pág. 327-328.

ficos. Es invocación lastimosa ante las ruinas presentes :
« Oh Dios, los gentiles han entrado בְּנַחֲלָתֶךָ, han profanado tu santo templo, han convertido a Jerusalem en
montones de ruinas ». Teniendo en cuenta solo este primer
verso, la interpretación del נַחֲלָתֶךָ por tierra-heredad
del Señor (con Jerusalem y el templo como centro principal)
sería obvia ; pero el contexto todo del salmo y especialmente
los versos inmediatos inclinan a no excluír de esa tierra-heredad el pueblo-heredad. Sigue el salmista : « Han dado los
cadáveres de tus siervos como pasto a las aves del cielo, la
carne de tus santos a las bestias del campo. Han derramado
su sangre como agua en torno a Jerusalem y no hay quien
dé sepultura. Hemos llegado a ser oprobio para nuestros
vecinos, escarnio e irrisión para los que nos rodean »[30].

Como puede verse, el salmista no circunscribe nuestro
נַחֲלָתֶךָ a la tierra-heredad del Señor con aquela exclusión, que encontramos en un texto del libro segundo de los
Macabeos. Entre los datos extrabíblicos sobre el profeta
Jeremías, que allí se recogen, hay el siguiente : « También
consta en los documentos cómo el profeta por revelación divina mandó que le siguiesen el tabernáculo y el arca, y cómo
salió hasta el monte desde el que subido vió Moisés τὴν τοῦ
Θεοῦ κληρονομίαν »[31].

b). — « A TU DESCENDENCIA DARÉ ESTA TIERRA »

La vida de Abraham se abre a la historia de espaldas
a la tierra de sus antepasados y de cara a una tierra nueva
y desconocida. Es línea trazada en la primera comunicación
divina : « Vete de tu tierra y de tu patria y de la casa de
tus padres hacia la tierra que te mostraré »[32]. Y en Canaán,
junto al encinar de Moré, fin de una de las etapas en aquel
viaje de obediencia, « se apareció el Señor a Abraham y le
dijo : A tu descendencia daré esta tierra »[33]. Aquella tierra

---

[30] Salm. 79, 1-4.
[31] 2 Mac. 2, 4.
[32] Gén. 12, 1.
[33] Gén. 12, 7.

nueva y desconocida de la primera promesa es ya una realidad a los ojos del patriarca : agradecido al Señor, en ella clava su tienda y de ella toma posesión para sí y para sus descendientes.

La separación entre Lot y Abraham, impuesta por una aguda cuestión de pastos, señala el punto de partida para una mayor determinación de la promesa divina frente a la tierra y a la descendencia de Abraham. Habla el Señor : « Alza tus ojos y mira, desde el lugar en que tú estás, hacia el norte y el mediodía, hacia el oriente y el poniente : pues toda la tierra, que tú estás viendo, a tí te la daré y a tu descendencia para siempre ». Y recalcando el alcance de esa tierra, de esa descendencia y de esa perpetuidad, concluye : « Y haré a tu descendencia como polvo de la tierra : si alguno puede contar el polvo de la tierra, también contará tu descendencia. Levántate, recorre la tierra a lo largo y a lo ancho, porque a tí te la daré » [34].

La descendencia patriarcal y la tierra prometida van perfilando sus contornos. En avance progresivo, dan un nuevo paso el día en que, vencidos los reyes de oriente, Dios corta las primeras dudas en el alma de Abraham. La falta de hijos es para el patriarca una obsesión, y toda recompensa divina le parece insuficiente mientras el Señor no le conceda sucesión y haya de partirse sin hijos. Es el momento de un paso hacia adelante en la promesa, y Dios le da, cuando así responde al desahogo del patriarca : « No ha de ser éste (Eliecer) tu heredero, sino el que ha de salir de tus entrañas, ése será tu heredero ... Mira al cielo y cuenta, si puedes, las estrellas ... Así será tu descendencia ... Yo soy el Señor que te sacó de Ur de los Caldeos para darte en propiedad (לְרִשְׁתָּהּ) esta tierra » [35].

La fe de Abraham se afianza y con ella su trato de intimidad con el Señor. Llega a preguntarle : « ¿Cómo podré conocer que la poseeré לְרִשְׁתָּהּ » ? Y Dios le concede una señal en la visible aceptación de un sacrificio simbólico. Después que, en medio de densas tinieblas, una antorcha encendida pasa por entre las víctimas divididas por medio,

---

[34] Gén. 13, 14-17.
[35] Gén. 15, 2-7.

« pacta el Señor con Abraham diciendo : A tu descendencia
doy esta tierra, desde el río de Egipto hasta el río grande,
el Eufrates ». Y enumera a continuación los pueblos que en
la actualidad ocupaban la tierra prometida. En ella los descendientes de Abraham entrarían definitivamente después
de la esclavitud de Egipto [36].

Dueño especial de Palestina, promete el Señor hacer
entrega de ella a la descendencia de Abraham. Es palabra
de Dios que, reforzada ahora por la presencia de un בְּרִית ,
habla de un pueblo numeroso, a quien entregará, no de un
modo cualquiera, sino לְרִשְׁתָּהּ , la tierra prometida. Son
tres elementos sobre los que el Señor אֵל שַׁדַּי ha de insistir.
Próximo ya el momento de concretar en Isaac la promesa
de la descendencia, les hará asomar al mismo tiempo a horizontes más amplios. Es una multitud de pueblos, simbóli-
camente encerrada en el cambio del nombre Abram en Abraham ; es honor de regios descendientes ; es pacto perpetuo
« para ser tu Dios y de tu descendencia después de tí ; y
te daré a tí y a tu descendencia después de tí la tierra
מְגֻרֶיךָ , toda la tierra de Canaán, לַאֲחֻזַּת עוֹלָם , y seré su
Dios » [37].

Palabra divina, que es al mismo tiempo promesa y
mandato. Así la interpretará el propio Abraham en su diálogo con Eliecer. Había hecho jurar a su fiel siervo que en
modo alguno escogería de entre las cananeas esposa para
su hijo Isaac, sino que la haría venir de entre sus parientes
de Mesopotamia. El criado objeta : « Y si acaso no quisiese
la mujer venir conmigo a esta tierra ¿debo yo entonces
devolver a tu hijo a la tierra de donde tú saliste ? ». La respuesta del amo es categórica : « Guárdate bien de volver
allá a mi hijo. El Señor de los cielos que me tomó de la casa
paterna y de mi tierra nativa, que me habló y me juró diciendo : A tu descendencia daré אֶת־הָאָרֶץ הַזֹּאת , ese mismo
mandará un angel delante de tí de modo que tú puedas
tomar de allí mujer para mi hijo. Y si la mujer no

---

[36] Gén. 15, 8-21.
[37] Gén. 17, 1-8.

quisiera seguirte, tú quedarás libre de este juramento. Sólo que no vuelvas allá a mi hijo » [38].

Seguro de una promesa y obediente a un mandato, Abraham se mantendrá firme en esa línea hasta el fin de sus días. Por eso, al ordenar su testamento, « dió Abraham a Isaac cuanto poseía, y a los hijos que tenía de las concubinas otorgó donaciones y, viviendo aún, les mandó lejos de Isaac hacia el oriente, hacia tierra oriental » [39]. La expulsión de Ismael aprobada por Dios, había señalado el camino : Canaán era la tierra dada en propiedad, en posesión eterna (לְאַחֻזַּת עוֹלָם, לְרִשְׁתָּהּ) a los solos descendientes del hijo de la promesa [40].

De este modo, la tierra, que para Abraham personalmente había sido tierra de peregrinación, y que tierra de peregrinación seguiría siendo para Isaac y Jacob, se proyecta en la historia lejana de la descendencia patriarcal como tierra de posesión hereditaria. Es una antítesis, puesta claramente de relieve en uno de los salmos que transmiten el recuerdo de los grandes favores de Dios a Israel. Escribe el salmista : « Recuerda siempre su pacto, una promesa transmitida a mil generaciones, lo que pactó con Abraham, y su juramento a Isaac y que confirmó a Jacob como decreto, a Israel como alianza eterna diciendo : A ti daré la tierra de Canaán en suerte de vuestra herencia (חֶבֶל נַחֲלַתְכֶם), mientras eran pocos en número y como poco (tenidos) y peregrinos (גֵּרִים) en ella » [41].

En realidad, a través de los patriarcas la promesa divina va buscando su plena realización en la descendencia patriarcal. A esta descendencia, convertida en pueblo, mira el Señor aun cuando, como hemos visto, en algunas ocasiones no se la mencione directamente. Es el alcance de aquel texto : « Te daré a tí y a tu descendencia después de tí la tierra מְגֻרֶיךָ , toda la tierra de Canaán לַאֲחֻזַּת עוֹלָם , y seré su Dios » [42]. Es también la convicción de Abraham ;

---

[38] Gén. 24, 3-8.
[39] Gén. 25, 5-6.
[40] Gén. 21, 10-13.
[41] Salm. 105, 8-12. Véase 1 Cr. 16, 15-19.
[42] Gén. 17, 8.

así se desprende del humilde tono de súplica, con que a la muerte de Sara en Hebrón habla a los Heteos : « Peregrino y forastero (גֵּר וְתוֹשָׁב) soy yo entre vosotros ; dadme entre vosotros posesión (אֲחֻזַּת) de un sepulcro para que pueda enterrar mi muerto (quitándole) de delante de mí » [43].

Es tono de extranjero y peregrino, cuyo eco podrá recogerse muy pronto en la vida de Isaac. Una nueva carestía le obligó « a acudir a Abimelec, rey de los filisteos en Gerara. Allí se le apareció el Señor y le dijo : No bajes a Egipto, sino habita en la tierra que te diré. Sé forastero en esta tierra, y yo estaré contigo y te bendeciré ; porque a tí y a tu descendencia daré todas estas tierras y mantendré el juramento que juré a Abraham tu padre. Y haré numerosa tu descendencia como las estrellas del cielo y daré a tu descendencia todas estas tierras y bendeciré en tu descendencia a todas las gentes de la tierra, en premio de haber escuchado Abraham mi voz y haber guardado mis observancias, mis mandatos, mis estatutos, y mis leyes » [44].

Peregrino como Abraham, ve Isaac surgir segura, como garantizada por la fidelidad divina y por la correspondencia de Abraham, la posesión de la tierra prometida. Lo que hoy es מָגוּר, se convertirá un día en נַחֲלָה, en אֲחֻזַּת עוֹלָם. Así ha de recordárselo un día a Jacob al encaminarle hacia Mesopotamia en busca de esposa entre las hijas de Labán. Le habla con emoción de padre anciano : « Y el Dios Omnipotente te bendiga, te haga fecundo y te haga numeroso y te convierta en multitud de pueblos. Y te conceda la bendición de Abraham a tí y a tu descendencia contigo, לְרִשְׁתְּךָ אֶת־אֶרֶץ מְגֻרֶיךָ, que Dios dió a Abraham » [45].

Los campos de Betel serán testigos de la buena acogida que ante el Señor hallaron estas palabras de Isaac. Tanto en el viaje de ida como en el de vuelta, la bendición divina caerá sobre Jacob para brindarle a él y a su numerosa descendencia con la tierra prometida a Abraham e Isaac [46].

---

[43] Gén. 23, 4.
[44] Gén. 26, 1-5.
[45] Gén. 28, 2-5.
[46] Gén. 28, 13-15 ; 35, 11-12.

Tierra de la promesa, Canaán abrió por fin sus puertas a
Jacob, que « llegó hasta Isaac su padre, a Manre de Cariat
Arbe, ahora Hebrón, donde Abraham e Isaac habían vivido
como forasteros » [47]. Cumpliendo, sin pretenderlo, designios
divinos, Esaú « se marchó a una tierra lejos de Jacob su
hermano, porque eran sus bienes más de los que pudiesen
estar juntos, y la tierra מְגֻרֵיהֶם no era capaz de soste-
nerles a causa de sus muchos ganados » [48]. Tras este alejamiento de su hermano, la situación de Jacob en Canaán
cambia. Por eso se nos dice entonces : « y se estableció
(וַיֵּשֶׁב) Jacob en la tierra de peregrinación (מְגוּרֵי) de
su padre, en la tierra de Canaán » [49].

Una tradición de familia conservó fielmente la idea de
una tierra prometida por Dios a la descendencia de Abraham.
Fué primero para los patriarcas como tierra מָגוֹר y
pasó después al pueblo, formado por esa descendencia patriarcal, como אֲחֻזָּה, נַחֲלָה ... La afirmación de José
a sus hermanos : « Yo estoy para morir, pero Dios con toda
seguridad ha de visitaros y ha de haceros subir de esta tierra
a la tierra que juró a Abraham, a Isaac y a Jacob »[50], no es
un caso aislado : en diversos momentos decisivos para la
vida del pueblo, podrá recogerse más tarde de labios del
mismo Señor ese recuerdo de los patriarcas, que mantendrá
en pie la promesa de una tierra, posesión al mismo tiempo
de Dios y de Israel [51].

Así lo recordará también el salmista que, queriendo
celebrar en las reuniones litúrgicas las grandezas de Dios,
dice después de una delicada alusión a diversos favores divinos : « A tu pueblo mostró el poder de sus obras al darles
נַחֲלַת de las naciones ... Redención envió a su pueblo,
para siempre sancionó su pacto » [52]. Como puede verse, junto al recuerdo de un Dios, fiel siempre a su antiguo pacto,

---

[47] Gén. 35, 27.
[48] Gén. 36, 6-7.
[49] Gén. 37, 1.
[50] Gén. 50, 24.
[51] Ex. 33, 1 ; Núm. 32, 11 ; Dt. 11, 11-14 ; 34, 4 ; Véase Ez. 11,
15-18 ; 33, 23-26.
[52] Salm. 111, 6. 9.

apunta la idea de cómo ese mismo Dios llevó a cabo su antiguo compromiso. No es un pasaje único : otros salmos nos dan más en relieve y más desarrollada esa misma idea.

Tal sucede en aquél, donde el salmista, después de una calurosa invitación a alabar al Señor, recoge en síntesis las grandezas divinas en la naturaleza y en la historia del pueblo. Es el Señor « que batió a muchas gentes y mató a reyes poderosos, a Seón rey de los Amorreos, y a Og rey de Basán, y a todos los reinos de Canaán ; y dió sus tierras נַחֲלָה , נַחֲלָה a Israel su pueblo » [53].

Son motivos que, casi en los mismos términos, pero con el tradicional estribillo « porque eterna es su misericordia », repetido después de cada verso, se exponen en otro salmo [54]. Asaf en uno de los salmos históricos escribirá en el mismo sentido : « Y sacó a su pueblo como ovejas y como a un rebaño los guió por el desierto, seguros los condujo y no temieron, mientras a sus enemigos cubrió el mar ; y les llevó a su santo territorio, al monte que su diestra conquistó. Y de delante de ellos arrojó las gentes y se las repartió a cordel como herencia (בְּחֶבֶל נַחֲלָה), y aposentó en sus tiendas a las tribus de Israel » [55].

No es difícil distinguir, a lo largo de esta intervención divina en favor de su pueblo, una triple faceta. En la primera, Dios, fiel a su palabra, no se contenta con un simple entregar a Israel la tierra prometida, sino que lo hace poniendo a su servicio todo el poder de su brazo. Lo había repetidamente prometido por medio de Moisés. Lo hemos visto en otro capítulo, y bastará ahora aducir el siguiente pasaje, cuyas ideas se van exponiendo, como esteriotipadas, en diversas solemnes ocasiones : « Porque amó a tus padres, eligió su descendencia después de ellos, y con su presencia y con su grande poder te hizo salir de Egipto, para desposeer delante de tí gentes grandes y más poderosas que tú, y para conducirte y darte נַחֲלָה su tierra, como (sucede) el día de hoy » [56].

---

[53] Salm. 135, 10-12.
[54] Salm. 136, 17-22.
[55] Salm. 78, 52-55.
[56] Dt. 4, 37-38. Puede verse también Dt. 7, 1 ; 9, 1-5 ; 11, 23 ; 31, 3.

En la segunda, con ese dar a Israel como posesión la tierra prometida, llega su providencia hasta el último detalle. Como repetidas veces lo había ordenado en un principio[57], hizo un equitativo reparto de la tierra entre las diversas tribus por medio de Josué [58], y, con la destrucción de las gentes que se opusieron al avance de los Israelitas, señaló a su pueblo la norma que había de seguir en sus relaciones con las otras naciones, si es que quería conservar pacífica la posesión de la tierra [59].

Por fin, si Dios entrega a su pueblo la tierra prometida, desposeyendo de ella a otras naciones, no por eso perdía Canaán su privilegio de « tierra de Yahveh ». A pesar de este cambio de dueño, seguía siendo la « herencia del Señor », « territorio santo », por cuya santidad el mismo Dios había siempre de velar. Es la idea con que Moisés cierra su cántico : « Aclamad, o naciones, a su pueblo, porque vengará la sangre de sus siervos y con venganza pagará a sus enemigos y purgará la tierra de su pueblo » [60].

Idea de destrucción purificadora y de restauración, con que Jeremías nos brindará en un pasaje, claro en su marcha general a pesar de algunas oscuridades parciales. Es clamor lastimero del Señor : « Dejé mi casa, abandoné נַחֲלָתִי , entregué el objeto del amor de mi alma en manos de sus enemigos. Me ha resultado נַחֲלָתִי como león en la selva, ha alzado contra mí su voz ; por eso la he odiado. Abigarrada ave de rapiña (ha sido) para mí נַחֲלָתִי . Las aves de rapiña en cerco contra ella ... ». Y, descrita bajo diversas imágenes la obra de esas aves de rapiña, que « han convertido mi porción predilecta (חֶלְקַת חֶמְדָּתִי) en asolado desierto », concluye con las siguientes palabras de restauración en labios del Señor : « Así habla Yahveh contra todos mis perversos vecinos que se llegan a בַּנַּחֲלָה que dí

---

[57] Núm. 26, 52-56 ; 33, 51-55 ; 34, 13-15.

[58] Jos. 11, 23 ; 12, 7 ; 14, 1-15 ; 18, 8-10 ; 23, 4.

[59] Núm. 33, 51-55 ; Jos. 23, 3-13.

[60] Dt. 32, 43. El TM. lee, 'adematô, 'ammô ; la Peš. intercala un *wau* entre ambos términos. En la traducción se sigue la lectura 'ademat 'ammô, que es la seguida por los LXX y la Vg.

en propiedad (הִנְחַלְתִּי) a mi pueblo, a Israel. He aquí
que yo los arrancaré de su tierra, y a la casa de Judá
la arrancaré de en medio de ellos » [61].

Necesaria e íntimamente unidos, pueblo y tierra correrán la misma suerte, favorable o adversa. El Señor lo había
ya anunciado en los días de desierto : « Y yo asolaré la tierra, y ante ella quedarán espantados vuestros enemigos que
se hayan asentado en ella. Y a vosotros os dispersaré entre
las gentes y desenvainaré detrás de vosotros la espada, y
vuestra tierra quedará asolada y desiertas quedarán vuestras ciudades ». Es el punto central de los castigos divinos.
Pero al fin, « yo recordaré mi pacto con Jacob, y también
mi pacto con Isaac, y recordaré también mi pacto con Abraham, y me acordaré de la tierra » [62].

Si el Señor no podía tolerar huellas de sangre inocente
derramada por la espada enemiga (a que sin duda se refería
el texto de Dt. 32, 43), muchos menos podía consentir pecado e idolatría en una tierra que, aun después de dada en
posesión al pueblo, seguía siendo la « posesión del Señor, el
territorio santo ». De aquí, que contra una posible profanación de esa tierra apuntase toda esa serie de amenazas
divinas, retransmitidas también en el Deuteronomio [63] y
que Salomón recoge de labios del Señor, a raíz de la dedicación del Templo : « Pero si vosotros os volvéis atrás y abandonáis mis leyes ..., yo os arrancaré אַדְמָתִי que os he
dado, y este templo que he consagrado a mi nombre lo man-
daré lejos de mí y lo convertiré en objeto de fábula ... ; porque abandonaron al Señor Dios de sus padres ..., y se ape-
garon a los dioses extraños y los adoraron y los sirvieron » [64].

Son amenazas que, centradas sobre el reino de Israel
después de la escisión, ha de recoger su primer rey Jeroboam
de labios del profeta Ahía : « Y arrancará a Israel de sobre
esta fértil tierra, que fué dada a sus padres y los dispersará
al otro lado del río, por haber fabricado ídolos irritando al
Señor » [65].

---

[61] Jer. 12, 7-14.
[62] Lev. 26, 32-33. 42.
[63] Dt. 29, 22-28. Tanto en Dt. 30, como en Lev. 26, sigue la vuelta
del pueblo a la tierra, supuesta la conversión a Dios.
[64] 2 Cr. 7, 19-22.
[65] 1 Rey. 14, 15.

La historia se encargará de sacar verdaderas estas amenazas, enseñando con ello a Israel que la tierra prometida era algo más que una simple posesión de la nación como tal. « Tierra suya », porque Dios se la había dado, sólo lo seguiría siendo, si no olvidaban que, como « tierra del Señor », no podía admitir el culto de otros dioses. Vino el olvido y siguieron las consecuencias : « Y anduvieron los hijos de Israel en el pecado cometido por Jeroboam ; no se apartaron de él hasta que el Señor apartó a Israel de delante de sí, como había dicho por medio de sus siervos los profetas, y salió Israel desterrado מֵעַל אַדְמָתוֹ para Asiria hasta el día de hoy » [66].

Jeremías, que no poco había hecho cristalizar su predicación en este punto, estampará más tarde, grabado con ahogos de alma, el recuerdo de la tierra de Canaán, heredad que el pueblo ha perdido. Da comienzo a su célebre oración : « Recuerda, Señor, lo que nos ha sucedido ; contempla y mira nuestro oprobio. Nuestra herencia (נַחֲלָתֵנוּ) ha pasado a extranjeros, nuestras casas a extraños » [67]. Se había creado una situación de paso, que Dios resolvería al fin a favor de su pueblo. El salmista lo recordará en aquellos dos versos finales, que pueden considerarse como glosa inspirada de un salmo davídico : « Porque Dios salvará a Sión y edificará las ciudades de Judá, y se asentarán (יֵשְׁבוּ) allí y la poseerán (וִירֵשׁוּהָ). Y los descendientes de sus siervos la heredarán (יִנְחָלוּהָ), y los que aman su nombre habitarán (יִשְׁכְּנוּ) en ella » [68].

Es herencia y morada que irá abriéndose a horizontes más amplios. Así lo celebrarán los hijos de Coré cuando, a través de triunfos nacionales proporcionados por Dios, que « para nosotros escoge נַחֲלָתֵנוּ , la gloria de Jacob a quien amó », descubran a todos los pueblos de la tierra que, con sus jefes al frente, vienen a unirse con Israel como un único pueblo de Dios [69]. Es toque mesiánico en la tierra prometi-

---

[66] 2 Rey. 17, 22-23.
[67] Lam. 5, 1-2.
[68] Salm. 69, 36-37. Véase la oración en este sentido en Ecli. 36, 10-11.
[69] Salm. 47, 5. 10.

da, que se nos dará más intenso en uno de los salmos sobre la retribución. Sobre el fondo de un insistente יִרְשׁוּ אָרֶץ [70], y וְשָׁכְנ אֶרֶץ לְעוֹלָם [71], surge un porvenir de felicidad más que terreno. Es la tierra santa de Dios, tierra del monoteísmo, tierra-símbolo y prenda del reino mesiánico. Cargada de ese pleno contenido de felicidad, la tierra, a cuya posesión Dios alzará a los justos, a los pacientes, a los que en El confíen [72], dará paso a aquella otra tierra, prometida por Cristo en una de sus bienaventuranzas : « Bienaventurados los mansos, porque ellos κληρονομήσουσιν τὴν γῆν » [73].

c). — « PUEBLO DE MI HERENCIA »

En un recuento que Moisés hace de las infidelidades de Israel contra el Señor, habla de su papel de intermediario : « Yo, pues, me prosterné delante del Señor... ; y supliqué al Señor y dije : Oh Señor Dios, no destruyas עַמְךָ וְנַחֲלָתְךָ, que has rescatado con tu grandeza, que has sacado de Egipto con mano fuerte ». Y, después de insistir ante Dios por que perdone al pueblo, en atención a los patriarcas y a la mala impresión que el castigo habría de causar en los egipcios, concluye : « Pero ellos son עַמְךָ וְנַחֲלָתְךָ que has sacado con tu grande fuerza y con tu brazo extendido » [74].

Es un pasaje que pone de relieve, de una parte el uso bíblico de los dos términos עַם y נַחֲלָה tan fecundos y transcendentales en las relaciones de Dios con Israel, y de otra la unión íntima entre la constitución de Israel como עַם y נַחֲלָה del Señor y la extraordinaria intervención divina en arrancarle de Egipto. Sobre este נַחֲלָה deuteronómico ha escrito G. von Rad : « Es el exponente principal

---

[70] Salm. 37, 9. 11. 22. 29. Véase también el vers. 34.
[71] Salm. 37, 3. 27.
[72] Salm. 37, 3. 9. 11. 22. 27. 29. 34.
[73] Mat. 5, 5.
[74] Dt. 9, 25-29.

de la bendición divina, la base sobre la cual es ante todo y
en resumidas cuentas hacedero el estado de salvación del
pueblo nacional de Dios » [75]. Es uno de los aspectos básicos,
pero no el único. S. Driver, considerando los dos términos
y relacionándolos con el עַם קָדוֹשׁ y עַם סְגֻלָּה de diversos
pasajes, ha señalado otro : « La especial relación, que
entre Israel y Yahveh existe, viene colocada como
fundamento de la exclusión por parte de Israel de todos
los ritos y prácticas gentiles y de la guarda de su exclusivo
homenaje a Yahveh » [76].

Es comentario de un pasaje, donde Moisés nos ha dado
unidos los dos elementos. En su nuevo insistir sobre la prohibición de todo ídolo, contrapone la diversa providencia
del Señor en esta materia frente a Israel y frente a los otros
pueblos, y dice a propósito de las diversas manifestaciones
de idolatría : « (Es) lo que el Señor tu Dios ha dado en suerte (חָלַק) a todos los pueblos debajo de todos los cielos.
Pero a vosotros os tomó el Señor y os sacó del horno de hierro, de Egipto, para que le fuéseis לְעַם נַחֲלָה , como (sucede) el día de hoy » [77].

La decisión divina, clara a los hombres desde los tiempos patriarcales, se remontaba mucho más lejos a los ojos
de Moisés. Abre en su cántico de despedida la reseña de pre-
dilecciones y favores recibidos de Dios por el pueblo :
« ¿No es acaso El tu padre que te hizo, te formó y te afianzó?
Recuerda los tiempos antiguos, considera los años de generaciones y generaciones. Pregunta a tu padre y él te contará,
a tus ancianos y te dirán. Cuando el Altísimo señalaba la
posesión (בְּהַנְחֵל) a las gentes, cuando separaba los hombres ; fijaba las fronteras de los pueblos mirando al número de los hijos de Israel. Porque חֵלֶק del Señor es עַמּוֹ ,
es Jacob חֶבֶל נַחֲלָתוֹ » [78].

---

[75] G.von Rad, *Das Gottesvolk* ..., pág. 43.
[76] S. Driver, *Deuteronomy* ..., pág. 71. 99-100. 157. En el mismo
sentido R. Strathmann, λαός (Theol. Wörterb. z. N. Testam. IV
(1943) pág. 35-36.
[77] Dt. 4, 19-20.
[78] Dt. 32, 6-9.

Frente a los ídolos, que el Señor dejó en suerte al resto de los pueblos, se alza Israel como עַם , como חֵלֶק , como חֵבֶל נַחֲלָה y נַחֲלָה del mismo Señor. Los términos que expresan esa idea de posesión amorosa del pueblo por parte de Dios se van multiplicando. Moisés mismo hará intervenir otros nuevos al insistir con Israel sobre la destrucción absoluta de cualquier vestigio de idolatría cananea, que encontrase en Palestina. Da como razón : « Porque tú eres עַם קָדוֹשׁ para el Señor tu Dios ; a tí te eligió el Señor tu Dios para que le fueses לְעַם סְגֻלָּה de entre todos los pueblos que hay sobre la faz de la tierra » [79].

Al hablar de este modo, Moisés tiene presente lo que el Señor, a la llegada del pueblo al Sinaí, le había comunicado. Habla entonces el Señor : « Así dirás a la casa del Jacob y comunicarás a los hijos de Israel : Vosotros habéis visto lo que he hecho a los egipcios y que os he llevado sobre alas de águilas y os he traído a mí. Ahora bien, si de verdad oyéseis mi voz y guardáseis mi pacto, seréis para mí סְגֻלָּה de entre todos los pueblos ; porque mía es toda la tierra ; y vosotros me seréis reino de sacerdotes וְגוֹי קָדוֹשׁ » [80].

Ha entrado el término סְגֻלָּה con su reconocido matiz de algo precioso y por lo mismo especialmente estimado y querido para el poseedor [81]. Aplicado a Israel, nos revela un pueblo posesión exclusiva de Yahveh, que le ha elegido y le ama como a cosa de valor. Tal es el sentido de los textos en que Israel es presentado como סְגֻלָּה o עַם סְגֻלָּה . Se trata de la elección de un solo pueblo por parte de quien, al mismo tiempo, se proclamaba dueño de toda la tierra.

Si se considera, por otra parte, la íntima unión que existe en tales textos entre el Israel עַם סְגֻלָּה y el Israel

---

[79] Dt. 7, 6.

[80] Ex. 19, 3-6.

[81] Véase 1 Cr. 29, 3 donde David aplica el término *segullah* a su rico tesoro ; Ecl. 2, 8 donde también, junto al oro y la plata, se habla de *segullah* como de tesoro regio.

גּוֹי o עַם קָדוֹשׁ, se fija más ese matiz ya señalado.
Son todos términos de elección divina, que recaen sobre un
pueblo a quien Dios quiere exclusivamente suyo, como primicias de sus frutos [82]. Por eso, aunque el עַם סְגֻלָּה
despierte más bien la idea de un privilegio, de una prerrogativa, de un encariñamiento divino, y el עַם קָדוֹשׁ hable al mismo tiempo de privilegio por parte de Dios y de
obligación por parte del pueblo ; resulta a veces difícil establecer una absoluta separación de conceptos entre ambas
expresiones.

Habla Moisés al pueblo exhortándole a guardarse de
costumbres gentílicas : « Por hijos os tiene el Señor vuestro
Dios. No os tatuéis, ni os decalvéis entre los ojos por un muerto ; pues tú eres עַם קָדוֹשׁ para el Señor tu Dios, y te
eligió el Señor para que le fueses לְעַם סְגֻלָּה entre todos
los pueblos que existen sobre la haz de la tierra » [83]. Y al
final de su segundo discurso, recordando el mutuo pacto y
las mutuas promesas entre Dios y su pueblo : « Hoy el Señor tu Dios te manda practicar estas leyes y decretos, y tú
los observarás y practicarás con todo tu corazón y toda
tu alma. Hoy has empeñado al Señor en ser tu Dios y andar
en sus caminos, observar sus leyes, preceptos y decretos y
escuchar su voz, y el Señor te ha empeñado en tenerte
לְעַם סְגֻלָּה, como te ha prometido, y guardar todos
sus preceptos, y ponerte alto sobre todas las naciones que
ha hecho, para gloria, renombre y honor ; y ser עַם קָדוֹשׁ,
como ha prometido » [84].

A estos pasajes, en que el encuentro de עַם סְגֻלָּה
con עַם קָדוֹשׁ fija una misma dirección a ambas expre-

---

[82] Jer. 2, 3. Aunque las primeras palabras del profeta : « *Sanctus
Israel Domino, primitiae frugum eius* », pudieran señalar también la
idea de la elección de Israel como *primer* elegido entre todos los pueblos, sin embargo es preferible por todo el contexto la idea de un Israel con todas las prerrogativas de las *primicias* consagradas al Señor.
Muy bien G. SANCHEZ, *In Jeremiam*. Lugduni, 1618, pág. 56 : « Utrum-
que hic significari puto, sed praecipue illud prius de primitiis Domino
consecratis, ut probant quae deinceps sequuntur ».

[83] Dt. 14, 1-2.
[84] Dt. 26, 16-19.

siones, pueden añadirse otros, señalados únicamente con la
la presencia de קָדוֹשׁ. Es un nuevo insistir al pueblo
con ideas básicas sobre los usos gentílicos : « Vosotros po-
seeréis su territorio ; yo os lo daré en posesión, tierra que
corre leche y miel ; yo el Señor Dios vuestro que os he separado de los pueblos ». Es la elección divina, que fluye directamente de la predilección del Señor e incluye al mismo tiempo correspondencia por parte del pueblo. De aquí la conclusión inmediata : « Seréis por lo tanto קְדשִׁים para mí, porque soy קָדוֹשׁ yo el Señor, que os he separado para que
seáis míos » [85].

Este matiz de correspondencia obligada por parte del
pueblo es el que aparece en aquel texto de la sección de bendiciones y maldiciones : « El Señor te mantendrá para sí
לְעַם קָדוֹשׁ, como te ha jurado, si observares los preceptos del Señor tu Dios y anduvieres por sus caminos » [86].
Es en el fondo el matiz de aquella fórmula sagrada : « Seréis
קְדשִׁים, porque yo soy קָדוֹשׁ», con que a Israel se exige
la pureza legal y la pureza ética [87].

A través de las diversas facetas de todas estas expresiones se filtra un común y central rayo de luz que va, como
de extremo a extremo, de Dios a Israel. La elección del pueblo que ya, a base del profundo contenido teológico del término בָּחַר, aparece como fruto maduro de predilección
divina [88], va como penetrando cada vez más en las divinas
intimidades cuando, entre todos los pueblos de la tierra,
es presentado Israel como el עַם del Señor. Dueño absoluto, Dios le ha separado de entre todas las naciones como
עַם קָדוֹשׁ, y cuidará de él como de su סְגֻלָּה, su חֵלֶק,
su נַחֲלָה, su חֶבֶל נַחֲלָה que por herencia y suerte le ha
tocado.

---

[85] Lev. 20, 24. 26.
[86] Dt. 28, 9.
[87] Lev. 11, 44-45 ; 19, 2-4.
[88] Véase también, entre otros pasajes, Dt. 4, 37 ; 7, 7... ; Is. 41,
8-9 ... ; Jer. 33, 24. Sobre el verbo *baḥar* (y otros diversos verbos de la
« elección » divina, brevemente J. BOTTERWECK ..., *Gott* ..., pág. 34-
38 (se fija sobre todo en el verbo *yadaꜥ*) ; más extensamente y de propósito G. QUELL (Theol. Wörterb. ..., IV, 1943, pág. 148-156).

De este modo el contenido de esos términos, que se encuentran en el centro común del amor y la predilección de Dios por un pueblo, va en su desarrollo presentando cada vez más facetas y más intensas de ese amor y de esa predilección. La elección de Israel es un hecho histórico, cuya honda raíz teológica arranca del suelo fecundo de un amor que pudiera decirse desbordado. Moisés lo expresó con frase gráfica : « No porque fuéseis más numerosos que todos los pueblos el Señor se aficionó a vosotros y os eligió — que sois el más pequeño de todos los pueblos — ; sino porque el Señor os amó y mantuvo el juramento hecho a vuestros padres ... » [89]. Y más concisamente Jeremías, que había iniciado su predicación con el recuerdo del חֶסֶד y אַהֲבָה (misericordia y amor) divinos hacia el Israel santo y primicias de sus frutos a la salida de Egipto, dirá un día de cara a la restauración de ese mismo pueblo : « Con amor eterno te he amado ; por eso te he guardado misericordia » [90].

El privilegio es extraordinario, y Moisés tratará de asegurarlo en modo que no falle por culpa de Israel. Al pueblo objeto de la elección recomendará insistentemente la observancia de la ley, como condición para mantener el privilegio [91] ; a Dios, autor de la elección, pedirá que la mantenga a pesar de las infidelidades de Israel. Es su oración después del triste episodio del becerro de oro : « Si, pues, Señor, he hallado gracia en tus ojos, camine el Señor en medio de nosotros : porque es éste un pueblo de cabeza dura. Pero tú perdona nuestras iniquidades y nuestros pecados, y נְחַלְתָּנוּ » [92].

Es la oración del salmista que, enfrentado con la desolación de la tierra y la devastación del templo, llevadas a cabo por los caldeos, rompe en grito desgarrador : « ¿Por qué, oh Dios, rechazas para siempre, arde tu ira contra el rebaño de tu pastizal ? », para seguir después en tono de súplica íntima : « Recuerda tu comunidad que desde anti-

---

[89] Dt. 7, 7-8.
[90] Jer. 2, 2-3 ; 31, 3.
[91] Ex. 19, 3-6 ; Dt. 4, 5.
[92] Ex. 34, 9.

guo hiciste tuya, la estirpe נַחֲלָתֶךָ que rescataste, el monte de Sión donde has puesto tu morada » [93].

Esta llamada a la piedad de Dios en favor de Israel, su
נַחֲלָה, es al mismo tiempo llamada al celo de Dios en defensa de su honra. A lo largo del salmo aparecerá explícita
esta igualdad, que tan alto hace subir a Israel en cuanto
pueblo-נַחֲלָה del Señor. Es el alcance de aquella exclamación de angustia, y de aquella súplica sentida, con miras
al pueblo al comienzo del salmo, con miras a Dios más tarde : « ¿Hasta cuándo, oh Dios, insultará el adversario, ultrajará el enemigo tu nombre sin cesar ? ... Recuerda cómo
el enemigo insulta al Señor y un pueblo necio ultraja tu
nombre ... Levanta, oh Dios, defiende tu causa » [94].

Con las mismas características se abre camino el cla-
mor que, en época de desolación sin salida, el profeta Joel
intenta arrancar de los labios de los jefes religiosos de Israel :
« Entre el atrio y el altar lloren los sacerdotes, ministros del
Señor y digan : Perdona, Señor, עַמֶּךָ y no entregues al
oprobio נַחֲלָתְךָ, al dicterio de las gentes contra ellos.
¿Por qué se ha de decir entre los pueblos : Dónde está su
Dios ? » [95].

Delicadamente expresa el profeta Miqueas estos sentimientos en aquel su volverse al Señor en favor de un pueblo, cuya destrucción ve surgir en el horizonte, aunque siempre con la esperanza de la restauración definitiva : « Apa-
cienta עַמֶּךָ con tu cayado, al rebaño נַחֲלָתֶךָ que habita solitario en el bosque en medio de campo feraz, pacien-
do en Basán y Galaad como en los días antiguos » [96].

La respuesta por parte de Dios es idéntica en ambos
profetas, aunque sólo en Joel se mantenga dentro de los límites de Israel como נַחֲלָה divino. Así, mientras en
Miqueas Dios responde a la oración del profeta en los siguien-

---

[93] Salm. 74, 1-2. Sobre el pueblo « rebaño del pastizal » del Señor
véase también Salm. 23, 1-4 ; 79, 13 ; 95, 7 ; 100, 3 ; Jer. 23, 1 ; Ez.
34, 1-31.
[94] Salm. 74, 10. 18. 22.
[95] Joel 2, 17.
[96] Miq. 7, 14.

tes términos : « Como en los días de tu salida de la tierra
de Egipto, le haré ver prodigios », cuyo desarrollo desembocará (a través de los castigos de los pueblos enemigos) en
la realización futura de la fidelidad y de la misericordia ju-
radas un día a los patriarcas [97] ; en Joel interviene el Señor,
dueño absoluto de las gentes, en favor de un pueblo que le
es especialmente propio : « Porque he aquí que en aquellos
días y en aquel tiempo, cuando yo cambie la suerte de Judá
y Jerusalem, congregaré a todas las gentes y las haré bajar
al valle de Josafat, y entraré allí en juicio con ellos sobre
עַמִּי וְנַחֲלָתִי, a quien dispersaron entre las gentes repartiéndose mi tierra » [98].

En el mismo sentido reacciona Salomón, ante la perspectiva de un posible destierro del pueblo como consecuencia de sus infidelidades. Pide entonces al Señor clemencia
para Israel, en el caso que éste se convierta, « porque ellos
son עַמְּךָ וְנַחֲלָתְךָ, que sacaste del Egipto de en medio del crisol del hierro [99]. E igualmente David, aunque sin
alusión alguna a época de destierro y restauración, agradece
y pide, uniendo su causa con la causa del pueblo : « El Señor es fuerza de su pueblo [100] y fortaleza salvadora de su ungido. Salva עַמֶּךָ y bendice נַחֲלָתְךָ y rígelos y sostenlos
para siempre » [101].

Es oración de segura esperanza, que alienta también
incontenible en aquel salmo, reflejo de una época no fácil
de determinar, pero cuyo ambiente irreligioso ponía en peligro la existencia del pueblo. Hay primero un clamor de
angustia en boca del salmista, una llamada de urgencia porque el Señor, juez del mundo, se apresure a intervenir en
contra de los malvados. La causa bien merece esta intervención divina ; porque « עַמְּךָ, Señor, oprimen y נַחֲלָתְךָ
maltratan ; dan muerte a la viuda y al forastero y asesinan
a los huérfanos. Dicen después : No ve el Señor, ni cae en

---

[97] Miq. 7, 15-17. 20.
[98] Joel 4, 1-2.
[99] 1 Rey. 8, 51.
[100] Leyendo con 8 Ms., los LXX y la Peš. *le*ammô* en vez del
lamô del TM.
[101] Salm. 28, 8-9.

la cuenta el Dios de Jacob ». El salmista, tras un reaccionar
enérgico contra esta afirmación blasfema, exclama al fin,
seguro del éxito de su oración : « Que el Señor no rechaza
עַמּוֹ , ni abandona נַחֲלָתוֹ , sino que el juicio volverá
a justicia, y en pos de él (caminarán) todos los rectos de
corazón » [102].

Es esperanza que alienta de igual modo en aquel salmo
asáfico, resumen de las bondades de Dios y de las infidelidades del pueblo. Hay, como en el salmo anterior, un primer momento en que la existencia de Israel está en peligro,
porque el Señor « entregó עַמּוֹ a la espada y se llenó de
ira contra נַחֲלָתוֹ ; pero hay también, como antes, un
momento decisivo en que la existencia de Israel se asegura,
porque el Señor « escogió a David su siervo y le tomó de los
apriscos de rebaños ..., para regir a Jacob עַמּוֹ y a Israel
נַחֲלָתוֹ » [103].

Así David es puesto al frente de aquel pueblo-herencia
de Dios, del que en tiempos de Saúl trataron de expulsarle[104].
En su cargo de rey del Israel-herencia del Señor sucede a
Saúl, cuyo primer encuentro con Samuel prepara Dios hablando al profeta : « Mañana a esta hora te enviaré un hombre de la tierra de Benjamín, y le ungirás como jefe עַמִּי
Israel. El librará עַמִּי del poder de los filisteos, porque he
mirado עַמִּי habiendo llegado a mí sus clamores » [105].

Son ideas que Samuel recordará a Saúl el día de su
unción : « ¿Acaso no te ha ungido el Señor como jefe עַמּוֹ ,
de Israel ? Tú has de mandar el pueblo del Señor y librarle
del poder de los enemigos de en torno ». Y queriéndole
asegurar de lo genuino de su elección, le brinda con una
señal a corto plazo. Por ahora sólo nos interesan las primeras palabras : « Y ésta te será la señal de que el Señor te ha
ungido como jefe נַחֲלָתוֹ » [106].

---

[102] Salm. 94, 5-7. 14-15.
[103] Salm. 78, 62. 70-71.
[104] 1 Sam. 26, 19. Sobre este pasaje y los textos de 2 Sam. 14,
16 ; 20, 19 ; 21, 3 ya se trató antes al hablar de Palestina *naḥalah* de
Dios.
[105] 1 Sam. 16, 9.
[106] 1 Sam. 10, 1 según la lectura de los LXX y la Vg. que completan el TM.

Ni Saúl, ni, después de David (con contadas excepciones), supieron responder los reyes a la confianza que en ellos el Señor había depositado entregándoles el gobierno de Israel, su נַחֲלָה. Las consecuencias fueron terribles. Israel perdía su privilegio de נַחֲלָה del Señor, que « se encendió en ira בְּעַמּוֹ y abominó נַחֲלָתוֹ. Les puso en manos de las gentes y les dominaron los que les odiaban ». Situación de tormenta de paso, cuyo disiparse definitivo se anuncia muy pronto [107].

Frente a Babilonia, dominadora un día de Israel, se oye al fin la voz del Señor : « Me enfurecí עַל עַמִּי, profané נַחֲלָתִי y la entregué en tu mano ». Es el primer momento de un proceso, cuyo segundo momento, el de restauración (insinuado en la amenaza de caída lanzada a continuación contra Babilonia), apunta decidido en uno de los vaticinos del propio Isaías sobre Egipto. Concluye el profeta, después de predicha la formación del nuevo pueblo de Yahveh a base de Egipto, Asiria e Israel : « Bendito sea mi pueblo Egipto, y Asiria la obra de mis manos, וְנַחֲלָתִי, Israel » [108].

Es visión de universalismo que el profeta Zacarías hace surgir esplendente en torno al Israel definitivamente restaurado y ante la cual exclama : « Recocíjate y alégrate, hija de Sión, porque he aquí que yo vengo para habitar en medio de vosotros, dice el Señor. Y en aquel día se unirán muchas gentes al Señor, y me serán pueblo y habitaré en medio de tí, y reconocerás que el Señor de los ejércitos me ha enviado a tí. נָחַל el Señor a Judá (como) חֶלְקוֹ sobre la tierra santa y escogerá todavía a Jerusalem » [109].

Dios mismo había tendido el lazo de unión con Israel y estaba como empeñado en mantenerle. Ya había dicho Moisés : « Porque ¿qué nación grande hay que tenga los dioses cercanos a sí como lo está el Señor nuestro Dios siempre que le invocamos ? » [110]. Por eso exclamará el mismo

---

[107] Salm. 106, 40-41. 44-46.
[108] Is. 19, 25 ; 47, 6.
[109] Zac. 2, 14-16.
[110] Dt. 4, 7.

Moisés, al cerrar la serie de sus bendiciones sobre las diversas tribus israelitas : « Feliz tú, Israel. ¿Quién como tú, pueblo salvado por el Señor. El es escudo de tu defensa y espada de tu triunfo. Te adularán tus enemigos y tú pisarás sus alturas » [111].

Son los mismos conceptos desarrollados más tarde en uno de los salmos, cuyo título davídico puede decirse auténtico, al menos porque las ideas están tomadas de salmos de David. Como final de un estado de prosperidad plena pedido al Dios protector y providente, añade el salmista : « Feliz el pueblo a quien tal sucede ; feliz el pueblo cuyo Dios es el Señor » [112]. El camino hacia la fórmula completa, que nos interesa ahora, queda abierto, y por él llega hasta el fin el salmista cuando exclama, mientras celebra el gobierno de Dios en el mundo : « Feliz la nación cuyo Dios es el Señor ; el pueblo que se escogió לְנַחֲלָה לוֹ » [113].

Bajo la luminosa impresión de esta realidad, el salmista-historiador de las ingratitudes y de los beneficios, se abre en confidencias íntimas ante el Señor : « Acuérdate, Señor, de mí conforme a la benevolencia עַמֶּךָ, visítame con tu auxilio, para que vea la felicidad בְּחִירֶיךָ, goce con el gozo גּוֹיֶךָ y me gloríe עִם־נַחֲלָתֶךָ » [114].

Es afecto que otro de los salmistas sentirá estallarle en lo más íntimo. En un momento de desahogo religioso, incitará a los sacerdotes y levitas del templo : « Alabad al Señor, porque bueno es el Señor ; salmodiad su nombre, porque es amable ; porque a Jacob eligió para sí, a Israel לִסְגֻלָּתוֹ. Porque yo sé que el Señor es grande, y nuestro Dueño más que todos los dioses » [115].

Ahondando en la dirección de ese pueblo-herencia, el Apóstol S. Pedro toca el fondo de un horizonte hacia el que ya vimos apuntar a los profetas. Dice en el exordio de su primera carta, continuando su inscripción de saludo y de profundo alcance teológico : « Bendito el Dios y Padre del

---

[111] Dt. 33, 29.
[112] Salm. 144, 15.
[113] Salm. 33, 12.
[114] Salm. 106, 4-5.
[115] Salm. 135, 3-5.

Señor nuestro Jesucristo, que según su grande misericordia
nos ha regenerado para una esperanza viviente por medio
de la resurrección de Jesucristo de entre los muertos, εἰς
κληρονομίαν incorruptible, incontaminable e inmarcesible,
reservada en los cielos para vosotros, los que por el poder de
Dios sois custodiados por medio de la fe para la salud, que
está dispuesta a ser manifestada en el último tiempo » [116].

Es el término final, donde, entre resplandores de gloria
eterna, surge la suspirada tierra - נַחֲלָה. Hacia ella orienta el Apóstol al nuevo pueblo, que, como נַחֲלָה del Señor, continúa y completa al antiguo Israel. Se han roto las
fronteras y ha surgido el pueblo cristiano. Por su lengua
Moisés y los profetas hablarán de este nuevo pueblo con las
mismas expresiones con que un día hablaron del antiguo :
« Pero vosotros sois γένος ἐκλεκτόν, sacerdocio regio, ἔθνος
ἅγιον, λαὸς εἰς περιποίησιν para proclamar las grandezas de aquél, que de las tinieblas os llamó a su admirable
luz ; los que un tiempo no érais pueblo, mas ahora sois
λαὸς Θεοῦ, los no mirados con misericordia, pero que ahora
sois mirados con misericordia » [117].

Es pasaje que agrupa hermanados textos de la ley y
de los profetas. Las ideas de Isaías y Oseas sobre la elección de Israel, lejos de corregirla, encajan de lleno en la
concepción mosaica. El fenómeno no es único : le hemos
visto repetirse en pasajes de Miqueas, Jeremías, Joel y Zacarías, de lleno todos en la línea de la elección con sentido
deuteronómico. Sólo el supuesto dualismo ley-profetas, o el
examen restringido y unilateral de pocos textos, han podido
permitir hablar de « prerrogativas de la religión nacional
en colisión con las predicaciones proféticas », y « de lucha
de fe y fe en materia de elección » [118].

---

[116] 1 Pedr. 1, 3-5. Puede verse lo escrito últimamente por S. Pa-
ramo, *Las fórmulas protocolarias en las cartas del N. Testamento* (Estudios Bíblicos 10, 1951, pág. 333-355).

[117] 1 Pedr. 2, 9-10. Las expresiones están tomadas de Ex. 19, 6 ;
23, 22 ; Is. 43, 20-21 ; Os. 1, 9 ; 2, 1. 3. 25.

[118] Tal es el pensamiento de G. Quell, *Theol. Wörterb.* ..., IV,
pág. 171-172. La idea no es propia, ni los textos de Amós y Jeremías,
en que se la quiere apoyar, son nuevos. Su discusión no es de aquí,
pues supone cuestiones de carácter general.

13

d). — « YO SOY VUESTRA HERENCIA »

Clásica es la comparación establecida por Jeremías entre Yahveh, Dios de Israel, y los dioses de las otras naciones. Cierra el profeta esta comparación presentando como en síntesis los diversos elementos expuestos a lo largo de ella : « Son (los ídolos) nada, cosas de risa, perecerán en el tiempo de su castigo. No es algo parecido חֵלֶק de Jacob, sino que El es quien formó todas las cosas, e Israel la tribu נַחֲלָתוֹ . Señor de los ejércitos es su nombre »[119].

El encuentro del Señor, חֵלֶק de Israel, y de Israel, נַחֲלָה del Señor, refuerzan en el pasaje del profeta la línea de enlace entre Dios y pueblo, tensa ya en el simple trazado de Israel, נַחֲלָה del Señor. Es la omnipotencia del Dios Creador y del Señor de los ejércitos al servicio de algo peculiar y exclusivamente suyo. Más tarde, en los días amargos del destierro, sobre esa omnipotencia verá el pueblo surgir esperanzadora la bondad de su Señor. Es su grito de fe ante la mayor de sus desgracias : « Bondades del Señor que no se han agotado, sus misericordias que no se han acabado. Nuevas son cada mañana, grande es tu fidelidad. Mi porción (חֶלְקִי) es el Señor, dice mi alma, por eso espero en él »[120].

No es posible dudar del alcance proteccionista del Señor en cuanto חֵלֶק del pueblo. El salmista, de frente al gran problema de la retribución, que en su alma levanta la

---

[119] Jer. 10, 15-16. En 15ᵃ en vez de maʿaseh se lee maʿasê con los LXX y la Peš. Esta sección de Jer. 10, 12-16 la encontramos repetida en Jer. 51, 15-19. ¿Se trata por lo tanto en Jer. 10, 12-16 de una adición posterior, en concreto exílica ? Así lo admite como indudable W. RUDOLPH, *Jeremia ...*, pág. 61-63. 65, y por ahí va la corriente moderna. J. CONDAMIN, *Le livre de Jeremie ...*, pág. 96-97, concluye su estudio de las razones contra la autenticidad, declarando « no definitivas las razones en pro o en contra », y « permitiendo dudar no obstante la gran mayoría de los críticos ».

[120] Lam. 3, 22-24. En 22ᵃ se lee *tammû* con la Peš. y el Targ., en vez del *tamᵉnû* del TM.

vista del injusto triunfante y del justo oprimido, cierra su salmo-meditación con un grito de fe en la justicia definitiva. En él vuelca los sentimientos más íntimos de un corazón en éxtasis : « Pero yo estaré siempre contigo, Tú me tienes por la mano diestra, me guiarás con tu consejo y al fin me recibirás en la gloria. ¿Qué hay para mí en cielo fuera de tí ? No me complazco en la tierra. Desfallece mi carne y mi corazón. Roca de mi corazón וְחֶלְקִי es Dios para siempre. Porque he aquí que se pierden los que de tí se alejan ; tú destruyes a cuantos te son infieles. Pero, en cuanto a mí, mi felicidad es estar cerca de Dios, poner en el Señor, mi Dios, mi refugio para referir todas sus obras »[121].

El tono proteccionista de Dios, חֵלֶק de su pueblo, a través del alma genuinamente devota del salmista, ha ganado en intensidad al contacto del Dios - צוּר y del Dios- מַחְסֶה (roca y refugio) en su doble aspecto de defensa y ataque. Pero es un tono proteccionista que, a pesar de esa mayor lograda intensidad, sólo se deja oír como en sordina ante la entrada irresistible del torrente de felicidad escondido en el Dios - חֵלֶק de las almas buenas. David, de cara a esa felicidad, insinuada en el salmo asáfico como en acecho de eternidad, responde a quienes intentan alejarle de su Dios : « El Señor es מְנָת חֶלְקִי (la parte de mi herencia) y mi copa ; tú tienes segura mi suerte. Las medidas me cayeron en terreno delicioso ; cierto que נַחֲלָתִי me agrada »[122].

El regio salmista ha pasado en esta ocasión por encima del alcance directamente proteccionista del Dios - חֵלֶק , al que naufrago se agarra en uno de los momentos más difíciles de su vida : « A tí clamo, Señor ; yo digo : Tú eres mi refugio, חֶלְקִי en la tierra de los vivos. Atiende a mi clamor porque estoy muy abatido. Líbrame de los que me persiguen, porque son más fuertes que yo »[123]. En el salmo

---

[121] Salm. 73, 23-28.

[122] Salm. 16, 5-6. En 6b, en vez del *naḥalat* del TM., se lee con los LXX y la Vg. *naḥalatî*.

[123] Salm. 142, 6-7.

16 el Dios - חֵלֶק pudiera decirse que entra por cauces de mayor desprendimiento. Es cierto que en El se lanza David como en abismo de felicidad; pero lo hace frenando en seco, en fervor de heroísmo, el tirón hacia la apostasía. Hay en su מְנָת חֶלְקִי y en su נַחֲלָתִי espíritu tenso de fidelidad. Dentro del aparente individualismo, es su Yahveh - נַחֲלָה reflejo del Yahveh - נַחֲלָה nacionalista.

El salmista-cantor de la ley divina ha reforzado esa tensión a lo largo de todo el salmo 119. Su estudio jugoso de la ley del Señor, su estima de ella, su observancia sentida, su apego íntimo a ella, su actitud de heroísmo por mantenerse fiel, se van repitiendo y conjugando según una línea variada y monótona al mismo tiempo. Síntesis expresiva de todos esos sentimientos, aquella doble tajante confesión: « חֶלְקִי, Señor, he declarado el guardar tus palabras ... ; נַחֲלָתִי perpetua son tus prescripciones, porque son el gozo de mi corazón » [124].

El Señor, חֵלֶק del pueblo en su vida nacional, entra como חֵלֶק o נַחֲלָה en la vida de los individuos, pero en cuanto miembros del Israel de la elección. De lo más amplio se pasa a lo más restringido, como primero de lo más restringido se había pasado en profundidad a lo más amplio. Yahveh, חֵלֶק del pueblo, es como una ampliación del Yahveh, חֵלֶק y נַחֲלָה de los levitas. Las palabras del Señor a Israel : « Vosotros seréis para mí un reino de sacerdotes, gente santa » [125], dejan entrever una especie de consagración sacerdotal, que hace de todo el pueblo como una prolongación de la clase levítica. Por eso, como para la clase levítica, es el Señor חֵלֶק para todo el pueblo.

Como a cabeza de la clase levítica, a Aarón se confiaron los derechos y los deberes. Dice uno de ellos : « לֹא תִנְחָל en su tierra, ni tendrás חֵלֶק en medio de ellos ; porque yo soy חֶלְקְךָ וְנַחֲלָתְךָ en medio de los hijos de Is-

---

[124] Salm. 119, 57. 111. En este último verso se lee *naḥalatî* con S. Jerónimo en vez de *naḥaleᵗtî* con el TM.

[125] Ex. 19, 6.

rael » [126]. El alcance negativo y de restricción de la primera
cláusula queda superado por el alcance positivo y de privilegio de la segunda. El dominio sobre Palestina, que Dios
había condividido con su pueblo como nación, a través de
las diversas tribus, adquiere un relieve especial en su contacto con la tribu de Leví. Es relieve de más universalismo y
de más religiosidad.

Escribe Moisés resumiendo el pasado : « En aquel tiempo separó el Señor la tribu de Leví para que llevase el arca
del pacto del Señor, para que estuviese delante del Señor,
para que le sirviese y bendijese en su nombre hasta el día
de hoy. Por esto no tuvo Leví חֵלֶק וְנַחֲלָה con sus
hermanos. El Señor se נַחֲלָתוֹ, como el Señor tu Dios
le ha declarado » [127].

Si se exceptúa un pasaje del libro de los Números y
otro del libro de Josué [128], en todos los demás la idea del
Señor que, como herencia de la clase sacerdotal, viene a
suplir en la tribu de Leví la falta de asignación de un territorio propio, queda siempre en primera línea. Con la afirmación de aparente alcance negativo, « porque no tiene él
(Leví) entre vosotros (o, contigo) חֵלֶק וְנַחֲלָה », se
abre a los levitas una puerta de privilegio. Precisamente por
ese desheredamiento, Dios será su נַחֲלָה : el levita entra,
a una con la familia del israelita fiel que ofrece al Señor
sus sacrificios y sus décimas, en la participación del alegre
convite sacrifical [129].

Es derecho, cuyos límites vendrán claramente definidos
en un pasaje del Deuteronomio que trata de la clase sacerdotal : « Los sacerdotes levíticos, toda la tribu de Leví,
no tendrán חֵלֶק וְנַחֲלָה con Israel ; se mantendrán con
los sacrificios del Señor y de su herencia (נַחֲלָתוֹ). No
tendrá נַחֲלָה en medio de sus hermanos ; el Señor es
נַחֲלָתוֹ, como le ha prometido » [130]. Y a continuación

---

[126] Núm. 18, 20.
[127] Dt. 10, 8-9.
[128] Núm. 26, 62 ; Jos. 14, 3.
[129] Dt. 12, 12 ; 14, 26-27.
[130] Dt. 18, 1-2.

viene detallado ese derecho sobre los sacrificios, primicias ...
concedido por Dios a la clase sacerdotal. El Señor era su
נַחֲלָה, porque de la mesa del Señor participaban. Josué
lo dirá con frase gráfica al realizar la división de la tierra
entre las tribus : « Porque los levitas no tienen חֵלֶק en
medio de vosotros, ya que el sacerdocio del Señor es
נַחֲלָתוֹ» [131].

El profeta Ezequiel, al hablar del nuevo culto y del
nuevo sacerdocio, insistirá, como con frase hecha, en las
afirmaciones anteriormente transcritas : « Y no tendrán
נַחֲלָה; yo soy נַחֲלָתָם. Y no les daréis אֲחֻזָּה en Israel ;
yo soy אֲחֻזָּתָם» [132]. Y, desarrollo de este principio, la
participación de los sacerdotes en los sacrificios, y la
edificación de sus casas y ciudades en terrenos cedidos
por las otras tribus, como en tiempo de Moisés había
sido determinado [133].

e). — LAS NACIONES EN LA HERENCIA DE JAHVEH.

En diversas ocasiones nos han salido al paso dos textos,
que ahora de nuevo nos interesan. En el primero, habla Dios
por Moisés a su pueblo acampado frente al monte Sinaí:
« Vosotros habéis visto lo que he hecho a los egipcios y que
a vosotros os he llevado sobre alas de águila y os he traído
a mí. Ahora, pues, si atentamente oís mi voz y guardáis
mi pacto, seréis para mí סְגֻלָּה de entre todos los pueblos, porque mía es toda la tierra; y vososros seréis para mí
reino de sacerdotes y gente santa » [134].
En el segundo, vuelve Moisés sobre ese declararse amo-
roso del Señor a su pueblo. Es un nuevo intento de arrancar
a Israel el sí definitivo ante la declaración divina : « He

----

[131] Jos. 18, 7.
[132] Ez. 44, 28. En la primera proposición se sigue la lectura de la
Vg., más en consonancia con el contexto, en vez de la del TM.: « Y
tendrán lᵉnaḥalah ».
[133] Ez. 44, 29-45, 8 ; Véase Núm. 35, 1-8.
[134] Ex. 19, 4-6.

aquí que del Señor tu Dios son los cielos y los cielos de los
cielos, la tierra y todo lo que en ella existe. Y solamente a
tus padres se aficionó amándoles, y después de ellos escogió
su descendencia, a vosotros de entre todos los pueblos, como
(aparece) el día de hoy »[135].

Junto a un primer fundamento, que puediera llamarse
jurídico y de dominio, surge en ambos textos un segundo
fundamento, que pudiera a su vez llamarse sentimental y
de predilección. El segundo presupone el primero : la predilección divina por un pueblo, su elección por סְגֻלָּה
entre todos los otros pueblos, son actos que sólo pueden
realizarse a base de un auténtico dominio, absoluto y universal, que en el aspecto jurídico recae de igual modo sobre
el pueblo de la elección y los pueblos no escogidos. Por lo
tanto, el Israel - סְגֻלָּה o נַחֲלָה, fruto de la predilección divina, hace aparecer todos los demás pueblos como objeto necesario del dominio de Dios. Y es éste el motivo que,
al mismo tiempo, impone y limita el estudio de este apartado.

El autor de uno de los salmos de la colección asáfica,
aboga por la actuación de ese dominio universal. Ante el
fracaso de la justicia y el derrumbamiento consiguiente del
estado social de Israel, aflora espontánea la idea mesiánica,
viva siempre en la subconsciencia de los israelitas[136]. Con
atisbos y ansias del día del Señor, del reino mesiánico, lanza
al cielo en flecha su grito final : « Levántate, Señor, juzga
la tierra, porque tú tienes en posesión (תִנְחַל) todas las
naciones »[137].

Es la proclamación de un derecho del Señor, pleno e
inalienable, sobre todos los pueblos. El asomarse del salmis-

---

[135] Dt. 10, 14-16. Véase también Dt. 7, 6-8, pasaje ya igualmente
estudiado.

[136] Atinadamente J. CALÈS, *Le livre des Psaumes*. Paris 1936,
II, pág. 84 : « En tal modo la expectación mesiánica ocupaba la subconsciencia del pensamiento israelita, que el menor choque bastaba
para hacerle salir a la superficie. Aquí, la vista de los desórdenes y de
las injusticias que turban el estado social de Israel sugiere al salmista
una súplica ardiente por el advenimiento próximo del gran día de Yahveh y de su reino sobre todas las naciones. Justicia y reino de Dios van
siempre juntos ».

[137] Salm. 82, 8.

ta al reino mesiánico, reino de justicia y de paz, insinúa junto al aspecto jurídico el aspecto sentimental. Hay proclamación de un dominio que hace de todos los pueblos נַחֲלָה del Señor. No hay motivo para afirmar con Duhm : « Nada tiene Yahveh que hacer aquí con *todos los pueblos*. תִּנְחַל (tú tienes en herencia todos los pueblos) es ininteligible »[138]. Ni le hay tampoco para cambiar el תִּנְחַל masorético en תִּמְשֹׁל [139], como queriendo poner de relieve el aspecto jurídico del dominio divino con total exclusión del aspecto sentimental.

En uno de los salmos de los hijos de Coré proclama el salmista ese dominio universal del Señor sobre todos los pueblos. Es un clamor de júbilo : « Dios reina sobre las naciones ». La presencia del verbo מָלַךְ pudiera a primera vista insinuarnos un dominio universal de tipo meramente jurídico ; pero el contexto inmediato con que se cierra el salmo : « Los príncipes de los pueblos se han juntado con el pueblo del Dios de Abraham porque de Dios son los escudos de la tierra, El es muy alto »[140], introduce un tipo de dominio idéntico al ejercido sobre el Israel - נַחֲלָה . Por lo tanto, ni מָלַךְ , ni מָשַׁל cambiarían el alcance sentimental encerrado en el תִּנְחַל de dominio de nuestro salmo.

Claramente comenta a este propósito D. Kimhhi : « *Quoniam tu hereditas in omnibus gentibus. Tu pauperes et oppressos in quocumque tandem populo ipsi sint, posside, ac si diceret, ipsi tua sunt hereditas* »[141]. Es sentencia sobre la que escribe Genebrardo : « Aliqui hebraeorum futurum accipiunt pro praesenti : Iudica terram, quoniam haeredi-

---

[138] B. Duhm, *Die Psalmen* ..., pág. 211. La opinión no ha encontrado muchos seguidores : basta por ej. leer las traducciones y comentarios de E. Briggs, *Psalms* ..., pág. 217. F. Kirkpatrick, *The Psalms* pág. 498 ; H. Schmidt, *Die Psalmen*, pág. 156 ; F. Noetscher, *Die Psalmen* ..., pág. 168 ; A. Weiser, *Die Psalmen* ..., pág. 365.

[139] Así F. Buhl (Kittel, *Biblia*...) ; M. Buttenwieser, *Die Psalmen* ..., pág. 770 (siguiendo a Wellhausen, Graetz y otros). No hay razón decisiva para ello.

[140] Salm. 47, 8. 10.

[141] D. Kimhhi, *Commentarii* ..., pág. 369.

tate possides, quoniam omnia tua sunt ; quoniam tu es legitimus haeres regnorum, omniumque gentium, ideoque illis debes ius et tutelam » [142]. El dominio del Dios de Israel se extiende a todos los pueblos con su doble nota de jurídico y sentimental : es dominio sobre una herencia, y, como escribe Rosenmüller comentando nuestro pasaje, « *haereditatis* nomine saepissime *peculium* significari, notum » [143].

Este matiz de dominio jurídico-sentimental es el que fija Genebrardo, pero con mira más directamente mesiánica. Es su comentario, que él con su « *hereditabis* »,contrapone al « *hereditas* » de los rabinos anteriormente transcrito : « *Surge, Deus, iudica.* Apostrophe ad Deum ut iis accurrat malis et iusta ferat iudicia : vel Dei filium potius, quem Pater iudicem omnium constituit, ut veniat in carnem et his miseriis medeatur. Ad eum enim omnium gentium haereditas et iudicium pertinet. *Quoniam, haereditatem consequeris omnium gentium,* omnia ubique possidebis, omnes habebis tibi in haereditatem. Hoc perficietur in ultimo ipsius adventu. Precatur enim ut Christus veniat, in cuius regno vera et constans erit felicitas » [144].

En pleno ambiente mesiánico, el salmista se explaya en el canto de ese dominio universal, que el Señor transmite al Mesías. Fruto de esta transmisión de poderes : « Y dominará desde el mar al mar y desde el río hasta los confines de la tierra. Delante de él se encorvarán sus enemigos, y sus adversarios lamerán el polvo. Los reyes de Tarsis y de las islas le rendirán tributo, los reyes de Saba y de Seba le ofreceran dones. Se le inclinarán todos los reyes, todos los pueblos le estarán sujetos » [145].

Es el aspecto jurídico y de mando en el dominio universal del Mesías. Junto a él el aspecto sentimental y de favor de ese mismo dominio. En un clima de bienestar el Mesías « defenderá a los humildes del pueblo, salvará a los hijos de los pobres y deshará al opresor ... Porque librará al pobre suplicante, al miserable y a quien no tiene ayuda.

---

[142] G. GENEBRARDO, *Psalmi* ..., pág. 333.
[143] E. ROSENMUELLER, *Scholia in V. Testamentum*, partis IV, volumen III. Lipsiae 1823², pág. 1454.
[144] G. GENEBRARDO, *l. c.* Es universalismo, de que (sin introducir la nota mesiánica) habla E. BRIGGS, *l. c.*
[145] Salm. 72, 8-11.

Se compadecerá del indigente y del pobre, y a los pobres
salvará la vida … ». Y fruto de esta intervención jurídico-
sentimental del dominio mesiánico, el estado de bendición
reflejado en la fórmula abrahamítica : « Y en El serán bendecidas todas las tribus de la tierra, y feliz le aclamarán
todas las gentes » [146].

Sería alejarse del camino el querer seguir la corriente
de la transmisión de este dominio universal hecha al Mesías.
David la ha abierto ancho cauce a base de los términos clásicos נַחֲלָה y אֲחֻזָּה . Habla el Mesías dando a conocer
el divino decreto que le ha constituído rey del mundo :
« Tu eres mi hijo, hoy yo te he engendrado. Pídeme y te daré
las gentes נַחֲלָתֶךָ y los confines de la tierra אֲחֻזָּתֶךָ » [147].

La declaración mesiánica ha encajado magníficamente,
a través de los profetas [148], en el final del Evangelio según
S. Mateo : « Me ha sido dado πᾶσα ἐξουσία en el cielo y sobre la tierra. Id, pues, y enseñad a todas las gentes … » [149].
Ejercicio de un dominio universal, en nombre de quien mira
a todos los pueblos como a su נַחֲלָה y como a su נַחֲלָה
los trata. Junto al dominio de la vara de hierro en el salmo,
y la condenación en el evangelio contra quienes se niegan a
formar parte de su נַחֲלָה, la salvación y la felicidad
ponen la nota del dominio por el amor. El salmista lo había
insinuado : « Bienaventurados todos los que a El se aco-
gen » [150].

La posesión de Palestina por parte de Israel señalaba
una etapa decisiva en la divina promesa. La tierra - נַחֲלָה
del pueblo surgió paralela a la tierra - נַחֲלָה del Señor,
cuyo fuerte brazo allanó el camino. Y a medida que, a la
sombra de ese brazo, Palestina se iba convirtiendo en נַחֲלָה
de Israel, los pueblos, que hasta entonces la ocupaban,

---

[146] Salm. 72, 4. 12-13. 17.
[147] Salm. 2, 7-8. Para el universalismo de estas fórmulas, véase lo
escrito en *Gregorianum* (1952) pág. 234-245.
[148] Véase por ej. Dan. 7, 14 ; Zac. 9, 10.
[149] Mat. 28, 18-19.
[150] Salm. 2, 11. Véase Marc. 16, 16.

perdían su independencia y aun su mismo ser de nación.
Había sonado contra ellos la voz divina de exterminio :
« Yo los exterminaré ... Y delante de tí haré volver las espaldas a todos tus enemigos ... Poco a poco los arrojaré de
delante de tí hasta que te hayas multiplicado וְנָחַלְתָּ
la tierra » [151].

Es beneficio divino, cuyo recuerdo se transmitirá de
padres a hijos. En época de desgracias lo insinúan delicadamente los hijos de Asaf : « Una vid sacaste del Egipto,
expulsaste a las gentes y la plantaste, la preparaste el terreno y echó sus raíces y llenó la tierra » [152]. En circunstancias análogas los descendentes de Coré insisten en el elemento tradicional : « Oh Dios, con nuestros oídos lo hemos
oído y nuestros padres nos han detallado lo que hiciste en
sus días, en días antiguos. Tú con tu mano expulsaste a
las gentes y los plantaste a ellos, destruíste los pueblos y
a ellos los propagaste. Porque no poseyeron la tierra con su
espada, ni su brazo les salvó, sino tu diestra y tu brazo y
la luz de tu rostro, porque en ellos te complacías » [153].

Es traspaso de poderes que lleva consigo el dominio de
Israel sobre los pueblos, a quienes se desposee de Palestina.
El salmista lo catalogará entre las grandes obras del poder
divino : « El poder de sus obras manifestó a su pueblo dán-
doles נַחֲלַת de las gentes » [154]. En este cambio de dueño,
en este traspaso de herencia pasará Israel a la categoría
de hijo y entrarán las gentes en la categoría de esclavos. El
Señor, en una última mano a la realización de la promesa
patriarcal, « echó las gentes de delante de ellos y a cordel
se las partió en herencia y aposentó en sus tiendas a los tribus de Israel » [155].

Tierra y gentes son נַחֲלָה del pueblo de Dios. Es
como el eco de la bendición de Sem : « Bendito del Señor
mi Dios sea Sem, y Canaán sea su esclavo. Dilate Dios a
Jafet, y encuentre morada en los pabellones de Sem y sea

---

[151] Ex. 23, 23. 27. 30.
[152] Salm. 80, 9-10.
[153] Salm. 44, 2-4.
[154] Salm. 111, 6.
[155] Salm. 78, 55.

Canaán su esclavo » [156]. Israel-hijo y Canaán-esclavo se encuentran. Hemos visto a los hijos de Coré contemplarlos
unidos bajo el mismo Dios, que, « Rey de toda la tierra ...,
reina sobre las naciones ». Es unión de esclavo e hijo, que
al fin se resuelve en unión de hermanos, y hace exclamar al
salmista : « Batid palmas todos los pueblos, aclamad a Dios
con voces de júbilo ; porque es el Señor excelso, terrible, rey
grande sobre toda la tierra. El pone los pueblos bajo nosotros y a las naciones bajo nuestros pies. El nos destina nuestra herencia (נַחֲלָתֵנוּ), la gloria de Jacob a quien
amó ». Es el primer paso. Tras una nueva aclamación del
reino universal de Dios, el círculo queda cerrado : « Los príncipes de los pueblos se juntaron con el pueblo del Dios de
Abraham » [157]. Surge en el horizonte el nuevo pueblo - נַחֲלָה
de Dios. El hijo y el esclavo bajo el mismo cetro se han convertido en hermanos. El antiguo y el nuevo heredero de
Palestina entran juntos en la herencia de la nueva Tierra.

---

[156] Gén. 9, 26-27.
[157] Salm. 47, 2-5. 8-10.

CAPITULO SEXTO

TRAYECTORIA DE UNA FORMULA

Dios del pueblo y pueblo de Dios : dos extremos de una fórmula de hondo alcance religioso-nacional. La hemos visto cómo germen fecundo iniciar su desarrollo en la historia de los patriarcas y ganar después terreno, a medida que la descendencia patriarcal iba adentrándose en la órbita de pueblo. Desarrollo progresivo que alcanzará su plenitud en el « Yo os seré Dios (לָכֶם לֵאלֹהִים) y vosotros me seréis pueblo (לִי לְעָם)», cuando el pueblo de la promesa entre en la fase de pueblo de la realidad a la salida de Egipto.

En su comentario a uno de los pasajes, en que Jeremías introduce esta fórmula, escribe Sánchez : « Hoc fuit pactum quod sartum et tectum Deus a suo populo conservari vult »[1]. Y Nötscher con la misma ocasión : « Es el contenido esencial de la conclusión del pacto y, en resumidas cuentas, el principio fundamental de la religión israelita »[2].

De aquí la importancia de una fórmula que viene a completar la elección del pueblo por parte de Yahveh. Galling y Cramer han afirmado que « pacto y elección son una misma cosa »[3]. Con razón ha escrito Botterweck que « tal formulación sólo en parte es verdadera »[4]. Ni entre pacto y elección, ni entre elección y nuestra fórmula se puede hablar de identidad absoluta o de superposición. El « Yo seré

---

[1] G. SANCHEZ, *In Jeremiam* ..., col. 282.
[2] F. NOETSCHER, *Das Buch* ..., pág. 107. Véase también E. SELLIN, *Theologie des A. Testaments*. Leipzig 1936, pág. 94.
[3] K. GALLING, *Die Erwählungstraditionen* ..., pág. 34 ; K. CRAMER, *Amos. Versuch einer theologischen Interpretation* (Beitr. z. Wiss. v. Alt. u. N. Test., 51, pág. 213).
[4] J. BOTTERWECK, *Gott* ..., pág. 33.

לָכֶם לֵאלֹהִים y vosotros seréis «לִי לְעָם» avanza más allá y, a una con el pacto eterno, le veremos entrar en el campo del universalismo mesiánico [5].

Por el contacto (no superposición) que existe entre la elección divina del pueblo y el contenido de nuestra fórmula, es obvio que el estudio del « Yo seré לֵאלֹהִים y vosotros seréis לִי לְעָם» se haya llevado a una con el estudio de la elección. Reseñada ya la bibliografía sobre este último punto, en ella ha de buscarse el espigo de lo que sobre nuestra fórmula allí se insinúa o detalla [6].

a). — CONTINUIDAD DE LA LINEA.

Cuadro admirable de sombras y de luces el de los dos primeros capítulos del libro del profeta Oseas. La infidelidad a Dios por parte del reino de Israel-esposa va amontonando sombras bajo el símbolo de los tres hijos de prostitución· La fidelidad a Israel por parte de Dios-esposo señala el triunfo de la luz. Las sombras se van adensando cada vez más ; al primer hijo, Izreel, presagio de venganza divina, sigue el nacimiento de una hija, y a éste el de un segundo hijo. De la primera dice el Señor : «Pon el nombre לֹא רֻחָמָה, pues no volveré ya a compadecerme de la casa de Israel». Y a propósito del segundo : «Llama su nombre לֹא עַמִּי, pues vosotros no seréis עַמִּי y yo no seré לָכֶם» [7].

Las sombras, aunque densas, son pasajeras. La luz apunta primero en aquellas palabras del profeta : « Decid a vuestro hermano : עַמִּי, y a vuestra hermana : רֻחָמָה» [8],

---

[5] H. STRAHMANN (Theol. Wörterb. z. N. Testament, IV, 1943, pág. 39) habla de este universalismo mesiánico, teniendo también en cuenta otros textos de los profetas, donde, junto a nuestra fórmula, aparecen las naciones.

[6] Puede verse además H. STRAHMANN (Ib., pág. 34-37 y 53-54).

[7] Os. 1, 6. 9.

[8] Os. 2, 3. Se sigue la traducción en singular τῷ ἀδελφῷ ὑμῶν, τῇ ἀδελφῇ ὑμῶν de los LXX, en vez del plural del TM. A. VAN HOONACKER, Les douze petits prophetes. París 1908, pág. 19 y 32

y rompe después esplendorosa en aquel final del capítulo
segundo : « Y le sembraré para mí en la tierra וְרִחַמְתִּי de
לֹא רֻחָמָה y diré a לֹא עַמִּי : Tú eres עַמִּי y él dirá :
אֱלֹהָי » [9].

La luz se ha hecho del todo. La declaración divina :
« Tú eres עַמִּי » y la respuesta del pueblo : « Díos mío
(אֱלֹהָי)» han borrado separaciones y acortado distancias
entre Dios e Israel. Es un retorno a aquel estado de mutuas
relaciones, cuyos dos elementos « mi pueblo » y « vuestro
Dios », insinuados ya desde los primeros tiempos patriarcales, quedan definitivamente unidos en una fórmula clásica de los días de Egipto. Habla el Señor por medio de Moisés al pueblo cuya liberación prepara : « Yo soy el Señor ;
yo os sacaré de debajo de las cargas de los egipcios y os libraré de su servidumbre y os redimiré con brazo extendido
y con grandes juicios. Y os tomaré לִי לְעָם y seré לָכֶם
לֵאלֹהִים » [10].

Con todos los honores de una fórmula fija, de profundo
alcance religioso, el binomio לָכֶם לֵאלֹהִים-לִי לְעָם pasa
del período de la liberación de Egipto, a través de los
días del desierto y de la entrada en Palestina, a la vida
del pueblo y a su restauración definitiva. Como elemento
esencial en la historia teocrática de Israel y meta de las relaciones entre Dios y el pueblo escogido, es no pocas veces
el sello auténtico de esas relaciones.

No siempre aparecen explícitos los dos términos de ese
trancendental binomio. A veces lo está sólo el לָכֶם לֵאלֹהִים,
pero no en tal modo que no vaya en él implícito y
como confundido con él el לִי לְעָם. La descendencia
patriarcal no es para el Señor otra cosa que « su pueblo » [11].

---

decididamente traslada los vers. 1-3 al fin del capítulo. No se ve razón para hacerlo sin dudar : los profetas mezclan con frecuencia muy
fácilmente amenazas con anuncio de salvación.

[9] Os. 2, 25.
[10] Ex. 6, 6-7.
[11] Véase por ej. Gén. 17, 7-8 ; Ex. 29, 45 ; Lev. 11, 45 ; 22, 33 ;
25, 38 ; 26, 45 ; Núm. 15, 41.

El estudio ya antes llevado a cabo sobre el alcance del primero de los términos hace innecesario el insistir en los textos que nos le han transmitido solo.

En otras ocasiones es el לְעָם לִי el solo término
explícito, sin que tampoco ello excluya la presencia latente
del לָכֶם לֵאלֹהִים. Se ha rozado ya su estudio, por su
contacto íntimo con términos como סְגֻלָּה y נַחֲלָה. El
Israel, anunciado por el Señor como לְעָם לִי, סְגֻלָּה, נַחֲלָה,
se nos brinda entonces con una serie de matices especiales
ya antes subrayados [12]. Interesa ahora seguir la línea más
sencilla, exteriormente al menos, del לְעָם לִי.

Frente a esa serie de pasajes, casi exclusivamente pen-
tatéuquicos, que presentan disgregados los dos elementos
básicos, surge otra serie donde la fórmula del Exodo se da
completa. A través del verbo הָיָה, que siempre acompaña
al לָכֶם לֵאלֹהִים, como, a través de sus ocasionales
sustitutos לָקַח y קוּם (Hif.), junto al לְעָם לִי, siempre corre
idéntico el significativo binomio. En el Pentateuco se abre
el camino y los profetas profundizan en él.

Es en el Levítico (sección de las promesas y amenazas)
donde se adopta un tipo de fórmula que pasará como el tradicional. Propuestos en síntesis los deberes estrictamente
religiosos del pueblo, abre el Señor el campo de las divinas
promesas con la siguiente proposición condicionada : « Si
seguís mis leyes y observáis mis mandamientos y los ponéis
por obra ». Es condición que, cumplida, da paso a todo un
torrente de bendiciones. La última de todas : « Pondré mi
morada en medio de vosotros y no os desdeñará mi alma ;
caminaré en medio de vosotros y seré לָכֶם לֵאלֹהִים y
vosotros seréis לְעָם לִי. Yo el Señor vuestro Dios que os
saqué de la tierra de Egipto, de serles esclavos (לָהֶם
עֲבָדִים) y rompí las coyundas de vuestro yugo y os hago
caminar la frente alta » [13].

La comparación de este pasaje con el de Ex. 6, 6-8,

---

[12] Véase por ej. Dt. 4, 20 ; 7, 6 ; 14, 2 ; 26, 18 ; Zac. 2, 15.
[13] Lev. 26, 3. 11-13.

nos da en uno y otro caso el eje central לָכֶם לֵאלֹהִים־לִי לְעָם
reforzado con el gran beneficio de la liberación de la
esclavitud faraónica[14]. Frente a esta esclavitud, frente
a la fórmula לָהֶם עֲבָדִים del Levítico, el לִי לְעָם señala
un viraje completo en la suerte de Israel. Esclavo hasta ahora en virtud del primero, pasa por el segundo a ser
nación independiente; la presencia eficaz en su historia
de ese divino לִי לְעָם asegurará su independencia y su
prosperidad. La realización del divino לָכֶם לֵאלֹהִים ־ לִי לְעָם
será la fuente de esa prosperidad del pueblo.

Por el contrario, la ausencia en la historia de Israel de
ese eficaz binomio con que el Señor ha querido sellarla, abrirá a su paso un abismo de maldiciones. Moisés así lo señalará en su último discurso de síntesis, intentando con ello asegurar la realización de la fórmula. Son ya advertencias de
manda testamental: « Todos vosotros estáis hoy delante
del Señor vuestro Dios ... para entrar en el pacto del Señor
tu Dios y en su juramento, que el Señor tu Dios estrecha hoy
contigo, para constituirte él hoy לוֹ לְעָם y para ser él
לְךָ לֵאלֹהִים, como te lo ha prometido y como juró a tus
padres Abraham, Isaac y Jacob »[15].

No se frustrará, por lo tanto, la eficacia de la fórmula
en lo que de Dios depende; sólo el pueblo con su conducta
podrá sacarla fallida. De aquí, que en la promulgación deu-
teronómica de la ley, Moisés y los sacerdotes insistan con el
pueblo: « Oye, Israel: en este día quedas constituído
לְעָם לַיהוָה אֱלֹהֶיךָ. Debes, pues, oír la voz del Señor tu
Dios y cumplir sus mandatos y sus leyes que hoy yo te
impongo »[16].

Predicador celoso de esta ley y con visión perfecta de
la transcendencia de nuestra fórmula, transmitirá Jeremías
en su célebre discurso del templo la voluntad del Señor:
« A vuestros sacrificios sumad vuestros holocaustos y comed

---

[14] En Ex. 6, 7 se usa laqaḥ-hayah, mientras en Lev. 26, 12 se emplea hayah-hayah.
[15] Dt. 29, 9. 11-12.
[16] Dt. 27, 9-10.

14

la carne. Porque en materia de holocaustos y sacrificios nada ordené a vuestros padres el día que los saqué de la tierra de Egipto, sino que les dí este mandato diciéndoles : Escuchad mi voz y seré לָכֶם לֵאלֹהִים y vosotros seréis לִי לְעָם; caminad según todas las normas que os he dado para que os vaya bien » [17].

Muy probablemente a raíz del hecho decisivo de la invención del libro de la ley, de nuevo insiste el profeta : « Así habla el Señor Dios de Israel: Maldito el que no escuche las palabras de este pacto, que impuse a vuestros padres el día que les saqué de Egipto, del horno del hierro, diciendo : Escuchad mi voz y obrad según todo lo que os he mandado y seréis לִי לְעָם y yo seré לָכֶם לֵאלֹהִים, a fin de cumplir el juramento que juré a vuestros padres de darles la tierra que mana leche y miel, como (sucede) el día de hoy » [18].

La predicación de Jeremías señala con insistencia el fin del fecundo binomio en su primera etapa. Pero el Señor no ha desistido, y el profeta anuncia casi simultáneamente el iniciarse de una segunda etapa. En su visión de los canastillos de higos, relacionada con la deportación parcial a Babilonia en tiempo del rey Joaquím, recoge del Señor el alcance de la visión simbólica del canastillo de los higos buenos : « Como a estos higos buenos, así miraré benignamente a los desterrados de Judá, a quienes expulsé de este lugar al país de los caldeos. Pondré benignamente mis ojos en ellos y los restituiré a esta tierra, y los edificaré y no los destruiré, y los plantaré y no los arrancaré. Y les daré corazón para que conozcan que yo soy el Señor, y ellos serán לִי לְעָם y yo seré לָהֶם לֵאלֹהִים, pues volverán a mí con todo su corazón » [19].

La infidelidad hacia Dios toca los límites, y el profeta anuncia como inminente el destierro total. Pero, paralelo

---

[17] Jer. 7, 21-23. Sobre la posición de Jeremías frente a los sacrificios, reflejada en este pasaje, véase lo escrito por A. VACCARI, *Jeremiae sermo in templo* en Verb. Dom. 19 (1939), pág. 138-146. 193-200.

[18] Jer. 11, 3-5.

[19] Jer. 24, 5-7.

a este anuncio de destierro, corre el anuncio de una futura
y definitiva restauración de Israel. Como punto central del
programa divino en esta nueva etapa de felicidad y gloria,
suena de nuevo con insistencia la fórmula consagrada, que
Jeremías recoge y lanza al viento con gozo incontenible.Son
pasajes que ahora no se transcriben, porque su estudio ha
de exigir hacerlo más tarde [20].

Sobre las huellas de Jeremías, el profeta Ezequiel traza
el avance victorioso de la fórmula divina. En su destierro
de Tel-Abib y en vísperas de la destrucción total del reino
y de Jerusalem, recoge de labios del Señor la promesa de la
definitiva restauración del pueblo. Es la nueva etapa con
el siguiente punto central del programa : « Y les daré un
solo corazón y un espíritu nuevo pondré en su interior, y
quitaré de su carne el corazón de piedra y les daré corazón
de carne, a fin de que caminen por mis preceptos y observen mis juicios y los practiquen y sean לִי לְעָם y yo sea
לָהֶם לֵאלֹהִים » [21].

A través de las ruinas y de las calamidades del destierro definitivo, la fórmula divina se abrirá siempre paso.
En los momentos, en que la visión profética del futuro es
en Ezequiel más grandiosa y alentadora, el salvador binomio pone una nota de seguridad y confianza que todo lo
domina. En él se cifra la economía de la nueva etapa [22].

En ella clava su mirada el profeta Zacarías, y ve también surgir de nuevo y formar como un solo bloque nuestra
fórmula. Latente en alguno de sus pasajes, al igual que en
el profeta Joel [23], brota incontenible en aquella doble promesa de restauración : « Y ellos serán לִי לְעָם y yo seré
לָהֶם לֵאלֹהִים en verdad y en justicia ... El invocará mi
nombre y yo le oiré y diré : El es עַמִּי , y el dirá : El Señor es אֱלֹהָי » [24].

En labios de David es nuestra fórmula como punto de

---

[20] Jer. 30, 22 ; 31, 1. 33 ; 32, 38.
[21] Ez. 11, 19-20. Véase también 14, 11.
[22] Ez. 34, 20 con 34, 30-31 ; 36, 28 ; 37, 27.
[23] Joel 2, 17. 27 ; Zac. 2, 14-16.
[24] Zac. 8, 8 ; 13, 9.

enlace entre la fórmula de Moisés y la de los profetas. La promesa del trono eterno llena su corazón de agradecimiento por el pasado, de ansias y súplica para el porvenir. Vuelto a su Señor, con El desahoga el real profeta estos sentimientos, y, como más tarde los profetas, hace de la clásica fórmula el cauce definitivo de las relaciones entre Dios y su pueblo : « Te has asegurado a tu pueblo Israel לְךָ לְעָם para siempre, y tú, Señor, has sido לָהֶם לֵאלֹהִים »[25].

La flecha lanzada en el Exodo va alcanzando profundidad hasta hundirse en las páginas del N. Testamento. El Apóstol S. Pedro la ha recogido, de cara al Pentateuco y al profeta Oseas, en aquel λαὸς εἰς περιποίησιν ..., que en un tiempo οὐ λαός, pero al presente λαὸς Θεοῦ, los οὐκ ἠλεημένοι, pero ahora ελεηθέντες »[26], con que saluda a sus fieles de la dispersión. Y S. Juan, al introducir en su Apocalipsis el nuevo mundo y la nueva Jerusalem, oye una voz que, saliendo del trono, habla de la demora de Dios entre los hombres, y concluye : « Y ellos *serán su pueblo* y el mismo Dios con ellos *será su Dios...* El que venciere poseerá estas cosas, y yo seré αὐτῷ Θεὸς y él será μοι υἱός »[27].

b). — Direccion mesianica.

Escribe A. B. Davidson al comienzo de un capítulo sobre la doctrina de la redención : « El solo aspecto bajo el cual mira la Escritura la constitución de Israel, es el aspecto religioso. El estado israelita es siempre considerado como una comunidad religiosa ; en otros términos, como lo que nosotros pudiéramos llamar el reino de Dios o de Yahveh. Para los escritores sagrados no hay otro aspecto

---

[25] 2 Sam. 7, 24.
[26] 1 Pedr. 2, 9-10.
[27] Apoc. 21, 3. 7. La traducción del vers. 3 es la de la Vg., la de no pocos códices griegos y la seguida por J. M. Bover (con el solo cambio de λαός en λαοί). A. Merk omite el αυτῶν Θεός (testimoniado de otra parte por no pocos códices). En la primera lectura, tendríamos la letra de nuestra fórmula ; en la segunda, su espíritu, teniendo en cuenta el vers. 7.

interesante. Pero bajo este aspecto ellos abarcan todas sus aventuras y vicisitudes, pues todas ellas tienen un significado religioso. Su liberación de Egipto, su aposentamiento en Canaán y su pacífica demora, su expulsión de este país, todo tiene un significado religioso y expresa alguna posición o algún aspecto de sus relaciones con Yahveh, Dios de Israel. En otras palabras, Israel es el pueblo de Dios, y todo, lo que le sucede, ilustra en algún modo sus relaciones con Dios » [28].

Si el estudio en general de la historia de Israel lleva lógicamente a la conclusión sintetizada con acierto por Davidson en sus últimas afirmaciones, a la luz de la luminosa trayectoria de nuestra fórmula, esa conclusión de que Israel es el pueblo de Dios, como síntesis de la história bíblica, se revela segura e inconmovible. En el desarrollo de la trama histórica del pueblo judío, Israel y el Señor aparecen de contínuo frente a frente en ininterrumpida posición de mutuas relaciones. La búsqueda del hilo secreto, creador y conductor de este estado de cosas, nos lleva en último término al לְעָם לִי - לָכֶם לֵאלֹהִים, como a punto de partida y síntesis al mismo tiempo de esas relaciones divino-humanas.

Hay, pues, un encuentro continuado y fecundo entre Dios e Israel, del cual surge el transcendental binomio Dios-pueblo. El profeta Amós, que no le ha transmitido en su fórmula clásica, le ha encerrado en otra equivalente. A pesar de sus infidelidades, descansaba el pueblo temerariamente tranquilo en la elección divina, y el profeta, en uno de tantos intentos por hacerle abandonar posición tan peligrosa, le advierte : « Escuchad esta palabra que el Señor habla contra vosotros, oh hijos de Israel, contra toda la estirpe que hice subir de la tierra de Egipto, diciendo : A vosotros sólo *conocí* entre todas las estirpes de la tierra ; por eso yo castigaré en vosotros todas vuestras iniquidades » [29].

Es la elección del pueblo con todo el alcance providencialista encerrada en el verbo יָדַע [30]. El texto del pro-

---

[28] A. DAVIDSON, *The Theology* ..., pág. 235.

[29] Am. 3, 1-2.

[30] Véase lo escrito últimamente sobre este particular por J. BOTTERWECK, *Gott* ..., pág. 18-41.

feta, con su contraposición entre el pueblo exclusivamente conocido de Dios y todas las otras estirpes de la tierra, corre paralelo a aquellos pasajes del Pentateuco, donde la elección de un pueblo se enfrenta con el dominio universal del Señor sobre toda la tierra. En ellos el divino « porque לִי הָאָרֶץ », aplicado al territorio limitado de Palestina, y la divina proclamación del Israel - סְגֻלָּה entre todos los otros pueblos, no nos colocaban ante Yahveh como Dios macional : por el contrario la presencia del divino « porque לִי כֹּל הָאָרֶץ y cuanto hay en ella » suponía un Dios universal, que sólo bajo un particular aspecto limitaba temporal y oficialmente el ejercicio de dominio sobre todos los pueblos. En Amós el fenómeno se repite, y la presencia del « entre todas las estirpes de la tierra » junto al « a vosotros sólo יְדַעְתִּי », fija ese mismo matiz universalista en un cuadro de tonos al parecer nacionales.

Además, la expresión del profeta nos pone en ambiente de época plenamente patriarcal. Suena la hora de la elección divina de Israel, y el Señor habla a Abraham de cambio de tierra, de numerosa descendencia, de favor y bendiciones. Es una promesa cuya marcha progresiva se cierra con la siguiente afirmación : « Y en tí serán benditas todas las estirpes de la tierra »[31]. En el momento cumbre de la elección del futuro Israel, la mirada de Dios cae directa sobre un solo pueblo, sin que esto signifique abandono de los otros pueblos. Hay en torno a esa mirada divina un como halo de luz, que envuelve a largo plazo a todas las naciones, a través de una fórmula, cuya constante presencia en momentos decisivos de la vida patriarcal pone una nota de universalismo dentro del cuadro particularista de Israel[32].

Hacia este Israel de la elección divina, recluído detrás de las fronteras de una región muy limitada, hay desde el principio en la intención del Señor un movimiento universal de pueblos. A través de la divina bendición (Ni. o Hithp.) sobre los patriarcas y su descendencia, se filtra el río incon-

---

[31] Gén. 12, 3.

[32] Sobre esta fórmula y sus variantes puede verse lo escrito en el artículo *Las bendiciones divinas en el A. Testamento* (Estudios Eclesiásticos 19, 1945, pág. 407-410).

tenible de todas las naciones de la tierra. Israel descendencia patriarcal, por una parte, y todo el bloque de las naciones de la tierra por otra, se encontrarán al fin en la historia, como se encontraron desde el principio en la intención,
divina unidos en un solo pueblo. De él dirá el Señor: « Yo
seré לָכֶם לֵאלֹהִים y tú serás לִי לְעָם ».

Apóstol de la nueva economía, S. Pablo, a quien ya antes vimos dar entrada a las gentes en el círculo de la descendencia abrahamítica, hablará gráficamente de ese encuentro de Israel y de las naciones. Dirigiéndose a los efesios, pero en términos que alcanzan a toda la gentilidad,
escribe: « Recordad que un tiempo vosotros τὰ ἔθνη ἐν
σαρκί...; estábais en aquel entonces χωρὶς Χριστοῦ, ἀλληλο
τριωμένοι τῆς πολιτείας τοῦ Ἰσραὴλ καὶ ξένοι τῶν διαθηκῶν τῆς
ἐπαγγελίας...; pero ahora en Cristo Jesús vosotros οἵ ποτε
ὄντες μακρὰν ἐγενήθητε ἐγγὺς por la sangre de Cristo. Porque
El es nuestra paz, ὁ ποιήσας τὰ ἀμφότερα ἓν y derribando
el muro intermedio de separación, la enemistad, anulando
en su carne la ley de los mandamientos formulada en
decretos, ἵνα τοὺς δύο κτίσῃ ἐν αὐτῷ εἰς ἕνα καινὸν ἄνθρωπον
haciendo paz, καὶ ἀποκαταλλάξῃ τοὺς ἀμφοτέρους ἐν ἑνὶ σώ
ματι con Dios por medio de la cruz, dando en ella muerte
a la enemistad. Y venido, anunció paz a vosotros τοῖς
μακρὰν y paz τοῖς ἐγγύς; porque por El tenemos οἱ ἀμ
φότεροι entrada libre hacia el Padre en un mismo Espíritu »[33].

El privilegio, que a lo largo de siglos ha hecho de Israel
el pueblo-herencia de Dios, ha cesado. Sobre las ruinas del
Israel nacional surge el nuevo Israel, de cara al mismo tiempo al pueblo judío y a las naciones. Se ha agrandado la antigua casa familiar, morada del Señor, y la familia aumenta
con la llegada de los nuevos hijos que se suman a los antiguos. Así lo advierte el Apóstol en aquella conclusión: « Por
lo tanto, ya no sois ξένοι καὶ πάροικοι, sino que sois
συμπολῖται de los santos y οἰκεῖοι de Dios, edificados sobre el fundamento de los apóstoles y profetas, siendo piedra angular el mismo Cristo Jesús, en quien toda edificación
se alza bien trabada para templo santo en el Señor, en el

[33] Ef. 2, 11-18. El Apóstol refleja ideas y repite expresiones del A.
Testamento, sobre todo de Is. 52, 7; 57, 19 y de Zac. 9, 10.

cual también vosotros συνοικοδομεῖσθε para morada de Dios
en el Espíritu » [34].

Pueblo nuevo de Dios, en el que entran a formar con
igualdad de derechos judíos y gentiles. Obra de unión llevada a cabo por Cristo, ὁ ποιήσας τὰ ἀμφότερα ἓν con
su sangre y con su cruz. Un solo templo levantado sobre
una única piedra angular, Cristo Jesús. Es la restauración
que los profetas, asomados a horizontes extranacionales,
vieron forjarse a base de los restos del antiguo Israel vuelto
del destierro y con la entrada en masa de los otros pueblos.
En visión de continuidad recogieron de labios del Señor
aquella fórmula quasi-bautismal del Israel antiguo que Dios
mantenía en la elección del nuevo Israel : « Yo seré לָכֶם
לֵאלֹהִים y vosotros seréis לִי לְעָם » .

La insistencia, con que el profeta Jeremías se acoge a
esta fórmula en sus clásicos capítulos sobre la restauración
del pueblo, nos habla por sí sola de su influjo en la nueva
economía. De nuevo en las tiendas de Jacob, el pueblo lanza
al cielo sus cantos de alabanza y sus voces de júbilo. Hay
ambiente de seguridad, porque el Señor cuida de su ciudad
y de su templo. Los antiguos opresores ya no existen y Dios
hace sonar la hora de la independencia del pueblo. Es la
cumbre de la restauración, y Jeremías nos la señala en síntesis luminosa : « Y de ella (la comunidad) procederá su
jefe (אַדִּירוֹ) y de en medio de ella saldrá su soberano
(מֹשְׁלוֹ), y yo le dejaré acercarse y se llegará a mí — porque ¿ quién sería aquél que se atreviese a acercarse a mí ? —
Palabra del Señor. Y vosotros seréis לִי לְעָם y yo seré
לָכֶם לֵאלֹהִים » [35].

El paso, entre el verso 21 y 22, de tercera a segunda
persona, y la ausencia del último de los dos versos en la
traducción de los LXX, ha hecho que la generalidad de los
comentaristas modernos le consideren como una glosa posterior. Si se admite, por otra parte, la opinión también
generalizada de que los versos 23-24 (como tomados casi
a la letra de Jer. 23, 19-20) están en el presente capítulo

---

[34] Ef. 2, 19-22.
[35] Jer. 30, 21-22.

fuera de su lugar, nos encontramos con que el verso 21 se une directamente con el cap. 31 y encuentra en el primer verso de este capítulo un sustituto del suprimido verso 22. Dice el cap. 31, 1 : « En aquel tiempo, palabra del Señor, yo seré לֵאלֹהִים לְכֹל מִשְׁפְּחוֹת יִשְׂרָאֵל y ellos serán »[36].

Por lo tanto, aun pasando por todo ese no tan sencillo proceso de crítica interna, la presencia del jefe y soberano del Israel de la restauración nos llega unida a nuestro conocido binomio. Pero, en este caso, uno de los términos ofrece una variante : el clásico לָכֶם o לָהֶם viene sustituído por el extraño « para todas las parentelas de Israel » (לְכֹל מִשְׁפְּחוֹת יִשְׂרָאֵל). El hecho de que se trate de una sustitución única en toda la serie de textos que han recogido nuestra fórmula y de que en concreto Jeremías no vuelva a introducirla en los restantes cinco o seis pasajes donde él la recoge, hace pensar en una sustitución-comentario de לָכֶם o לָהֶם. No sé si es idea que pueda pesar algo frente al silencio de comentaristas y traductores y al τῷ γένει Ἰσραὴλ de los LXX. Ahora bien, de conservar la lectura del TM., cabe una pregunta : ¿Es nacional o es universalista el alcance de la nueva extraña fórmula ?

La expresión en sí es de alcance nacional, pero el ambiente en que se mueve la hace apuntar hacia el universalismo. Es verdad que se habla a continuación del Israel nacional y de su restauración inmediata con la vuelta del destierro, pero no de un modo exclusivo y como de meta final, sino como de punto de partida. Es Israel, pero que se pierde en los tiempos mesiánicos y surge como el pueblo de Dios en la época y bajo el gobierno de su rey sacerdote [37].

---

[36] Jer. 31, 1. Los LXX (Jer. 38, 1) y la Vet. Lat. leen en singular *le miše pahat*.

[37] Jer. 30, 21. Aun en la hipotética corrección del masorético *'addîrô mimmennû* por *'addîr mehem* (de modo que *'addîr*-fuerte sea predicado del *'adatô* del vers. 20 y el comparativo *mehem* se refiera al anterior *lohasâw* : Véase W. RUDOLPH, *Jeremia ...*, pág. 162), siempre queda el siguiente *mošelô ...*, que alude necesariamente a un príncipe nacional como sustituto de los príncipes extranjeros. Supuestos el anterior vers. 9, Jer. 23, 5 y el todo formado por la sección Jer. 30-33, es extraño que W. RUDOLPH, *Jeremia ...*, pág. 163, no sólo niegue un

Su restauración nacional inicia la marcha ascendente hacia la restauración universal en la nueva economía, dentro de la cual Jeremías lanza a Israel al fin de este mismo capítulo.

Abre el profeta este final con un anuncio de esperanza, cuyo eco irá tomando cuerpo a lo largo de toda la sección : « He aquí que llegan días, palabra del Señor, y sembraré la casa de Israel y la casa de Judá de simiente de hombres y de simiente de animales. Y sucederá que lo mismo que velé sobre ellos para arrancar y destruír, y para arruinar y devastar y desolar, velaré también sobre ellos para edificar y plantar, palabra del Señor » [38].

Es un texto, que casi mecánicamente hace volver la vista en busca del pasaje donde Jeremías narra su vocación al profetismo. Escribía entonces : « Y tendió el Señor su mano y tocó en mi boca, y me dijo el Señor : He aquí que pongo mis palabras en tu boca. Mira que yo te autorizo en este día sobre las naciones y sobre los reinos para arrancar y destruír, para arruinar y devastar, para edificar y plantar ». Y añade informando sobre la primera de sus dos visiones : « Y me llegó la palabra del Señor diciéndome : ¿Qué ves tú, Jeremías? Y yo contesté : Yo estoy viendo una vara de almendro. Y me dijo el Señor : Ves bien ; porque yo velo sobre mi palabra para cumplirla » [39].

Comparando entre sí los pasajes de los dos capítulos, nos encontramos en ellos con dos ideas comunes : la idea de vela y la idea de arrancar... plantar... por parte del Señor. Pero junto a estas dos ideas comunes a ambos capítulos, hay otra en la que, a primera vista al menos, parecen no convenir. Mientras en el primer capítulo ese divino velar y arrancar... plantar... por medio de Jeremías recae directamente sobre las naciones y los reinos, en el capítu-

---

Príncipe-Mesías, sino que suponga « una sucesión de reyes, cuya relación con la dinastía davídica queda en la oscuridad », y que no haga alusión alguna al posible carácter sacerdotal de ese príncipe.

[38] Jer. 31, 27-28.

[39] Jer. 1, 9-12. Paralelo al *haggôyîm* (vers. 10) está el *gôyîm* (vers. 5). Frente a quienes como B. STADE, J. ROTHSTEIN, B. DUHM, CH. BRUSTON, H. BARDTKE.. han intentado, o suprimir el *laggôyîm* como una glosa, o sustituírle por *legôyî*, *ge'îm*, *'ammî*, W. RUDOLPH, A. WEISER... sostienen como indiscutible el *laggôyîm* del TM. y hablan claramente de la vocación universalista del profeta Jeremías.

lo 31 recae sobre la casa de Israel y sobre la casa de
Judá. ¿ Se trata, por lo tanto, de dos ideas distintas? ¿No
se encierra en este segundo divino velar para plantar y
edificar sino una simple restauración nacional del pueblo
israelita ?

Hay otro pasaje, donde el profeta Jeremías nos transmite también la voluntad divina de plantar y edificar. Partiendo de la visión de los cestos de higos, habla el Señor
de los llevados al destierro con el rey Jeconías : « Como a
esos higos buenos, así miraré yo a los cautivos de Judá,
que para bien arrojé de este lugar a la tierra de los caldeos.
Porque para bien pondré mis ojos sobre ellos y los haré volver a esta tierra y los edificaré y no los destruiré, y los plantaré y no los arrancaré. Y les daré un corazón para que me
conozcan que yo soy el Señor ; y ellos serán לִי לְעָם y yo
seré לָהֶם לֵאלֹהִים , porque se convertirán a mí de todo
su corazón » [40].

La restauración profetizada en este caso afecta directamente a sola una parte del reino de Judá, sin que esto
excluya la restauración de todo el pueblo (Judá e Israel)
tantas veces anunciada por Jeremías. La no presencia en
este pasaje del clásico y significativo « días vendrán » (יָמִים
בָּאִים), sobre el que el profeta parece querer proyectar su
anuncio del nuevo pacto en el capítulo 31, cierra sobre el
Israel nacional el horizonte del divino plantar y edificar,
y del consiguiente « ellos serán לִי לְעָם y yo seré לָהֶם
לֵאלֹהִים ». Sin embargo, ese horizonte parece abrirse más
allá de las fronteras de Israel al contacto del corazón,
que Dios promete dar al pueblo restaurado y que éste ha
de poner enteramente al servicio divino.

Es idea que nos traslada al ambiente misterioso del
יָמִים בָּאִים del cap. 31. A su sombra se lleva a cabo la
divina plantación y edificación de la casa de Israel y de la
casa de Judá. Es ciertamente la restauración del Israel nacional, pero no exclusivamente, sino como fundamento y
punto de arranque para la formación del Israel del pacto
nuevo, cuyo desarrollo se describe a continuación igualmen-

---

[40] Jer. 24, 5-7.

te paralelo al יָמִים בָּאִים. El velar divino para plantar
y edificar a Israel se encuentra con ese mismo velar divino
para plantar y edificar naciones y reinos : uno y otros entran en el nuevo pacto del Señor con la casa de Israel.

El papel, que en este nuevo pacto juega ese corazón,
que Dios promete dar al pueblo restaurado y que éste por
su parte pondrá enteramente al servicio de ese mismo Dios,
es de transcendental importancia. Escribe Jeremías : « He
aquí que יָמִים בָּאִים, palabra del Señor, y pactaré con
la casa de Israel y con la casa de Judá un pacto nuevo. No
como el pacto que pacté con sus padres el día en que los
tomé de la mano para sacarlos de la tierra de Egipto ; que
ellos rechazaron mi pacto, pero yo fuí señor de ellos, palabra
del Señor » [41].

Es el aspecto negativo del nuevo pacto, que sustituye
al antiguo del Sinaí. Roto por el proceder de una de las
partes, Dios no se retira, sino que como בַּעַל, como Señor-
esposo del pueblo, le sale al encuentro y le ofrece la oportu-
nidad de un nuevo pacto, distinto del antiguo y superior
a él. Jeremías va a levantar el trazado del aspecto positivo
de este nuevo pacto : « Porque éste será el pacto que yo pactaré con la casa de Israel, después de הַיָּמִים הַהֵם, palabra
del Señor : Yo pondré mi ley בְּקִרְבָּם y la escribiré
עַל־לִבָּם y seré לָהֶם לֵאלֹהִים y ellos serán לִי לְעָם » [42].

Si se compara este pasaje con aquéllos, en que se nos
describe el pacto sinaítico, saltan espontáneamente a la
vista semejanzas y diferencias de interés. En los dos casos,
la intervención del Señor es decisiva y de primera línea. En
Jeremías, como en el Exodo y en el Deuteronomio, Dios es
el autor de la ley y quien propone al pueblo su cumplimiento.
En uno y otro caso, se habla de contacto entre la ley de Dios
y el corazón del pueblo. Son semejanzas que no pueden negarse, pero que, por otra parte, ponen más de relieve hon-
das diferencias. Examinemos los textos.

---

[41] Jer. 31, 32. Los LXX, la Vet. Lat. y la Peš. suponen la lectura
ga'alᵉtî. Preferimos el termino ba'alᵉtî del TM. y Jer. 3, 14, interpretado no en el sentido de dominio despótico, sino en el de dominio de
amor, propio del Señor-esposo.

[42] Jer. 31, 33.

Junto al Sinaí Moisés reunió al pueblo para transmitirle palabras del Señor. El le había dicho : « Dí esto a los hijos de Israel : Vosotros habéis visto lo que yo he hecho a los egipcios y cómo os he llevado sobre alas de águila y os he traído a mí. Ahora, pues, si de veras oís mi voz y guardáis mi pacto, vosotros seréis לִי סְגֻלָּה , entre todos los pueblos ; porque mía es toda la tierra, y vosotros seréis para mí un reino de sacerdotes y una nación santa ». Hablaba el Dios de la promesa y de los grandes favores y no cabían vacilaciones : « El pueblo todo a una respondió y dijo : Haremos todo cuanto diga el Señor » [43].

Cuando, recibida la ley, Moisés transmite al pueblo todas las palabras del Señor y todas las leyes, de nuevo el pueblo en masa responde : « Todo cuanto ha dicho el Señor lo cumpliremos ». Quedaba abierto el camino hacia el pacto insinuado por Dios a la llegada del pueblo al Sinaí. Inmoladas las víctimas y a punto la sangre para la aspersión del pueblo y confirmación del pacto, « tomando Moisés el libro del pacto, lo leyó al pueblo ». La respuesta no se hizo esperar : « Todo cuanto ha dicho el Señor lo haremos y obedeceremos » [44].

En el Deuteronomio se abre la exposición del Decálogo con la siguiente recomendación : « Oye, Israel, las leyes y decretos que hoy te diré al oído, aprendedlos y poned cuidado en observarlos ». Cuando más tarde el pueblo, temeroso de oír al Señor, pida a Moisés que él les transmita « cuanto el Señor nuestro Dios te diga, y nosotros lo escucharemos y lo haremos », Moisés repetirá un encargo del Señor : « He oído el sonido de las palabras que el pueblo te ha dirigido, han obrado bien en todo lo que han hablado. Oh si siempre fuese éste su corazón (לְבָבָם זֶה לָהֶם), de modo que me temiesen y siempre guardasen todos mis mandamientos para que siempre les fuese bien a ellos y a sus hijos » [45].

La observancia de la ley divina, que en este último pasaje, y a través del término לְבָב vemos proyectarse

---

[43] Ex. 19, 3-8.
[44] Ex. 24, 3. 6-8.
[45] Dt. 5, 1. 27-29.

ya en un plano de interioridad, apego de voluntad y afecto de corazón, adelanta algo el estilo del nuevo pacto descrito por Jeremías. El avance se nota aún más decidido cuando, después de recomendada esa guarda de la ley divina « para que temas al Señor tu Dios », se abre la sección siguiente : « Oye, Israel ; el Señor tu Dios es el Señor único. Por eso amarás al Señor tu Dios con todo tu corazón (לְבָבְךָ), con toda tu alma (נַפְשְׁךָ) y con toda tu fuerza (מְאֹדֶךָ), y estas palabras que yo hoy te he impuesto estarán sobre tu corazón ; y se las inculcarás a tus hijos y hablarás de ellas mientras te encuentres en tu casa, y andes por los caminos, y mientras te acuestes y te levantes. Y las atarás como señal a tus manos y serán como frontales entre tus ojos. Y las escribirás en las jambas de tu casa y en tus puertas » [46].

Pudo una interpretación literalista convertir en puro formulismo material estas divinas recomendaciones. Su alcance es solamente metafórico y con ellas se quería dar cuerpo a la presencia del corazón, del « puro e intenso afecto, de la consagración de todo el ser a Yahveh » en el cumplimiento de la ley divina [47]. De nuevo Moisés poco más tarde : « Asentad pues, estas mis palabras עַל־לְבַבְכֶם y עַל־נַפְשְׁכֶם , y atadlas como señal en vuestras manos y sean como frontales entre vuestros ojos. Enseñádselas a vuestros hijos ... » [48]. La transcendencia de la recomendación hace que Moisés, ya al final de sus días, cierre con ella su célebre cántico : « Aplicad vuestro corazón a todas las palabras con que hoy os amonesto para intimárselas a vuestros hijos, a fin que cuiden de poner por obra todas las palabras de esta ley. Porque no es cosa indiferente para vosotros ; sino que es vuestra vida, y por este medio prolon-

---

[46] Dt. 6, 2. 4-9.
[47] S. DRIVER, *Deuteronomy* ..., pág. 91. Y comentando (pág. 73-74) la expresión « con todo tu corazón y con toda tu alma » de Dt. 4, 29, añade : « Es una genuina expresión del espíritu que anima al escritor. Denota (sustancialmente) el entero ser espiritual del hombre, siendo el corazón (en la psicología de los antiguos hebreos) el órgano del entendimiento, y el alma el órgano de los deseos y afectos ».
[48] Dt. 11, 18-19.

garéis vuestros días sobre la tierra que vais a poseer pasando el Jordán » [49].

El salmista-cantor de la ley divina nos señalará el alcance de ese לֵבָב del hombre interesado en el cumplimiento de la ley. Con ansias de rectitud se pregunta: « ¿Cómo un joven tendrá conducta pura? Guardando tus palabras ». Y en un arranque de sinceridad generosa: בְּכָל־לִבִּי [52] te busco; no me dejes desviar de tus mandatos. בְּלִבִּי atesoro tu palabra para no ofenderte ». Obra del hombre, el apego a la ley divina es también obra de Dios: de aquí el clamor del salmista: « Bendito eres Señor; enséñame tus instituciones » [50].

La presencia de la ley divina en el corazón del justo asegura sus pasos a lo largo de un camino, en que el impío se mueve a ciegas: « La ley de su Dios está בְּלִבּוֹ, no vacilan sus pasos » [51]. Es íntimo contacto que hace romper a David en un arranque de generosidad, cuyo eco pondrá S. Pablo en labios de Cristo: « Entonces dije: Aquí vengo; en un volumen del libro de mí está escrito que haga, Dios mío, tu agrado; lo quiero y tu ley está en medio de *mis entrañas* » [52]. Y el profeta Isaías dará seguridad al elemento fiel de Israel, apoyándose en este mismo contacto: « Oídme los que conocéis la justicia, pueblo en cuyo *corazón* está mi ley. No temas las afrentas de los hombres, ni te espantes de sus ultrajes » [53].

Ante toda esta serie de textos, se puede hablar de coincidencias entre el pacto sinaítico y el pacto nuevo de Jeremías, pero no de coincidencia. Autor de ambos pactos, en uno y otro exige Dios el cumplimiento de la ley, presupone como necesario el interés del corazón y señala el resultado positivo de un tal proceder. Pero, en torno al Sinaí, hay reiterada exigencia de esfuerzo para establecer entre la ley y el corazón del hombre ese contacto, que asegure la continuidad del cumplimiento y la consiguiente realización del

[49] Dt. 32, 46-47.
[50] Salm. 119, 9-12.
[51] Salm. 37, 31.
[52] Salm. 40, 8-9.
[53] Is. 51, 7.

divino « vosotros seréis לִי סְגֻלָּה ,לִי לְעָם». Falla el esfuerzo del pueblo, deja de interesarse el corazón de los israelitas, y se hunde indefectiblemente el לִי סְגֻלָּה, el לִי לְעָם,
planteado por el Señor en el pacto sinaítico.

En Jeremías por el contrario el divino « yo seré
לָהֶם לֵאלֹהִים » y vosotros seréis לִי לְעָם » surge apoyado,
no en un exigente y condicionado « asentad estas mis palabras עַל־לְבַבְכֶם וְעַל־נַפְשְׁכֶם », sino en el generoso y absoluto : « Yo pondré mi ley בְּקִרְבָּם y la escribiré עַל־לִבָּם ».
Más aún : el influjo divino penetra tajante, con plenitud de
garantía para el לָהֶם לֵאלֹהִים - לִי לְעָם mediante aquel cambio radical, que ya antes vimos anunciado por Jeremías :
« Y les daré לֵב para que conozcan que yo soy el Señor y
ellos serán לִי לְעָם y yo seré לָהֶם לֵאלֹהִים ». Baruc reflejará
fielmente el pensamiento de Jeremías, y, a través del
divino « y les daré un corazón y unos oídos que oigan »,
llegará al irrevocable « y estableceré con ellos un pacto
eterno de modo que yo sea αὐτοῖς εἰς Θεόν y ellos sean
μοι εἰς λαόν » [54].

Las consecuencias de esta divina penetración en la vida psíquica del hombre, limitada en el pacto sinaítico y
activa en el nuevo pacto del יָמִים בָּאִים, son definitivas.
Como entonces, también ahora Dios proclama sus relaciones
con el pueblo, a través del nuestra fecunda fórmula ; pero
el paso dado imprime un sello de todo nuevo. Ganado por
Dios para su ley el corazón del nuevo pueblo, quedan también conjurados los temores de que ese corazón se tuerza en
el futuro. Tal se moverá el Señor en el entendimiento y en
la voluntad de los nuevos israelitas, que, sin la mediación
de padres que insistan ante los hijos por la convervación
del monoteísmo, éste se conservará puro. Es palabra divina :
« Y les daré לֵב para que conozcan que yo soy el Señor [55],
y ya no se enseñarán uno a otro y uno a su hermano diciendo : Conoced al Señor, porque todos me conocerán desde el
pequeño de ellos hasta el grande, palabra del Señor ; porque

---

[54] Bar. 2, 31. 35.
[55] Jer. 24, 7.

les perdonaré sus maldades y de sus pecados no me acordaré más » [56].

Apoyado en un corazón, como identificado por Dios mismo con la idea y la práctica del monoteísmo, y moviéndose en un ambiente de pureza, fruto de aquel total perdón de los pecados, con que veremos abrirse la predicación del Evangelio [57], el «yo seré לָכֶם לֵאלֹהִים y vosotros seréis לִי לְעָם » del antiguo pacto penetrará seguro en el nuevo con aire de eternidad, sin que obstáculo alguno pueda oponerse a su duración. Paralelo al reino de David, estable y duradero como el sol, la luna, los cielos [58], el pueblo de ese reino se moverá con las mismas características de lo eterno, que presentan las leyes físicas en la marcha de cielos y tierra. Sólo « si fallasen estas leyes ante mí, palabra del Señor, cesaría también la descendencia de Israel de ser una nación ante mí por siempre » [59].

Esta descendencia israelita, nuevo pueblo escogido, גּוֹי לְפָנַי, en la divina economía del יָמִים בָּאִים, cuya restauración se anuncia continuada y definitiva, es la misma que antes presentó el Señor por nuestro profeta como « una comunidad לְפָנַי תִּכּוֹן». Es la estabilidad nacional, que desembocará para el futuro Israel en el definitivo « yo seré לָהֶם לֵאלֹהִים y ellos serán לִי לְעָם », logrado con la presencia de aquel jefe, de aquel príncipe, tan en íntimo contacto con el Señor [60].

Jeremías nos ha insinuado en este pasaje la idéntica marcha, que, en la línea de perpetuidad, siguen la descendencia patriarcal y la casa davídica. La insinuación pasa a ser afirmación palmaria en aquel otro pasaje del profeta : « He aquí que יָמִים בָּאִים palabra del Señor, y yo cumpliré la palabra venturosa que he hablado sobre la casa de Israel y sobre la casa de Judá. En aquellos días y en aquel

---

[56] Jer. 31, 34.
[57] Mt. 26, 28 ; Mc. 1, 4 ; Luc. 24, 47 ; Hech. 2, 38 ; 3, 19; 2 Cor. 5, 14-21 ; Heb. 9, 11-12.
[58] Salm. 89, 3. 30. 37-38.
[59] Jer. 31, 35-36. 38.
[60] Jer. 30, 20-22.

tiempo yo haré germinar para David צֶמַח de justicia, que
llevará a cabo derecho y justicia en la tierra ... Porque así
dice el Señor : No faltará a David quien se siente sobre el
trono de la casa de Israel. Y a los sacerdotes levitas no faltará tampoco quien ante mí ofrezca holocausto y queme
ofrenda y haga sacrificio כָּל־הַיָּמִים » [61].

El horizonte de perpetuidad, abierto de este modo a
la descendencia real davídica y a la descendencia sacerdotal,
queda a continuación definitivamente asegurado con expresiones, que dan al pacto con David y al pacto con los sacerdotes levitas la misma indefectible duración de las leyes
físicas concedida antes al pueblo del nuevo pacto. Cuando
fallen estas leyes « también se romperá mi pacto con David
mi siervo, de modo que no tenga un hijo que reine sobre su
trono, y con los sacerdotes levitas mis ministros ..., también
repudiaré la descendencia de Jacob y de David mi siervo,
en modo de no tomar de su descendencia jefes para la descendencia de Abraham, Isaac y Jacob ; pues yo haré volver
a sus desterrados y me compadeceré de ellos » [62].

La descendencia patriarcal, el pueblo de la elección se
asomaba a una nueva era. Es la respuesta con hechos que
Dios opondría a la actitud de desconfianza del pueblo gráficamente reflejada en las palabras divinas al profeta : « ¿No
ves lo que este pueblo está diciendo : Las dos familias que
eligió el Señor, las ha repudiado ? Y motejan a mi pueblo
de que ya no es a sus ojos una nación » [63]. La restauración
de la entera descendencia patriarcal, de Israel y Judá de
nuevo unidos, dará el mentís a esta murmuración : « En
aquellos días se dirigirá la casa de Judá a la casa de Israel
y juntas vendrán de la tierra del septentrión a la tierra, que
yo dí en herencia a sus padres » [64].

Es el primer paso hacia la formación del pueblo del
nuevo pacto. Jerusalem abrirá sus puertas al antiguo Israel
para no cerrarlas más : « En aquel tiempo se llamará a Jerusalem trono del Señor y en el nombre del Señor se reunirán
en Jerusalem כָּל־הַגּוֹיִם, y ya no se irán tras la obsti-

---

[61] Jer. 33, 14-15. 17-18.
[62] Jer. 33, 20-21. 25-26.
[63] Jer. 33, 24.
[64] Jer. 3, 18.

nación de su corazón perverso» [65]. Israel, la descendencia
patriarcal, delante, otra vez de cara al monoteísmo de sus
padres, hacia él arrastrará a las naciones y las hará entrar
en el círculo de la bendición abrahamítica : «Si juras : Vive
el Señor, con verdad, con equidad y con justicia, en él serán
benditas גּוֹיִם y en él se gloriarán» [66].

Luces de perpetuidad y de universalismo proyectadas
por Jeremías sobre el Israel del nuevo pacto. Israel teocrá-
tico con su rey davídico ungido del Señor y con su sacerdocio superior al antiguo, pero que puede también llamarse
levítico por ser su sucesor y sustituto. Reino davídico y
nuevo sacerdocio, sin presencia y añoranza del Arca [67],
cuyo rey y cuyo sacerdote nos lleva al אַדִּיר y מֹשֵׁל
antes descrito llegándose sin temeridad a Dios, porque Dios
mismo le hacía acercarse. El reino y sacerdocio eternos,
prometidos en el cap. 33 como separados bajo el influjo
de la realidad en el Israel antiguo, se nos revelan unidos en
aquél de quien se escribe en el cap. 30 : « Y de ella (la comunidad) procederá אַדְּרוֹ y del medio de ella saldrá
מֹשְׁלוֹ, y yo le dejaré acercarse y él se llegará a mí» [68].
El significado sacerdotal de קָרֵב (Hif) y נִגַּשׁ (Ni.), no
ajeno a la literatura bíblica [69], no es aquí una mera posibilidad o una simple hipótesis. Algo nuevo en el pacto
nuevo : un rey-sacerdote eterno para un pueblo eterno.

El clásico « ellos serán לְעָם לִי y yo seré לָהֶם לֵאלֹהִים »
entra decidido y queda indeleblemente grabado en la
ley del nuevo pacto. Roto por el destierro del antiguo
Israel, surge con su restauración y no le excluye ; pero, a
través de él y en la línea de la promesa patriarcal, salva los
confines de las naciones. De aquí, ese como confundirse del

---

[65] Jer. 3, 17.
[66] Jer. 4, 12. Véase Jer. 12, 14-17.
[67] Jer. 3, 16.
[68] Jer. 30, 21.
[69] Véase para *qarab* Ex. 29, 4-8 ; 40, 12-14 ; Lev. 3, 6 ; 7, 35 ; 8,
6. 13. 24 ; Núm. 8, 9-10 ; 16, 5-10 ; para *niggaš* Ex. 28, 43 ; 30, 20 ;
Lev. 21, 23 ; Núm. 14, 19; Ez. 44, 13. También se usa este último
término cuando (Ex. 24, 2) se manda a Moisés acercarse a Dios y se
prohibe hacerlo al resto del pueblo.

antiguo y del nuevo Israel en la visión profética de Jeremías : « He aquí que yo les junto de todas las tierras, en las
que en mi cólera, en mi furor y en mi grande ira les disper-
sé, y les volveré a este lugar para que habiten seguros. Y
ellos serán לְעָם לִי y yo seré לָהֶם לֵאלֹהִים. Y les daré
un solo corazón y un solo camino para que por siempre me teman para bien de ellos y de sus hijos después
de ellos. Y haré con ellos un pacto eterno, de no cesar de hacerles bien, y les pondré mi temor en su corazón para que
no se aparten de mí. Y me gozaré en ellos al hacerles bien y
los plantaré en esta tierra con lealtad, con todo mi corazón
y con toda mi alma » [70].

Pueblo nuevo, que no pasará más, garantizado por la
presencia de un pacto nuevo y eterno. En el ambiente de
lo nuevo y extraordinario de aquella restauración, cuya
grandeza hará olvidar la liberación de Egipto [71], de aquella
misteriosa creación divina de una cosa nueva en la tierra [72],
de aquel caminar en mutua y sincera búsqueda el corazón
de Dios y el corazón del pueblo, calará muy hondo, y se
asegurará para siempre el transcendental « ellos serán
לְעָם לִי y yo seré לָהֶם לֵאלֹהִים», meta trazada por el
Señor en sus relaciones con el pueblo escogido de antes y de ahora. El « yo seré Dios para tí y para tu descendencia después de tí » de la promesa abrahamítica ha corrido
sin cortes y ha tocado la meta.

c). — CUADRO DE RESTAURACION.

Destrucción y restauración del pueblo escogido. Dos
momentos en la historia providencialista de una nación que
los profetas no han acertado a separar. Línea de continuidad de trazado divino en el Pentateuco, igualmente fresca
e imborrable en los escritos proféticos. Ezequiel la ha seguido
en sus días de destierro y con ella ha cerrado su primera
serie de profecías contra Judá y Jerusalem. Son palabras de

---

[70] Jer. 32, 37-41.
[71] Jer. 23, 7-8.
[72] Jer. 31, 22.

aliento para los compañeros de destierro en Tel-Abib, de quienes los actuales habitantes de una Jerusalem en pie todavía pero ya a punto de sucumbir, decían temerariamente confiados : « Se han alejado del Señor ; a nosotros se nos ha dado en posesión la tierra ». Ezequiel corta el paso a la atrevida afirmación : « Así habla el Señor : Aunque les he mandado lejos entre naciones y les he dispersado por tierras, con todo les serviré de santuario por poco tiempo en las tierras a donde han venido ».

Es el primer paso en el camino de una restauración, cuya marcha describe inmediatamente el profeta : « Así habla el Señor : Os recogeré de entre los pueblos y os reuniré de las naciones, en las que habéis sido dispersados, y os daré la tierra de Israel. Y entrarán allá y apartarán todos sus ídolos y todas sus abominaciones ». Como en Jeremías, arranca la formación del nuevo pueblo de la práctica del más puro monoteísmo. No era problema fácil, y otra vez, como en Jeremías, se anuncia una intervención del Señor del todo nueva : « Y les daré un corazón nuevo [73] y pondré en su interior un espíritu nuevo, y les quitaré de su carne el corazón de piedra y les daré un corazón de carne, para que sigan mis leyes, y observen mis dictámenes y los practiquen. Y serán לִי לְעָם y yo seré לָהֶם לֵאלֹהִים » [74].

No es posible poner en duda el alcance nacional de la restauración anunciada por Ezequiel en este pasaje. Es, por otra parte, una restauración, que al fin viene a desembocar en el clásico binomio por el cauce de un monoteísmo intransigente. Cuando poco después prediga el profeta la irremediable destrucción de Jerusalem, el camino y el término serán los mismos. La amenaza de castigo lanzada por el Señor contra quienes intentaren hacer vacilar el puro monoteísmo [75], vuelve a repetirse. Dios les extirpará « de en

---

[73] En vez del masorético 'eḥad, leemos con 3 manuscritos y la Peš. ḥadas, como lee también el TM. de Ez. 18, 31 ; 36, 26. Los LXX, en su doble lectura καρδίαν ἑτέραν (11, 19) y καρδίαν καινὴν (18, 31 ; 36, 26), encierran sin duda la misma idea de un corazón nuevo, distinto del anterior. En este sentido escribe J. MALDONADO, In prophetas ..., pág. 387-388 : « Septuaginta videntur pro 'eḥad legisse 'aḥer, alterum ..., id est novum ; qui sensus magnopere mihi placet ».

[74] Ez. 11, 15-20.

[75] Ez. 11, 21.

medio de mi pueblo Israel ..., para que ya más no se descarríe de mí la casa de Israel y no se contamine ya más con todos sus pecados. Y serán לְעָם לִי y yo seré לָהֶם לֵאלֹהִים, palabra del Señor » [76].

A los ojos del Israel, que junto al Sinaí iba a iniciar su existencia de pueblo escogido, Dios desplegó el programa del decálogo con su punto central de un estricto monoteísmo. Cuando en el destierro babilónico apunta el nuevo Israel, vuelve el Señor por sus profetas a desplegar y a poner de relieve el mismo punto central. Pero en este caso la actividad divina se anuncia con éxito infalible en la realización de ese programa por parte del pueblo de la restauración. Un corazón nuevo, un espíritu nuevo, un corazón de carne en vez de un corazón de piedra, que asegure la práctica del monoteísmo y de toda la ley. Es una nueva creación, que sólo el Señor puede realizar y que tendrá como término un pueblo nuevo. A base de esa misma actividad divina en el interior del hombre, Jeremías le veía venir arrancando del resto del Israel antiguo y penetrando en el mundo de las naciones. ¿No será esta la visión de Ezequiel en los pasajes citados ?

Maldonado en su comentario a Ez. 11, 16 ha escrito : « Haec quamvis historice a Propheta de Jerusalem dicta sint, longius tamen spectant ad Ecclesiam Evangelicam et reliquiarum Judaeorum ad eam reductionem » [77]. Es un paso de lo nacional al universalismo, que legítimamente se puede ver iniciado si se consideran los textos de Ez. 11 y 14 a la luz de otros pasajes, donde el profeta sigue profundizando en su visión del nuevo pueblo.

Magnífico cuadro el de la restauración del pueblo (Israel y Judá unidos para siempre), que Ezequiel nos ofrecerá más tarde. El Señor le ha mandado a decir : « He aquí que yo tomo a los hijos de Israel de en medio de las naciones a donde ellos han ido, y los congregaré de todas partes y los traeré a su tierra. Y los haré un solo pueblo en la tierra, en los montes de Israel, y tendrán todos ellos un solo rey, y no serán más dos naciones, ni estarán más divididos en dos reinos. Y no se contaminarán más con sus ídolos y con sus

---

[76] Ez. 14, 9. 11.
[77] J. MALDONADO, In prophetas ..., pág. 387.

abominaciones y con todas sus rebeliones y los libraré de todas sus apostasías con que pecaron, y ellos serán לִי לְעָם y yo seré לָהֶם לֵאלֹהִים».

Hay en este pasaje, además de los dos elementos ya conocidos (restauración del pueblo y práctica del monoteísmo puro), un tercer elemento nuevo : la unión definitiva de Israel y Judá bajo un solo rey. Los restos de los dos reinos definitivamente unidos inician, por lo tanto, la formación del nuevo pueblo, pero no la completan. Sigue el Señor por Ezequiel : « Y mi siervo David será rey sobre ellos y tendrán todos ellos un solo pastor, y caminarán según mis preceptos y observarán mis leyes y las pondrán en práctica. Y habitarán en la tierra que dí a mi siervo Jacob, en la que habitaron sus padres, y habitarán en ella ellos, sus hijos y los hijos de sus hijos עַד־עוֹלָם, y לְעוֹלָם David mi siervo será su príncipe. Y pactaré con ellos un pacto de paz, será un pacto עוֹלָם. Y los aseguraré y los multiplicaré y pondré mi santuario en medio de ellos לְעוֹלָם. Entre ellos estará mi morada y seré לָהֶם לֵאלֹהִים y ellos serán לִי לְעָם. Y conocerán las naciones que yo el Señor santifico a Israel, cuando לְעוֹלָם esté mi santuario en medio de ellos» [78].

Podría decirse que es este pasaje un himno a la eternidad del nuevo pueblo de Dios y de cuanto con él se relaciona. El clásico término עוֹלָם entra a formar en la contextura de ese pueblo, como sostén básico de nuestra fórmula : eternidad en la posesión de la tierra, en el reinado del nuevo David, en la presencia del santuario, en el nuevo pacto. Este ambiente de perpetuidad, sin nubes de condiciones humanas, es el mismo, en que, paralelamente a las leyes inmutables de la naturaleza, vimos antes a Jeremías encuadrar su pacto nuevo. Es cierto que falta aquí el elemento de la directa intervención divina en el corazón del nuevo pueblo, que en Jeremías juega un papel decisivo de cara a la eternidad anunciada ; pero es elemento, sobre el que hemos visto insistir a Ezequiel en diversas ocasiones y cuya presencia

---

[78] Ez. 37, 21-27.

al final casi del capítulo anterior se deja sin duda sentir aún en nuestro pasaje.

En efecto, comunicando poco antes el Señor con Ezequiel sobre la restauración de su pueblo, le manda anunciar: « Y os tomaré de entre las naciones y os reuniré de todas las tierras y os introduciré en vuestra tierra. Y esparciré sobre vosotros agua pura y os purificaréis de todos vuestros pecados y os purificaré de todas vuestras idolatrías. Y os daré un corazón nuevo y un espíritu nuevo pondré en vuestro interior, y quitaré de vuestra carne el corazón de piedra y os daré un corazón de carne » [79].

Son fórmulas nuevas, pero que en su contenido se ajustan del todo a aquella otra fórmula del profeta Jeremías: « Yo pondré mi ley dentro de ellos y la escribiré en su corazón » [80]. Esta penetración de la actividad divina en los resortes más intimos de la psicología humana reviste en Ezequiel un matiz nuevo y, si se quiere, de unión más estrecha entre la actividad divina y el corazón humano. Sigue Dios hablando por el profeta: « Y pondré mi espíritu dentro de vosotros y haré que caminéis por mis preceptos y que observéis y pongáis en práctica mis decretos. Y habitaréis en la tierra que dí a vuestros padres y seréis לְעָם לִי y yo seré לָכֶם לֵאלֹהִים » [81].

Siempre la misma marcha y el mismo desenlace. Partida del elemento « resto » del Israel antiguo para al final perderse en el nuevo; retorno de los hijos a la tierra de los padres, como punto de arranque y símbolo de la nueva economía; vuelta al puro monoteísmo sin posibilidad de retrocesos; pureza de vida en una nueva era de Dios entre los hombres; presencia de un rey, nuevo David, con un gobierno de felicidad en toda la línea. Todo ello en un ambiente de eternidad que hace romper fronteras de espacio y de tiempo, y en un ir preparando la clásica fórmula para un desenlace universalista.

Lo antiguo y lo nacional abren camino a lo nuevo y lo universal hacia esa meta definitiva hecha realidad en la fecunda fórmula. Ezequiel, separando sus dos términos, de

[79] Ez. 36, 24-26.
[80] Jer. 31, 33.
[81] Ez. 36, 27-28.

nuevo se deja arrastrar hacia ella en su valiente y delicada descripción del pueblo de Dios frente a sus pastores. En una primera parte, el celo de Dios surge liberador contra los malos pastores, responsables de la destrucción de « mi rebaño », del Israel nacional. Sustituto de estos pastores se alza el Señor mismo, en una segunda parte, como el auténtico pastor que arranca del destierro a los restos de ese « mi rebaño » disperso, y de nuevo le coloca en los montes de Israel, en vida segura y feliz.

Es el momento de dar el paso hacia adelante, y el Señor por boca de Ezequiel lo da, en una tercera parte de esa descripción, que no, por eso, queda del todo libre de algunos de los elementos característicos de la restauración del Israel nacional. Un pastor único sustituirá a la multitud de antiguos pastores. Anuncia el profeta : « Y suscitaré sobre ellos un único pastor y él los pastoreará, mi siervo David. El los pastoreará y él será su pastor, y yo el Señor seré לָהֶם לֵאלֹהִים, y mi siervo David será príncipe en medio de ellos. Yo el Señor he hablado». E, interpuesto en un cuadro de tonos más bien nacionales dentro del alcance universalista, el divino « y pactaré con ellos un pacto de paz», concluye el profeta : « Y conocerán que yo el Señor soy אֱלֹהֵיכֶם y que ellos, la casa de Israel, son עַמִּי, palabra del Señor Yahveh » [82].

Una vez más, Ezequiel desde el destierro refuerza el clamor del profeta en la patria. Más en síntesis ha descrito Jeremías la reacción del Señor en contra de los pastores « de mi pueblo, de mi rebaño, del rebaño de mi pastizal», su actitud de pastor con los restaurados restos « de mi rebaño». Era preparar el camino a la entrada triunfal del *germen iustum* de la casa de David, rey de justicia y salvación. Su reinado llevará el sello de una restauración, que, por sus características y por su transcendencia, hará pasar a segundo término el beneficio cumbre de la salida de Israel de Egipto [83]. Entonces, el alcance de las estrechas relaciones entre el Señor y el Israel nacional se concentró en la fecunda fórmula « vosotros seréis לְעָם לִי y yo seré לָכֶם לֵאלֹהִים»; en

---

[82] Ez. 34, 23-26. 30.
[83] Jer. 23, 1-8.

los profetas, la fórmula sigue la misma, pero, en hervor de vida y actualidad, abre fronteras que un tiempo estuvieron provisionalmente cerradas.

En la vertiente de estas dos etapas, David se dirigía al Señor después de haber escuchado la promesa divina sobre su trono eterno: «Y has asegurado tu pueblo Israel לְךָ לְעָם עַד־עוֹלָם y tú, Señor, serás לָהֶם לֵאלֹהִים. Mantén, pues, Señor Dios, עַד־עוֹלָם la palabra que has hablado sobre tu siervo y sobre su casa y obra conforme has hablado. Y sea glorificado por siempre tu nombre, Señor de los ejércitos, Dios de Israel» [84]. Es la unión del pueblo eterno de Dios y del rey de eterno la casa davídica, recogida más tarde en los profetas con un tono inconfundible de eternidad.

d). — De Oseas a Zacarias.

El estudio de Jeremías y Ezequiel fijan la idea de que en la restauración del pueblo (nacional en su punto de partida y en su primera fase, universal en su marcha y en su desenlace definitivo) entra, no sólo como elemento esencial, sino como elemento-cifra de esa restauración, la clásica fórmula divina « ellos serán לִי לְעָם y yo seré לָהֶם לֵאלֹהִים». También en Oseas, el עַמִּי – אֱלֹ הָי con que se cancela el anterior לֹא עַמִּי – לֹא אֶהְיֶה לָכֶם entra como parte y corona de la reanudación de relaciones entre Dios e Israel, como arranque de una nueva economía [85].

Así lo ha entendido S. Pablo en su cita de estos textos

---

[84] 2 Sam. 7, 24-26.
[85] Os. 1, 6. 9 ; 2, 3. 25. En KITTEL, *Biblia* ... se anota Os. 1, 9 ; « Legendum fortasse *'elohêkem* cum LXX [42]. [44], Orig., Georg., Aug. ». Es corrección que hoy generalmente se admite, como puede verse, por ej. en T. ROBINSON, *Die Zwölf* ..., pág. 6 ; F. NOETSCHER, *Kleine* ..., pág. 7 ; A. WEISER, *Die Propheten* ..., pág. 4. Ya a propósito de esta sustitución de *lakem* por *'elohêkem* escribía F. RIBERA, *In duodecim prophetas*. Coloniae Agrippinae 1593, pág. 39 : « Legendum est *et ego non ero vester*, ut ex Hebraeis constat, et ex LXX ex codicibus complutensi et regio ; tametsi in duobus manuscriptis inveni *non ero vester Deus* ».

del profeta. Expuesto el alcance universalista de la promesa patriarcal, los pasajes de Oseas encajan maravillosamente en aquel armazón de universalismo. El antiguo Israel, un día reprobado, vuelve a ser pueblo de Dios después del destierro. Es el primer paso : el camino queda abierto y el nuevo Israel, el Israel de los hijos de la promesa, da el paso definitivo. El movimiento inicial ha tocado la meta. El עַמִּי - אֱלֹהָי , con su alcance nacional en las palabras de Oseas, no excluía el עַמִּי - אֱלֹהָי de alcance universalista, sino que surgía orientado hacia él con toda la fuerza del Israel-figura [86].

Como Oseas, el profeta Joel ha recogido el espíritu de nuestra fórmula y le ha hecho penetrar en los dos momentos de la rotura y de la reanudación de relaciones entre Dios y su pueblo. Se acerca el día terrible del Señor y suena la voz del profeta : « Mas aun ahora, palabra del Señor, convertíos a mí de todo corazón en ayuno y en llanto y en gemido. Y rasgad vuestros corazones y no vuestros vestidos, y convertíos al Señor אֱלֹהֵיכֶם , porque es clemente y misericordioso, lento de ira y grande de bondad y se arrepiente del castigo. ¿Quién sabe si cambiará y se arrepentirá y dejará tras sí bendición, ofrenda y libación para el Señor אֱלֹהֵיכֶם » ? [87].

Completa en nuestro pasaje la idea de interioridad característica de la restauración y de la nueva economía, se inicia en él al mismo tiempo nuestra fórmula clásica a través del repetido אֱלֹהֵיכֶם . A medida que la exhortación del profeta avanza, la fórmula se va completando, aunque sin esa unión material propia de otros profetas : « Entre el atrio y el altar lloren los sacerdotes ministros del Señor y digan : Perdona, Señor, עַמֶּךָ y no entregues al oprobio tu heredad, al dicterio de las gentes contra ellos. ¿Por qué se ha de decir entre los pueblos : Dónde está אֱלֹהֵיהֶם ? Y se llenó el Señor de celo por su tierra, y perdonó עַמּוֹ » [88].

---

[86] Rom. 9, 25-26. Véase 1 Pedr. 2, 10.

[87] Joel 2, 12-14.

[88] Joel 2, 17-18.

Y señal y fruto de este perdón, la respuesta divina a su pueblo que se traduce en victoria, paz, alegría en el Señor אֱלֹהֵיכֶם y abundancia de bienes, de modo que « comeréis hasta la saciedad y alabaréis el nombre del Señor אֱלֹהֵיכֶם , que se portó con vosotros obrando maravillas, y no será confundido עַמִּי לְעוֹלָם . Y conoceréis que en medio de Israel estoy yo, y yo el Señor soy אֱלֹהֵיכֶם , y no hay otro, y no será confundido עַמִּי לְעוֹלָם » [89].

El monoteísmo, practicado en su pureza en el Israel restaurado, y una restauración asomada, como en Jeremías y Ezequiel, a horizontes de eternidad, hacen dar un paso de alcance universalista a aquellos elementos que pudieran parecer propios y exclusivos de la restauración del Israel nacional. De cara a este universalismo, que no excluye al Israel antiguo, sino que con él se inicia, Joel describe a continuación aquella efusión universal del espíritu divino, que hace pensar en el corazón nuevo, o en el espíritu nuevo, o en el espíritu de Dios, de Jeremías o Ezequiel, y concluye : « Y acaecerá que todo el que invocare el nombre del Señor, será salvo, porque en el monte de Sión y Jerusalem estará el resto salvado, como ha dicho el Señor, y entre los evadidos los que el Señor llamare » [90].

El עַמִּי · אֱלֹהֵיכֶם del profeta Joel se mueve, en oleadas de flujo y reflujo, del Israel nacional al Israel universalista de una nueva economía. El ambiente de *últimos tiempos* que invade el libro de Joel, y sus puntos de enlace con Ezequiel y Jeremías aseguran esta interpretación, recogida más tarde en las páginas del N. Testamento [91]. La presencia de elementos propios del Israel antiguo ha empujado fácilmente, o al exclusivismo radical, o a una excesiva silenciosa cautela, ante el elemento universalista. A pesar de todo, recientemente se ha expresado A. Weiser en términos un tanto significativos : « Según las apariencias, la expresión tiene primeramente en vista sólo la salvación de los israelitas ;

---

[89] Joel 2, 19. 23. 26-27.
[90] Joel 3, 5.
[91] Rom. 10, 13 ; Hech. 2, 16-21.

de todos modos queda abierta la posibilidad de una individual, y con ello también universal, significación »[92].

Alcance posible de universalismo, que las razones antes insinuadas convierten en algo más que posible. Joel ha hecho entrecruzarse lo nacional y lo universal. Es una característica de la visión profética, y Zacarías la ha reflejado también en uno de sus oráculos. En un ambiente mixto de nacionalismo y universalismo, donde elementos de orden material y y espiritual se entrelazan y aun se superponen, suena la voz del Señor de los ejércitos : « He aquí que yo salvaré עַמִּי de la tierra de oriente y de la tierra de la puesta del sol, y los traeré y habitarán en medio de Jerusalem y serán לָהֶם לֵאלֹהִים y yo seré לִי לְעָם en verdad y en justicia »[93].

El tono incondicional de la promesa divina y la presencia de la verdad y de la justicia en las relaciones entre Dios y el pueblo restaurado [94] hacen volver los ojos al pacto nuevo de Jeremías y Ezequiel, donde lo eterno y la fidelidad al más puro monoteísmo forman el eje, en torno al cual se desarrolla el definitivo לָהֶם לֵאלֹהִים — לִי לְעָם. Con cambio parcial de fórmula lo ha expresado el mismo Zacarías en el final de su tercera visión. Ya se lo expuso antes, y por lo mismo, sólo aduciremos aquellas expresiones, que directamente hacen ahora a nuestro caso : « Y en aquel día se unirán muchas gentes al Señor ; y serán לִי לְעָם y yo habitaré en medio de tí »[95].

Cumplimiento de promesa sin condiciones, profesión de monoteísmo, y todo ello en un ambiente de eternidad y de presencia activa de Dios, conceden a nuestra antigua fórmula un avance decisivo en la época mesiánica. Como clamor universal de triunfo, cuyo eco jamás ha de extinguirse, suena al final de aquel capítulo sobre el pastor herido y las ovejas dispersas. Libre del exterminio un tercio de la tierra,

---

[92] A. WEISER, *Die Propheten* ..., pág. 105.

[93] Zac. 8, 7-8.

[94] Para nuestro caso, es lo mismo que el *'emet* y *sᵉdaqah* se apliquen a la conducta del pueblo para con Dios, o al modo de proceder de Dios para con el pueblo, o comprendan ambos aspectos. Véase lo escrito en *Misericordia et veritas* ..., pág. 270-271.

[95] Zac. 2, 15.

de él dice el Señor :« Yo introduciré este tercio en el fuego
y le acrisolaré como se acrisola la plata y le probaré como
se prueba el oro. El invocará mi nombre y yo le atenderé.
Y diré : הוּא עַמִּי y él dirá : יְהוָה אֱלֹהָי »[96].

Después del diluvio, un pacto עוֹלָם de Dios con la
humanidad renovada, que entonces comienza y que ha de
extenderse לְדֹרֹת עוֹלָם [97]. Después del destierro, otro
pacto de Dios con el pueblo que entonces renace : pacto
y pueblo orientados irresistiblemente hacia un prometido
לְעוֹלָם. El Señor de todo el mundo, que, con providencia universalista, hace salir el sol y caer la lluvia sobre
buenos y malos [98], es el Señor del nuevo pueblo que renace
bajo el sello de un עוֹלָם con toda « su masa misteriosa
del porvenir » [99]. Al contacto de ella, el nuevo pueblo ; sobre
él el divino : « Yo seré לָכֶם לֵאלֹהִים y vosotros seréis
לִי לְעָם ».

---

[96] Zac. 13, 9.
[97] Gén. 9, 8-17.
[98] Mt. 5, 45.
[99] M. J. LAGRANGE, *Le Messianisme chez les Juifs*. París 1909,
pág. 162.

BIBLIOGRAFÍA ESPECIAL

Puede verse al principio de cada capítulo

AUTORES CITADOS

TEXTOS BÍBLICOS CITADOS

16

INDICE

" ANALECTA GREGORIANA „

cura Pontificiae Universitatis Gregorianae edita

XXXII. - Smulders Pierre, S. I.: **La doctrine trinitaire de S. Hilaire de Poitiers.** — 1944, in-8° p. 300.

XXXIII. - Rambaldi Giuseppe, S. I.: **L'oggetto dell'intenzione sacramentale, nei Teologi dei secoli XVI e XVII.** — 1944, in-8°, p. 192.

XXXIV. - Muñoz P., S. I.: **Introducción a la síntesis de San Augustín.** 1945, in-8°, p. 351.

XXXV. - Galtier P., S. I.: **Le Saint Esprit en nous d'après les Pères Grecs.** 1945, p. 290, in-8°.

XXXVI. - Faller O., S. I.: **De Priorum saeculorum silentio circa Assumptionem B. Mariae Virginis.** p. XII-135, 1946, in-8°.

XXXVII. - D'Elia P. M., S. I.: **Galileo in Cina.** Relazioni attraverso il Collegio Romano tra Galileo e i gesuiti scienziati missionari in Cina (1612-1640) — p. XII-127; 1947, in-8°.

XXXVIII. - Alszeghy Z., S. I.: **Grundformen der Liebe. Die Theorie der Gottesliebe bei dem hl. Bonaventura.** — 1946, p. 300, in-8°.

XXXIX. - Hoenen P., S. I.: **La théorie du jugement d'après St. Thomas d'Aquin.** — Editio altera, recognita et aucta, 1953, p. XII-384, in 8°.

XL. - Flick M., S. I.: **L'attimo della giustificazione secondo San Tommaso.** — 1947, p. 206, in-8°.

XLI. - Monachino V., S. I.: **La cura pastorale a Milano, Cartagine e Roma nel sec. IV.** — 1947, in-8°, p. XX-442.

XLII. - Vollert C., S. I.: **The Doctrine of Hervaeus Natalis on Primitive Justice and Original Sin.** — 1947, p. 335, in-8°.

XLIII. - Hoenen P., S. I.: **Recherches de logique formelle. La structure du système des syllogismes et de celui des sorites. La logique des notions « au moins » et « tout au plus ».** — p. 384, 1947, in-8°.

XLIV. - Selvaggi Fil., S. I.: **Dalla filosofia alla Tecnica.** — La logica del potenziamento. — 1947, p. XII-278, in-8°.

XLV. - Klotzner Iosef., Dr. Hist. Eccl.: **Kardinal Dominikus Jacobazzi und sein Konzilswerk.** — 1948, p. 300, in-8°.

XLVI. - Federici Giul. Ces., S. I.: **Il principio animatore della Filosofia Vichiana.** — 1948, in-8°, pag. 220.

XLVII. - Nanni Luigi: **La Parrocchia studiata nei documenti lucchesi dei secoli VIII-XIII** — 1948, pp. XVI-234, in-8°.

XLVIII. - Asensio Felix, S. I.: **« Misericordia et Veritas »** — El hesed y'émet divinos: su influjo religioso-social en la historia de Israel. — 1948, pp. 344.

XLIX. - Ogiermann Helm. Aloysius, S. I.: **Hegels Gottesbeweise.** — 1948, pp. 230.

L. - Orban Ladislas: **Theologia Güntheriana et Concilium Vaticanum.** — Vol. II, 1949, in-8°, pag. 218.

LI. - Beck, G. J. Henry: **The Pastoral Care of Souls in South-East France, during the Sixth Century.** - 1950, in-8°, pag. LXXII-415.

LII. - Quadrio, Giuseppe, S. D. B.: **Il Trattato « De Assumptione B. Mariae Virginis » dello pseudo Agostino, e il suo influsso nella teologia Assunzionistica latina.** - 1951, in-8°, p. XVI-432.

LIII. - Schmidt, Herman A. P., S. I.: **Liturgie et Langue vulgaire. Le problème de la langue liturgique chez les premiers Réformateurs et au Concile de Trente.** - 1950, p. 212, in-8°.

LIV. - Galtier, Paul, S. I.: **Aux origines du Sacrement de Pénitence.** - 1951, p. XII-228, in-8°.

LV. - Broderick, John F., S. I.: **The Holy See and the Irish Movement for the Repeal of the Union with England (1829-1847).** - 1951, p. XXVIII-240, in-8°.

LVI. - Williams, Michael E.: **The Teaching of Gilbert Porreta on the Trinity, as found in his Commentaries on Boethius.** - 1951, p. XVI-134.

LVII. - Hanssens Ioannes M., S. I.: **Aux origines de la Prière Liturgique - Nature et Genèse de l'office des Matines** - 1952, p. VIII-180, in-8°.

LVIII. - Asensio, Felix, S. I.: **Yahveh y su Pueblo** - Contenido teológico en la historia bíblica de la elección. - 1953, in-8°.

LIX. - De Haes, Paul: **La Résurrection de Jésus, dans l'Apologétique des cinquante dernières années.** - 1953, in-8°, p. XVI-380.

LX. - Mori, Elios Giuseppe (R. D.): **Il motivo della Fede, da Gaetano a Suarez,** con Appendice di Fonti Manoscritte. - 1953, in-8°, p. XVI-280.

————